高等院校"十三五"规划教材——经济管理系列

工程管理概论

刘豆豆　编　著

U0359537

清华大学出版社

北　京

内 容 简 介

本书全面系统地总结了工程管理行业及学科的产生、发展过程，全面论述了工程及工程管理的概念，工程管理专业的知识体系、教学体系，详细介绍了工程管理专业课程设置和行业市场准入，并介绍了工程与工程管理领域的最新发展动态，如绿色建筑与施工、BIM 和装配式建筑等。

本书可作为高等院校工程管理及相关专业的教材，也可作为在实际工程中从事工程管理及相关工作人员的参考用书。

图书在版编目(CIP)数据

工程管理概论/刘豆豆编著. —北京：清华大学出版社，2018（2021.9重印）

（高等院校"十三五"规划教材——经济管理系列）

ISBN 978-7-302-51109-0

Ⅰ．①工…　Ⅱ．①刘…　Ⅲ．①工程管理—高等学校—教材　Ⅳ．①F40

中国版本图书馆 CIP 数据核字(2018)第 197864 号

责任编辑：刘秀青
封面设计：刘孝琼
责任校对：王明明
责任印制：宋　林
出版发行：清华大学出版社

　　　　　网　　　址：http://www.tup.com.cn, http://www.wqbook.com
　　　　　地　　　址：北京清华大学学研大厦 A 座　　　邮　　　编：100084
　　　　　社 总 机：010-62770175　　　　　　　　　　邮　　　购：010-62786544
　　　　　投稿与读者服务：010-62776969, c-service@tup.tsinghua.edu.cn
　　　　　质量反馈：010-62772015, zhiliang@tup.tsinghua.edu.cn
　　　　　课件下载：http://www.tup.com.cn, 010-62791865
印 装 者：三河市金元印装有限公司
经　　销：全国新华书店
开　　本：185mm×260mm　　印　张：11　　　字　数：260 千字
版　　次：2018 年 10 月第 1 版　　　　　　　印　次：2021 年 9 月第 6 次印刷
定　　价：38.00 元

产品编号：077238-02

前　言

随着我国工业化和新型城市化进程的快速发展，建设工程出现了规模大型化、技术复杂化和系统化、分工专业化、管理信息化的趋势。工程管理在工程项目中不可或缺的地位与作用得到更为广泛的认可。现代工程管理不仅要求工程管理人才具备深度融合现代工程技术、管理、法律、经济、信息等知识的知识结构，还必须具备运用已有知识结构分析、研究、解决建设工程实施过程中各类问题的专业能力、综合能力和创新能力组成的融合型能力。

编者从事工程管理相关课程教学与研究十几年，深感大学专业教育远远不能满足学生对专业学习体系和就业方向、职业发展等方面知识的渴求。而且近年来工程与工程管理领域的新知识、新方法不断涌现，知识更新周期不断缩短。经过长时间的构思与查阅相关资料，阅读已有同类书籍，本书从着手编写到最终成稿历时一年。本书根据2015年《高等学校工程管理本科指导性专业规范》，对工程管理专业的五个知识领域(土木工程或其他工程领域技术基础、管理学理论和方法、经济学理论和方法、法学理论和方法、计算机及信息技术)分别做了详细论述，并在最后一章介绍了工程与工程管理领域的最新发展动态，包括绿色建筑、绿色施工、建筑信息模型(BIM)和装配式建筑，以期学生在今后学习过程中多关注新知识、新方法，开阔自己的专业视野。

本书具体编写分工如下：第一至第四章、第六章由山东财经大学刘豆豆编写，绪论和第五章由山东大学梁艳红编写。刘豆豆负责拟定写作大纲、组织编写和审阅定稿。

在本书编写过程中，参考了大量的相关教材、书籍、文章以及网络资源，吸取各家之长，在此向各位一并表示谢意！

由于编者水平有限，书中难免出现不妥和纰漏，真诚希望同行和同学们多提意见和建议。

编　者

目　　录

绪论

【学习要点及目标】

通过本章的学习，掌握工程管理概论的课程性质和地位、工程管理概论的教学目的；了解工程管理专业的学习方法和技巧。

【关键概念】

工程管理　课程性质　教学目的　学习方法

一、工程管理概论的课程性质和地位

"工程管理概论"是工程管理本科专业的必修课,在整个工程管理专业教学课程体系中具有极为重要的地位。

工程管理专业学生的知识学习和培养过程应该经历从总体到专业细节,最后再回到总体的三个阶段。

(1) 学生入学后首先通过"工程管理概论"的学习,对工程、工程管理和工程管理专业有一个宏观的了解,对工程管理专业的整个知识体系和教学体系有一个总体的把握。

(2) 学生通过各门专业课程的学习,掌握各专业课程的知识和技能,构建工程管理专业所需要的知识结构,并通过实践环节掌握相关的专业工作能力。

(3) 通过毕业设计(论文),使学生将所学的各门知识进行综合应用,得到综合的训练。

二、工程管理概论的教学目的

(1) 通过本课程的学习,使尚未进入专业学习的学生对工程管理专业及其知识体系有一个宏观了解。

(2) 通过本课程的学习,使学生对工程管理的学科体系、学科特点、工程的建设和运营过程、工程管理者的组织使命和角色、工程管理理论和方法体系有一个系统认知。

(3) 通过本课程的学习,使学生了解将来就业的情况,相关单位对工程管理专业学生的需求情况,了解工程管理领域国内外的职业资格制度。对自己的专业前景和将来的发展路径有所思考。

(4) 通过本课程的学习,使学生了解工程管理专业的学科特点和学习方法,同时也使学生能够设计自己的知识结构,有意识地培养自己的工程管理能力和素质,使自己在专业学习和专业发展道路上少走弯路。

三、工程管理专业学习方法建议

为适应工程管理系统性、综合性、严谨性等特点,同时在毕业后能顺利通过职业资格认证考试而成为工程管理从业人员,学生在大学阶段必须掌握良好的基础理论知识和技术方法,具备运用所学知识和方法分析、解决工程管理实践问题的能力。认真学好基础及专业课程,注重知识的融会贯通和加强实践技能培养,是学生学习工程管理相关知识和技术方法的基本要求。

1. 认真学好基础课程

工程管理专业本科基础课程包括公共基础课和专业基础课两部分。公共基础课程和专业基础课程是高等教育的"基石",必须予以充分重视。"拓宽专业,加强基础"是我国高等教育深化教学内容、进行教学方式改革的两个侧重点。世界上许多教育发达的国家都认为"厚基础，宽口径"是大学教育比较成功的模式。充分重视基础课程的学习，不仅能使学生获得丰富的基础知识，同时可以逐步培养学生的探索精神和勤于学习的习惯，使学生能够多视角地认识自身和周边世界，从而至少能在一个知识领域中进行专门、集中和持续学习并取得良好的成效，能够享受到终生学习的乐趣并形成适应环境变化的能力。

(1) 公共基础课是高等学校各专业或者一定类别专业的学生所必须学习的基础课程，"公共性"是其基本属性。公共基础课针对一年级大学生开设，其知识掌握的程度对后续的专业学习及其终生发展将产生深刻、长远影响。例如，"计算机信息基础""高等数学""大学英语"等课程对工程管理专业的学生十分重要，学好这些课程对今后的学习和工作都很有帮助。

(2) 专业基础课是在学生已掌握一定的公共基础课知识的前提下，为学生适应专业课程学习的需要而设置的。在工程管理专业课程结构中，专业基础课处于承前启后的地位。学好专业基础课有助于提高学生的认知水平和解决问题的能力，从而为学生学习专业课和从事专业工作提供理论和技术准备。

从专业基础课的内容属性看，大多具有理论性和实践性强、新概念多、分析较为深入的特点。在理论方面，专业基础课注重运用课程中的基本理论去解释、透析专业现象和问题，引导学生深入学习新理论、新技术，促使学生顺利踏上专业课学习的轨道；在内容设置上，专业基础课兼顾后续专业课的需要，大幅度增加相关专业的知识并有相当的深度和难度。

在专业基础课程学习中，学生应注意对学习方法的掌握，努力形成自主学习的习惯。部分学生不注重探索、思考和总结正确的学习方法，不愿意多看书，不善于看书，看了书也归纳不出问题，抓不住关键，无法形成整体概念，这些都是缺乏自学能力的表现。学生应该不断探索和逐步形成适合自己的学习方法，在学习过程中能够提纲挈领、明确主次、弄清概念，从而准确有效地获得完整的专业基础知识。

专业基础课程的学习过程是学生培养分析能力的重要环节。具备一定分析能力的人，能透过事物的复杂表象，明确事物本质，洞察问题关键，抓住矛盾所在，从而准确迅速地解决问题。缺乏分析能力，就会在具体复杂的事物面前束手无策，或者判断失误，进而得出错误结论和无助于问题得以解决的对策和措施。分析问题，需要根据事物现象或具体任务，观察或检验问题的表现特征，摸清问题的性质特点，分析事物的可能原因，初步得出解决问题的几种方案，经过比较判断后确定可行的解决方法，进而着手解决。分析能力的形成有赖于对事物内在客观规律和观察分析事物有效方法的良好掌握，这需要在学习和工作实践中不断积累。

学习专业基础课时学生用基础理论知识去分析专业现象和问题的初步尝试，是学生强化理论和实践相结合的开端，也是学生由学习者向从业者转化的起点。专业基础课的承前启后作用主要体现为学生将由抽象思维为主向形象思维为主过渡，开始尝试用所学的较为抽象的基础理论知识去观察、思考和理解较具体、形象的专业现象和问题。因此，实践性教学是专业基础课的重要教学环节。要使书本知识真正转化为实践工作能力，即能运用理论知识独立地分析、解决问题，必须借助实际运用能力的培养训练过程，帮助学生从本质上感知、认识和理解学过的知识，进而形成运用知识去观察、分析和解决实践问题的能力。

2. 注重知识融会贯通

工程管理专业是新兴工程技术与管理等学科交叉复合而成的学科，其目标是培养适应21世纪国内外经济建设发展需求，具备工程技术、管理学、经济学及法律知识的应用型、复合型人才。建立在技术、管理、经济、法律和信息五个知识平台之上的工程管理专业教学和课程体系，为工程管理行业应用型、复合型人才的培养奠定了基础。然而，目前工程管理专业课程仍客观存在条块分割，知识融合度不够的现象。工程管理专业教学和学习应该帮助同学们在学习过程中将各个不同类别的主干课程要点适当串联、汇集，将相关知识、技术有机结合，达到知识的融会贯通，学为所用，逐步成为能够胜任现代工程管理工作的复合型人才。

3. 强化实践技能培养

工程管理以具体的工程项目为对象，具有鲜明的务实性和精确性。工程管理行业需要的是有专业技术功底和实际操作能力的管理者。因此，我们在掌握扎实的基础理论的同时，还必须注重通过各种形式的实践活动培养和锻炼自身的实践技能，做到理论知识与工作实践的良好结合，不断提高解决工程实践问题的能力。

为帮助学生更好更快地掌握专业技术和方法，通过实验和实习加深对理论知识的理解，促进学生对所学课程知识的消化和吸收，工程管理专业教育十分重视实践教学环节。目前，实践教学环节主要有认识实习、课程实习、生产实习、毕业实习、实验、课程设计、毕业设计、毕业论文等。另外，学校会安排一定数量的学时，聘请工程界、实业界有关专家进行专题讲座或与学生进行专题研讨，以增进学生对相关专业实际发展状况的了解。

(1) 认识实习。刚刚进入大学的大部分学生对"工程施工"不甚了解，通过认识实习这一环节，能够帮助学生初步了解施工现场状况和管理过程，形成对工程项目管理活动的初步认识，从而激发学生对本专业的学习兴趣，为后续课程的学习增加施工现场的感性认识。通过认识实习活动，可以锻炼学生观察、理解实际问题的初步能力，培养学生认真、严谨的学习态度和工作作风。

在认识实习过程中，学生应服从指导教师的安排，认真听取施工现场安全管理人员的入场教育，做好安全防范措施；主动和工程技术人员和工人师傅沟通，在技术人员或现场指导人员的辅导下熟悉工程概况和工地情况；认真观察工人师傅从事的砌砖、钢筋混凝土、装修等现场劳动，了解手工操作的基本技能。学生应仔细观察各种现象，认真听取现场介绍并做好现场参观的记录，通过撰写实习报告对参加认识实习的体会和收获进行总结。

(2) 课程实习。作为课程教学内容的重要组成部分，课程实习是与课程理论教学相配合进行的。如工程测量实习，在"工程测量"课程理论教学进行到一定阶段时，学校将安排一定时间集中进行。课程实习可以使学生所学的相对分散、抽象的测量知识通过综合应用而形成完整、系统的实际能力。同时，通过课程实习还有助于培养学生组织、协调和合作共事的能力。

学生要想较好地完成课程实习任务，需要事前认真学好相关课程的理论知识，实习过程中虚心接受实习老师的指导，同时要充分发挥团队合作精神。某些课程实习内容多、时间紧，单靠个人的力量难以高质量地完成，只有小组的合作和团结才能有效提高实习的效果，按时完成实习任务。

(3) 生产实习。生产实习是教学计划的一个重要组成部分，是强化学生认识、理解和掌握所学基础知识和技术方法的重要手段和环节，是培养学生综合实践能力的有效方法，是学生进入社会的纽带和桥梁。例如在"工程项目管理"的生产实习过程中，学生应用所学的专业知识和技术方法，编制实习工程的施工组织流程，并与现场的施工组织流程相比较，找出二者的差异，分析各自的优缺点，从而初步形成施工组织管理的能力。另外，还可以深入现场，了解施工组织与管理的实际过程，学习分析、处理施工组织与管理中常见问题的手段、程序和措施，为以后的实际工作积累经验。通过生产实习可以较全面地了解国内目前工程管理行业的发展水平，结合自己学过的专业知识，分析、研究工程管理实践中具有一般规律性的现象和问题，探索提高工程管理工作质量和效率的方法和途径。

本 章 小 结

"工程管理概论"是工程管理本科专业的必修课，在整个工程管理专业教学课程体系中具有极为重要的地位。

通过"工程管理概论"的学习，使学生对工程管理的学科体系、学科特点、工程的建设和运营过程、工程管理者的组织使命和角色、工程管理理论和方法体系有一个系统认知；使学生了解将来就业的情况，相关单位对工程管理专业学生的需求情况。

认真学好基础及专业课程，注重知识的融会贯通和加强实践技能培养，是对学生努力学好工程管理相关知识和技术方法的基本要求。

思 考 题

1. 工程管理概论课程的性质是什么？
2. 工程管理概论的教学目的是什么？
3. 工程管理专业知识的学习需要注意哪些方面？

第一章

工程管理概述

【学习要点及目标】

通过本章的学习，掌握工程、工程管理、建设工程管理的概念；明确工程的分类、建设工程管理的参与主体；了解工程管理的发展趋势。

【关键概念】

工程　工程管理　建设工程管理

第一节 工 程

一、工程的含义

(一)工程的定义

什么是工程(Engineering)？工程的定义多种多样，下面是对工程的几种比较典型的定义。

(1) 《朗文当代高级英语词典》定义工程为：一项重要且精心设计的工作，其目的是为了建造一些新事物或解决某个问题。

(2) 《新牛津英语词典》定义工程为：一项精心计划和设计以实现一个特定目标的单独进行或联合实施的工作。

(3) 《剑桥国际英语词典》定义工程为：一项有计划的要通过一段时间完成并且要实现一个特定目标的工作或者活动。

(4) 《不列颠百科全书》定义工程为：应用科学原理使自然资源最佳地转化为结构、机械、产品、系统和过程以造福人类的专门技术。

(5) 《中国百科大辞典》定义工程为：将自然科学原理应用到工农业生产部门中而形成的各学科的总称。

(6) 《现代汉语大词典》定义工程为：①指土木建筑及生产、制造部门用比较大而复杂的设备来进行的工作；②泛指某项需要投入巨大人力、物力的工作。

(7) 《辞海》定义工程为：①将自然科学的原理应用到工农业生产部门中去而形成的各学科的总称。这些学科是应用数学、物理学、化学、生物学等基础科学的原理，结合在科学实验与生产实践中所积累的经验而发展起来的。②指具体的基本建设项目。

中国工程院咨询课题——《我国工程管理科学发展现状研究——工程管理科学专业领域范畴界定及工程管理案例》研究报告中有关工程的界定为：工程是人类为了特定的目的，依据自然规律，有组织地改造客观世界的活动。一般来说，工程具有产业依附性、技术集合性、经济社会的可取性和组织协调性等特点。

美国工程院(MAE)认为：工程的定义有很多种，可以被视为科学应用，也可以被视为在有限条件下的设计。

在现代社会，符合上述"工程"定义的事物非常普遍。只要是人们为了某种目的，进行设计和计划，解决某些问题，改进某些事物等，都是"工程"。比如专业领域的工程有：航天工程、基因工程、食品工程、软件工程等；社会领域的工程有：扶贫工程、阳光工程、民心工程、健康工程、菜篮子工程等。

工程的定义虽然非常广泛，但工程管理专业所研究的对象还是比较传统的"工程"范围。工程管理的理论和方法应用最成熟的是建设工程、水利工程和军事工程领域，而工程管理专业的学生也主要在建设工程领域就业。所以，工程管理专业所指的"工程"，主要是针对建设工程，是狭义工程的概念。因此，在本书中，如果没有特别说明，"工程"一词就是指狭义的建设工程的概念。

(二)工程的内涵

工程的内涵常常与特定产品、特定的制造(工艺)流程、特定的企业、特定的设施系统或特定产业相联系,工程活动与产业活动具有不可分割的内在联系。工程的实质内涵之一就是某种形式的科学应用(即对基础科学、技术科学的应用);但从另一方面看,由于工程是特定形式的基本要素集合、技术集成过程和技术集成体,在这种集合、集成的过程中,本身也蕴含着科学问题——工程科学。因此,工程不应简单地表述为"对科学的应用",也不是相关技术的简单堆砌、拼凑,工程在其对技术集成的过程中存在着更大时空尺度上的工程科学性质的学问。

从工程技术和工程管理专业的角度来看,"工程"主要有如下三方面的意义。

1. 工程技术系统

工程是人类为了实现认识自然、改造自然、利用自然的目的,应用科学技术创造的,具有一定使用功能或实现价值要求的技术系统。工程的产品或带来的成果都必须有使用功能或经济价值,如一幢建筑物、一条公路、一个工厂。工程技术系统通常可以用一定的功能(如产品的产量或服务能力)要求、实物工程量、质量、技术标准等指标表达。例如:一定生产能力的某种产品的生产流水线;一定生产能力的车间或工厂;一定长度和等级的公路;一定发电量的火力发电站或核电站;具有某种功能的新产品;某种新型号的武器系统;一定规模的医院;一定规模学生容量的大学校区;一定规模的住宅小区;解决某个问题的技术创新、技术改造方案或系统等。

在这个意义上,工程是一个人造的技术系统,是解决问题、实现目标的依托。它是工程最核心的内容。一般人们所用的"工程"一词,主要指这个技术系统。例如对一个建成的工厂,我们说"这个工程运行得很好"或"这个工程设计标准很高",就主要指这个工程的技术系统状态。

2. 工程的建筑过程(工程项目)

工程是人们为了达到一定的目的,应用相关科学技术和知识,利用自然资源最佳地获得(如建造)上述技术系统的活动或过程。这些活动通常包括:工程的论证与决策、规划、勘察与设计、施工、运行和维护。还可能包括:新型产品与装备的开发、制造和生产过程,以及技术创新、技术革新、更新改造、产品或产业转型过程等。

在这个意义上,"工程"又包括"工程项目"的概念。例如对一个施工工地,我们说"这个工程马上竣工",主要指工程的建设过程,即工程项目。

3. 工程科学

工程科学是人们为了解决生产和社会中出现的问题,将科学知识、技术或经验用以设计产品,建造各种工程设施、生产机器或材料的科学技术。工程科学包括相关工程所应用的材料、设备和所进行的勘察设计、施工、制造、维修和相应的管理等技术,按照工程的类别和相关的知识体系可分为许多工程学科(专业)。

在这个意义上,"工程"就是工程科学的概念。例如对一个高等院校,我们说"这个学校的土木工程、机械工程、信息工程是一流的",就是指相关的工程专业。

(三)工程项目

工程项目是"工程"三个方面的其中之一。"工程"和"工程项目"既有联系又有区别。

1. 项目的定义

"项目"的定义有很多,最为典型的是国际标准《质量管理——项目管理质量指南(ISO10006)》的定义:"由一组有起止时间的、相互协调的受控活动所组成的特定过程,该过程要达到符合规定要求的目标,包括时间、成本和资源的约束条件。"

按照这个定义,项目具有如下特征。

(1) 项目是在一定的时间内完成的一项具体的任务。

(2) 任务是在一定的约束条件下完成的。约束条件可能是时间的限制(在一定时间内完成),成本和经济性的要求,劳动力、资金、设备、材料等资源消耗的限制。

(3) 项目是由各种各样的活动构成的,这些活动之间互相关联,具有一定的逻辑关系。所以,项目是行为系统。

2. 工程项目的概念

"工程项目"是以完成一定的工程技术系统为任务的项目,是一个工程的建设(建造)过程。比如为完成一项工程的建设任务,人们需要完成立项、设计、计划、施工、验收等活动,最终交付一个工程系统。从定义可以看出,工程项目是工程技术系统的建造任务和过程,是工程的一个方面。而工程技术系统是工程项目的交付成果,即工程项目的产出结果。人们使用"工程"一词更多的是指这个技术系统。

二、工程的分类

(一)按照工程所在的国民经济行业分类

国民经济行业分类是对全社会经济活动按照获得收入的主要方式进行的标准分类,比如建筑施工活动按照工程结算价款获得收入,交通运输活动按照交通营运业务获得收入,批发零售活动按照商品销售获得收入等。我国国民经济行业分类有相应的国家标准。

由于工程具有多样性特点,其分布于国民经济的各个领域,所以,工程建设与国民经济的各个领域都相关,在相应的行业中工程就具有相应的行业特点,我国建造业的行业分类也与此相关。同时由于工程与国民经济的各个行业相关,因此,我国的工程建设受国民经济宏观管理和国家投资管理体制的影响很大。

由于国民经济行业划分很细,在此基础上进行归纳,工程可以划分为五类。

1. 房屋工程

房屋工程包括:①居民住宅;②商业用建筑物;③宾馆、饭店、公寓楼;④写字楼、办公用建筑物;⑤学校,医院;⑥机场、码头、火车站、汽车站的旅客等候厅;⑦室内体育、娱乐场馆;⑧厂房、仓库;⑨其他房屋和公共建筑物。

2. 铁路、道路、隧道和桥梁工程

铁路、道路、隧道和桥梁工程包括：①铁路、地铁、轻轨；②高速公路、快速路、普通公路；③城市道路、街道、人行道、过街天桥、行人地下通道、城市广场、停车场；④飞机场、跑道；⑤铁路、公路、地铁的隧道；⑥铁路、公路桥梁及城市立交桥、高架桥等。

3. 水利和港口工程

水利和港口工程包括：①水库；②防洪堤坝、海坝；③行蓄洪区工程；④水利调水工程；⑤江、河、湖、泊及海水治理工程；⑥水土保持工程；⑦港口、码头、船台、船坞；⑧河道、引水渠、渠道；⑨水利水电综合工程等。

4. 工矿工程

工矿工程包括：①矿山(含坑道、隧道、井道的挖掘、搭建)；②电力工程(如水力发电、火力发电、核能发电、风力发电等)；③海洋石油工程；④工厂生产设施、设备的施工与安装(如石油炼化、焦化设备，大型储油、储气罐、塔，大型锅炉，冶炼设备，以及大型成套设备、起重设备、生产线等)；⑤自来水厂、污水处理厂；⑥水处理系统；⑦燃气、煤气、热力供应设施；⑧固体废弃物治理工程(如城市垃圾填埋、焚烧、分拣、堆肥等设施施工)；⑨其他未列明的工矿企业生产设备。

5. 其他土木工程

其他土木工程包括：①体育场、高尔夫球场、跑马场等；②公园、游乐园、游乐场、水上游乐设施、公园索道以及配套设施；③水井钻探；④路牌、路标、广告牌；⑤其他未列明的土木工程建筑。

(二)按照工程的用途分类

工程的类型有很多，用途也各不相同，这使得各类工程的专业特点相异，由此带来了设计、建筑材料和设备、施工设备、专业施工队伍的不同。工程按照用途可以分为以下四类。

1. 住宅工程

住宅工程主要是居民的住房，包括城市各种类型的房地产建设工程和农村的大多数私人自建房工程。

住宅工程是我国近年来最为普遍、发展最为迅速的工程。房地产业是我国近年来发展最为迅速的产业之一。我国各个城市都有房地产开发项目。

2. 公共建筑工程

公共建筑工程按照不同用途还可以细分为以下两方面内容。

(1) 大型公共建筑：医院、机场、公共图书馆、文化宫、学校等大型办公建筑，以及旅游建筑、科教文卫建筑、通信建筑和交通运输用房等。

(2) 商业用建筑：大型购物场所、智能化写字楼、剧院等。

这类工程以满足公共使用功能为目的，需要较高的建筑艺术性，要符合地方文化和独特的人文环境的要求。如上海金茂大厦的塔形建筑巧妙地将中国的建筑文化融入现代高层

建筑中；南京奥体中心体育场则用两条动感十足的红飘带设计造型。

住宅工程和公共建筑工程在国民经济行业分类中同属房屋建筑工程，它们在工程总投资中所占的比重最大，通常房屋建筑工程产值占建筑业总产值的 65％ 以上。

3. 土木水利工程

土木水利工程主要指水利枢纽工程、港口工程、大坝工程、水电工程、高速公路、铁路和城市基础设施工程。在我国，这些工程主要由政府投资。我国近几十年来，基础设施建设高速发展，特别是高速公路、铁路和高速铁路、城市基础设施(地铁、轻轨等)、水利水电工程。

4. 工业工程

工业工程主要指化工、冶金、石化、火电、核电、汽车等工程。这些工程主要是建造生产产品的工厂，如化工厂、发电厂、汽车制造厂等。

这些工程涉及国民经济的各个工业部门。

第二节 工 程 管 理

一、工程管理概述

(一)工程管理的定义

目前，国内外对工程管理(Engineering Management)有多种不同的解释和界定，主要包括以下内容。

1. 工程管理

这是一种广义的工程管理，是指面向不特定行业的工程管理，其管理对象是广义的"工程"。美国工程管理学会(ASEM)对它的解释为：工程管理是对具有技术成分的活动进行计划、组织、资源分配以及指导和控制的科学和艺术。

美国电气电子工程师协会(IEEE)工程管理学会对工程管理的解释为：工程管理是关于各种技术及其相互关系的战略和战术决策的制定及实施的学科。

中国工程院咨询项目《我国工程管理科学发展现状研究》报告中对工程管理也做了界定：工程管理是指为实现预期目标，有效地利用资源，对工程所进行的决策、计划、组织、指挥、协调与控制。

广义的工程管理既包括对重大建设工程实施(包括工程规划与论证、决策、工程勘察与设计、工程施工与运行)的管理，也包括对重要复杂的新产品、设备、装备在开发、制造、生产过程中的管理，还包括技术创新、技术改造、转型、转轨的管理，产业、工程和科技的发展布局与战略的研究与管理等。

2. 建筑工程管理

我们常说的建筑工程管理(Construction Management)，直接面向建筑行业，涉及建筑业管理与技术方面的研究与实践，包括建筑科学、建设管理、施工技术与工艺管理，也涉及建筑工程项目的运作模式，建筑工程相关各方的管理。所以，可以认为它是狭义的"工程管理"。

3. 项目管理

项目管理(Project Management)具有十分广泛的意义，它是指通过使用现代管理技术指导和协调项目全过程的人力资源和材料资源，以实现项目范围、成本、时间、质量和各方满意等方面的预期目标。它与工程管理有一个交集——工程项目管理。

工程项目管理是工程管理的一个主要组成部分。它采用项目管理方法对工程的建设过程进行管理，通过计划和控制保证工程项目目标的实现。工程管理不仅包括工程项目管理，还包括工程的决策、工程估价、工程合同、工程经济分析、工程技术管理、工程质量管理、工程的投融资、工程资产管理(物业管理)等。

(二)工程管理的内涵

工程管理可以从多个角度进行描述，主要有以下几个方面。

(1) 工程管理的目标是取得工程的成功，使工程达到成本、质量、功能、工期等方面的各项要求。对于一个具体的工程，这些要求就转化为工程目标。所以工程管理是多目标的管理。

(2) 工程管理是对工程全寿命期的管理，包括对工程的前期决策的管理、设计和计划的管理、施工的管理、运行维护的管理等。

(3) 工程管理涉及工程各方面的管理工作，包括技术、质量、安全和环境、造价(费用、成本、投资)、进度、资源和采购、现场、组织、法律和合同、信息等，这些构成工程管理的主要内容。

(4) 将管理学中对"管理"的定义进行拓展，则"工程管理"就是以工程为对象的管理，即通过计划、组织、人事、领导和控制等职能，设计和保持一种良好的环境，使工程参与者在工程组织中高效率地完成既定的工程任务。

(5) 按照一般管理工作的过程，工程管理可分为在工程中的预测、决策、计划、控制、反馈等工作。

(6) 工程管理就是以工程为对象的系统管理方法，通过一个临时性的、专门的柔性组织，对工程建设和运行过程进行高效率的计划、组织、指导和控制，以对工程进行全过程的动态管理，实现工程的目标。

(7) 按照系统工程方法，工程管理可分为确定工程目标、制定工程方案、实施工程方案、跟踪检查等工作。

(三)工程管理的广义性

在现代社会，工程管理具有十分广泛的应用范围，具体体现在如下几个方面。

(1) 现代工程中工程管理的专业化。在工程学科体系中，工程管理已成为一个独立的专业，工程管理已经高度社会化和专业化。在建设工程领域，有职业化的建筑师、监理工程师、造价工程师、咨询工程师，以及物业管理公司。我国现在专职的工程管理队伍庞大，人员众多，他们为工程的建设和运行提供专职的管理服务，在我国的经济发展和社会建设中发挥了重大作用。

(2) 各个层次管理人员(如投资者、政府官员、企业家、企业的职能管理人员、业主)都会不同程度地参与工程决策、建设和运行过程，都需要工程管理知识和能力。

如投资者在确定投资目标和计划时必须有相应的总体安排，否则投资目标和计划就会不切实际，变成纸上谈兵。同时在工程的整个实施过程中，必须从战略的角度对工程进行宏观控制。投资者对工程和工程管理的理解和介入能够减少决策失误，减少非程序和不科学的干预。

(3) 各专业工程师也需要工程管理知识和能力。参与工程的专业工程技术人员也必然有着相应的工程管理工作。现代工程中纯技术性工作已经没有了，任何工程技术人员承担工程的一部分任务或工作，都必须要管理自己所负责的工作，领导自己的助手或工程小组；在设计技术方案、采取技术措施时要科学地评价技术方案的可行性、经济性以及寻找更为经济的方案，必须考虑时间问题和费用问题；必须进行相应的质量管理，协调与其他专业人员或专业小组的关系，向上级提交各种工作报告，处理信息等。这些都是工程管理工作，都需要各专业工程师具备工程管理的相关知识和能力。

(四)工程管理的相关主体

在工程过程中有如下两种性质的工作。

1. 为完成工程所需的专业性工作

为完成工程所需的专业性工作包括工程设计、建筑施工、安装、设备和材料的供应、技术咨询(鉴定、检测)等。这些工作常常由工程的专业系统和工程的过程决定。这些工作一般由设计人员、专业施工人员、供应商、技术咨询和服务人员等承担，他们构成工程的实施层。

2. 工程管理工作

在现代工程中，投资者委托业主负责工程的建设管理；而业主委托项目管理公司具体管理工程建设，工程的实施单位(设计单位、工程承包单位、供应单位)在不同的阶段承担不同的任务。他们都有自己工程管理的工作任务和职责，也都有自己相应的工程管理组织。所以在同一个工程中，投资者、业主、项目管理公司、承包商、设计单位、供应商，甚至分包商都有工程项目经理部。

由于工程的相关关系人各自在工程中的角色不同，其相对应的"工程管理"的内容、范围和侧重点也有一定的区别，所以在一个工程中，"工程管理"是多角度和多层次的。进行工程管理的主要相关主体如图 1-1 所示。

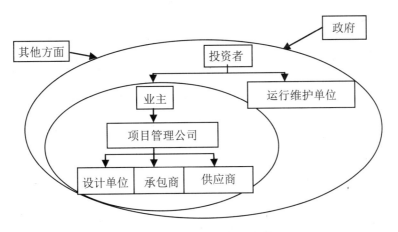

图 1-1 工程管理的相关主体

(1) 投资者的工程管理。

投资者为工程筹措并提供资金，为了实现投资目的，要对投资方向、投资的分配、融资方案、投资计划、工程的规模、产品定位等重大和宏观问题进行决策。投资者的目的不仅是完成工程的建设，交付运行，更重要的是通过运营收回投资和获得预期的投资回报。投资者更注重工程最终产品的市场前景，并从工程的运营中获得收益，以提高投资效益。

投资者的管理工作主要是在工程前期策划阶段进行工程的投资决策，在工程建设过程中进行投资控制，在运营工程中进行宏观的经营管理。在工程立项后，投资者通常不具体管理工程，而是委托业主或项目管理公司(代建单位)进行工程管理工作。

(2) 业主的工程管理。

工程立项后，投资者通常委托一个工程主持或工程建设的负责单位作为工程的业主，承担工程建设过程总体的管理工作，保证工程建设目标的实现。

业主对工程管理的深度和范围主要是由工程的承发包方式和管理模式决定的。在现代工程中，业主通常不承担具体的工程管理任务，不直接管理设计单位、承包商、供应商，而主要承担工程的宏观管理以及与工程有关的外部事务。

① 工程重大的技术和实施方案的选择和批准，如确定生产规模，选择作业方案；

② 制订总体实施计划，确定工程组织战略，选择工程管理模式和工程承包方式；

③ 选择工程的设计单位、承包商、工程管理单位、材料和设备供应单位、负责工程招标，并以工程所有者的身份与他们签订合同；

④ 批准工程设计和计划文件，批准承包商的实施方案，以及批准对设计和计划的重大修改；

⑤ 审定和选择工程所用材料、设备和作业流程等，提供工程实施的物质条件，负责与环境部门的协调和必要的官方批准；

⑥ 各个子项目实施次序的决定；

⑦ 对工程实施进行宏观控制，对工程实施中出现的重大问题进行决策；

⑧ 按照合同规定对工程实施支付工程款，组织工程竣工验收，接收已完工程等。

(3) 项目管理公司的工程管理。

项目管理公司包括监理公司、造价咨询公司、招标代理公司、代建公司等,他们受业主委托,提供工程管理服务,完成包括招标、合同、投资(造价)、质量、安全、环境、进度、信息等方面的管理工作,协调与业主签订合同的各个设计单位、承包商、供应商的关系,并为业主承担工程中的事务性管理工作和决策咨询工作等。他们的主要责任是保护业主的利益,保证工程整体目标的实现。

(4) 承包商的工程管理。

这里的承包商是广义的,包括设计单位、工程承包商、材料和设备的供应商。虽然他们的工程管理会有较大不同,但都在同一个组织层次上进行工程管理。

他们的主要任务是在相应的工程合同范围内,完成规定的设计、施工、供应、竣工和保险任务,并为这些工作提供设备、劳务、管理人员,使他们所承担的工作(或工程)在规定的工期和成本范围内完成,满足合同所规定的功能和质量要求。

他们有自己的工程管理活动,有责任对相关的工程实施活动进行计划、组织、协调和控制。他们的工程管理是从参加相应工程的投标开始,直到合同所确定的工程范围完成,竣工交付,工程通过合同所规定的保修期为止。

在工程实施者中,施工承包商承担的任务是工程实施过程的主导活动。他的工作和工程质量、进度和价格对工程的目标影响最大。因此,他的工程管理是最具体、最细致,同时又是最复杂的。

(5) 运行维护单位的工程管理。

运行维护单位对工程的运行或产品生产和服务承担责任,其工作内容包括对工程运行的计划、组织、实施、控制等,以保证工程设备或设施安全、健康、稳定、高效率地运行。

运行维护单位的工程管理从竣工交付开始,直至工程寿命周期结束为止,占工程全寿命期的大部分时间。有些工程,运行维护单位会提前介入,在竣工前就和承包商交接,有时还会包括工程的试运行。

(6) 政府的工程管理。

政府的工程管理是指政府的有关部门履行社会管理的职能,依据法律和法规对工程进行行政管理,提供服务和做监督工作。由于工程的影响大、涉及面广,政府必须从行政和法律的角度进行监督,维护社会公共利益,使工程的建设符合法律的要求,符合城市规划的要求,符合国家对工程建设的宏观调控要求。

政府的工程管理工作包括:①对工程立项的审查和审批;②对工程建设过程中涉及建设用地许可;③对规划方案、建筑许可的审查和批准;④对工程涉及环境保护方面的审查和批准;⑤对工程涉及公共安全、消防、健康方面的审查和批准;⑥从社会的角度对工程的质量进行监督和检查;⑦对工程过程中涉及的市场行为(如招标、投标)进行监督;⑧对在建设过程中违反法律和法规的行为进行处理等。

(7) 其他方面的工程管理。

其他方面的工程管理,如保险机构的工程管理、行业协会的工程管理等。

二、工程管理的历史发展

(一)工程管理的发展阶段

在漫长的人类文明和社会发展过程中，伴随着大量工程的建筑实践，逐步积累、提炼并不断充实完善了工程管理的理论基础和技术方法。从工程管理行业发展看，大致可以分为三个主要阶段。

1. 人类工程实践催生工程管理萌芽

人类最初的工程以土木工程为主，主要包括房屋(如皇宫、庙宇、住宅等)、水利和交通设施(如运河、沟渠、道路、桥梁等)、军事设施(如城墙、兵站等)以及陵墓工程的建设。在这些工程的建造过程中，古人因地制宜，就地取材，针对规模浩大的劳动组织和纷繁复杂的施工安排采取积极有效的对策和措施，充分体现了古人朴素的工程管理思想。

长城是人类文明史上最伟大的工程之一，它始建于两千多年前的春秋战国时期，秦始皇统一中国之后将断断续续的各段长城连接为一体，绵延万里，横亘千年，堪称世界奇迹。在完成万里长城这一伟大工程的过程中，工程设计和施工组织者发挥了很强的创造力，显示了高度的聪明才智。

在工程选址方面，据成书于公元前 93 年的我国第一部纪传体通史——《史记》记载，"筑长城，因地形，用制险塞"，即长城大多都是沿山脊而筑，充分利用山体河流作为防御屏障，这不仅是古代军事战略需要，而且在总体上可以最大限度地节省人力和材料，充分体现出古代人在建设方案选址时因地制宜的思想。

在施工组织方面，秦始皇时期修筑长城征用全国男劳力 50 万人，加上其他杂役共 300 万人，占当时全国男劳力的一半以上。组织如此大量的劳动力进行施工，必然有一套严密甚至残酷的组织措施作为保证。据文献和长城碑文记载，当时修筑长城是由各军事辖区的首长(往往是皇帝直接派出的军事官员)向朝廷上书，阐明当时当地防卫的具体情况，提出修筑长城的申请，经朝廷同意后再组织施工。施工任务下达后，由中央政权从全国各地征调军队和募集民夫到重点地区去修筑。而在具体修筑时，是按军队编制组织进行的。如今，在石筑城墙残基上，有的地段可以发现明显的接痕墙缝，证明当时修筑长城是采用分区、分片、分段包干的办法，先将某一段修建任务分配给戍军某营、某卫所，再下分到各段、各防守据点的各个戍卒。施工时设有督理人员和具体施工管理人员。督理人员一般属职位较高的巡抚、巡按、总督、经略、总兵官等，而施工人员以千总为组织者，千总之下又设有把总分理。正是这样一条脉络清晰的直线式组织线路，才有可能保证施工期间管理严密、分工细致、责任明确。

在材料采集供应方面，长城横亘万里，地域范围很广，而且各段修筑的时间先后不一，建造工期往往又很紧迫，在这种情况下就地取材就显得格外重要。近年在蓟镇长城沿线发现的大量为建造长城提供原材料的砖窑、灰窑、采石场遗址和记载材料供应情况的石刻碑文，表明古代建造者在长城的建造过程中已经懂得"就地取材、因地制宜"的道理，显示了古代建造者在采集、运输和供给保障方面的智慧。

在质量控制方面，作为古代"国家级"防御工程，长城修筑的质量必然是当时统治者最为关注的焦点。为确保长城修建工程的质量，明代在隆庆以后大兴"物勒工名"(即在长城墙体及其构件上标注建造责任人的姓名)，以此形式对整个工程实行责任制管理。考古工作者和专家在长城上发现和收集了一批石刻碑文，这些碑文除了明确记录了每次修筑的小段长城的位置、长度、高度、底顶宽度外，还刻上了督理官员的官衔、姓名、军队番号、施工组织者及石匠、泥瓦匠、木匠、铁匠、窑匠等的名字。如果城墙倒塌、破损，就按记载来追查责任。正是因为实行了严格的责任制，万里长城才能在经历了千百年的风雨后依然"塞垣坚筑势隆崇"。

在投资控制方面，尽管历代君王为抵抗外敌入侵在人力、物力、财力投入方面十分慷慨，据《春秋》记载，建造长城所作的计划也十分周到细致。不仅准确计算了城墙的土石方量和所需各类材料的用量，连所需的人力以及从不同地区征集劳力、往返的路程、所需口粮都一一予以明确细致的安排，力求保障有力、供应有序。

在进度控制方面，由于当时生产条件所限，长城的建造难度很大，工程进度较为缓慢。然而，在每次修筑时，统治者要求的工期往往又非常紧迫，建造者必须采用各种办法以求加快进度。例如在难以行走的地方人们排成长队，用传递的办法把修筑材料传递到施工场地；冬天人们则在地上泼水，利用结冰后摩擦力减小的原理推拉巨大的石料；在深谷中人们用"飞筐走索"的办法，把建材装在筐里从两侧拉紧牢固的绳索上滑溜或牵引过去。这些办法在节省劳动力的同时，也大大节省了时间，加快了施工进度。

除了万里长城之外，我国古代的工程建造者在下列工程实践中，也显著地创造和丰富了工程管理的思想方法和技术手段。

始建于公元前256年的四川都江堰水利工程是世界上最长的无坝引水工程。它巧妙地将"鱼嘴"分水工程、"飞沙堰"分洪排沙工程、"宝瓶口"引水工程结合起来，充分利用自然条件和地理环境对洪水进行疏导，达到以灌溉为主，兼有防洪、水运、供水等功效的目的。其规模之大，规划之缜密，技术之合理，均前所未有，并一直沿用至今。都江堰水利工程不仅强调了各功能区域结构布局的协调，同时制定了一系列协调措施对分洪、排沙、引水进行管理，突出了整个系统的协调配合。

位于陕西省西安市以东35千米的临潼境内的秦始皇陵，是世界上最大的地下皇陵，能与之媲美的仅有古埃及金字塔这座世界上最大的地上王陵。秦始皇陵从公元前246年秦始皇即位便动工修建，前后历时39年之久，比著名的埃及胡夫金字塔的修造时间还要长8年。动用修陵人数最多时近80万，几乎相当于修建古埃及胡夫金字塔人数的8倍。

位于四川省乐山市的乐山大佛开凿于唐玄宗开元初年(公元713年)，佛像高71米，素有"佛是一座山，山是一尊佛"之称，是世界最高的大佛，建造耗时90余年。大佛头长14.7米，头宽10米，肩宽24米；耳长7米，耳内可并立二人；脚背宽8.5米，可坐百余人。大佛内部包含着一套设计巧妙、隐而不见的排水系统，对保护大佛起着重要作用。虽经千年风霜，乐山大佛至今仍安坐于滔滔岷江之畔。

据《梦溪笔谈》记载，公元1008—1016年，北宋大臣丁渭在修复皇宫工程中通过"挖沟取土、以沟运料、废料填沟"这一高明的施工方案，收到了"一举而三役济，计省费以亿万"的最佳效果，可谓是古代工程管理中因地制宜、优化施工方案而提高工作效率和降低工程成本的典范。

公元 1100 年，我国著名的古代土木建筑家李诫编修了《营造法式》，汇集了北宋以前各个朝代建筑管理技术的精华。书中提到的"料理"和"功限"，就相当于我们现在所说的"材料消耗定额"和"劳动消耗定额"。《营造法式》是人类最早采用定额进行工程造价管理的明确规定和文字记录之一，遥遥领先于英国 19 世纪才出现的工料测量师(quantity surveyor)。

英法战争(公元 1337—1453 年)后，英国政府决定在短期内建立大量的军营。为满足建造速度快、成本低的要求，军营建造首次采用了每个工程由一个承包商负责。该承包商负责统筹工程中各个工种的工作，并通过报价来选择承包商。工程竞价承包有效地控制了政府支出，开创了将竞价方式运用到工程成本控制上的先例。

美国管理学家弗雷德里克·泰勒通过定量实验创造出定额管理、工具标准化和操作规范化的理论和方法，使设备制造管理过程的典型经验提升为具有普遍意义的技术方法。法国古典管理理论学家法约尔从管理过程中抽象出管理的计划、组织、指挥、协调、控制职能和管理的一般原则，对管理学的发展和管理学理论在工程管理中的应用产生了深远的影响。

岁月沧桑，星移斗转。众多历史悠久、规模宏大、设计精巧、功能完备和工艺精湛的伟大工程，经历了漫长岁月的种种磨砺，仍然与现代文明极为和谐地辉映着。在当时的生产条件下，建造这些伟大工程是十分困难的。在这些工程的建设过程中必然有严密的甚至是残酷的军事化组织管理，必然有进度、人员的安排与控制，必然有费用的计划和核算，必然有明确的质量要求和检测。因此，每项工程的实施必然伴随着工程管理的实践。前人用其智慧和汗水在创造中收获着，他们在工程建造过程中所萌发的管理理念和技术方法，催生了现代工程管理基础理论和技术方法的萌芽。

2. 社会生产力发展促进工程管理成长

20 世纪 20 年代以来，随着社会生产力的发展和科学技术的不断进步，各个行业的生产方式发生着日新月异的转变。从单枪匹马的"工匠式"作业，到"作坊式"和"小型工厂式"的有组织生产，再到越来越多的跨区域、跨国度的大型企业的出现，生产专业化和综合程度越来越高，工程项目也日趋大型化和复杂化。在这样的背景下，数量众多、规模巨大的工程建设急需称职的管理者出现。生产力的发展和生产方式的转变促使工程与管理实现了最自然、最有效的结合，工程实践在推动人类社会进步的同时促进了工程管理行业的快速成长。

20 世纪初期，美国著名机械工程师和管理学家亨利·甘特总结制造设施生产的经验，首次使用条形图(又称甘特图、横道图)来形象、直观地表达纷繁复杂的生产过程。随后，条形图广泛应用于土木工程领域，在一定程度上标志着工程管理开始告别人们简单、自发的经验积累，向着一门具备完善理论基础的专业学科转变。

从 20 世纪 20 年代起，美国在当时"科学管理"与经济学领域研究成就的基础上开始探索项目的科学管理。1936 年，美国在洪水控制工程中提出至今沿用的"效益与费用比"基本准则，即通过评价各种工程项目所产生的社会效益和消耗的社会成本，包括环境方面的效益和成本，权衡利弊，指导决策，确定方案。被誉为"管理理论之母"的福莱特在多年的社区管理实践活动中，积累了众多对于项目运作(如职业指导中心的建立和运作)和企业管理的经验，明确提出了管理的整体性思想。此后，系统分析方法在工程项目的规划和决策中得到了广泛应用，大大推动了系统理论的发展。

第二次世界大战后，许多国家面临工期紧迫、材料短缺和资金不足的问题，促使业主们更加注重对工程工期、造价和质量的控制，推动了工程管理新的管理手段和方法不断涌现。同时，伴随现代科学技术的进步，产生了系统论、信息论、控制论、计算机技术、运筹学、预测技术和决策技术等理论学说和技术方法且日臻完善，为工程管理基础理论和技术方法的发展提供了动力和支撑。

1947 年，美国工程师麦尔斯在军事工程和军需物品采购的实践中不断探索，逐渐总结出一套解决采购问题的行之有效的方法，并把这种思想和方法应用推广到其他领域，形成了早期的价值工程(value engineering)。而后，价值工程在工程建设、生产发展与组织管理等方面得到了广泛应用。

20 世纪 50 年代初，美国数学家贝尔曼首先提出动态规划的概念。所谓动态规划，简单地说，就是将问题实例归纳为更小的、相似的子问题，并通过求解子问题产生一个全局最优解。1957 年贝尔曼发表《动态规划》一书。美国"北极星潜艇计划"开始利用计算机进行管理，开发了安排工程进度的"计划评审技术"(program evaluation and review technique，PERT)方法，用于难以控制、缺乏经验、不确定性因素多而复杂的项目中。该技术的出现被认为是现代项目管理的起点，成为工程管理最重要的技术和方法之一。1957 年，美国杜邦公司在其化学工业建厂计划中，创造了"关键线路法"(critical path method，CPM)。1958 年，美国在北极星导弹研制工程管理中，首次采用了计划评审技术并获得了显著成功，进而加快了整个系统的研制进度。

20 世纪 60 年代，美国由 42 万人参加、耗资 400 亿美元的"阿波罗载人登月计划"取得巨大成功，同时开发了著名的"矩阵管理技术"。工程管理人员还将风险管理运用于项目管理中，采用失效模式和关键项目列表等方法对阿波罗飞船进行风险管理。

受社会经济发展相对滞后的影响，这一阶段我国工程管理的发展虽滞后于经济发达国家，但在一些方面也取得了进展和成绩。1954 年，被誉为我国"导弹之父"的钱学森院士在主持导弹、火箭和卫星的研制工作与管理实践中，把工程实践中经常运用的设计原则和管理方法加以整理和总结，取其共性，提升为科学理论，出版了《工程控制论》专著。

20 世纪 60 年代初，著名数学家华罗庚和钱学森分别倡导统筹法和系统工程，并将其推广到修铁路、架桥梁、挖隧道等工程实践中，取得了巨大的经济效益。在这一期间开展了数以百计的工程作业流程，为提高工程管理技术水平和促进工程管理技术方法的规范化、标准化奠定了基础。

20 世纪 70 年代，我国在重大建设项目工程管理实践中引入了全寿命管理概念，并派生出全寿命费用管理、一体化后勤管理、决策点控制等方法，在上海宝钢工程、秦山核电站等大型工程项目中相继运用了系统的工程管理方法，保证了工程项目建设目标的顺利实现。

1984 年，利用世界银行贷款的项目——鲁布革水电站在国内首先采用国际招标，并通过合理的项目管理缩短了工期，降低了造价，取得了明显的经济效益，成为我国项目管理在建设工程方面应用的范例。此后，我国的许多大中型工程相继实行项目管理体制，逐步实施了项目资本金制、法人负责制、合同承包制、建设监理制等。至此，工程管理在我国越来越多的工程领域中得到运用，为我国工程建设的蓬勃发展发挥了积极作用。

随着系统工程、运筹学、价值工程、网络技术等科技发展以及超大型建设工程和高科技产品开发等工程管理实践的大规模开展，这一阶段的工程管理在理论和技术方法方面奠定了良好的基础，初步构建起以技术、管理、法律、经济为支撑平台的理论体系。与此同时，在工程管理实践中创造和丰富了管理学理论与方法，工程管理实践成为现代管理学众多理论及方法产生的摇篮和发展的引擎。

3. 新型工业化进程加速工程管理发展

进入 20 世纪 90 年代以来，伴随着新兴工业化的进程，工程管理在社会经济发展中的地位和作用大幅提升，工程管理得到了全社会的高度重视，取得了长足发展。现代工程管理吸收与融合了系统论、信息论、控制论、行为科学等现代管理理论，其基础理论体系逐步健全和完善；预测技术、决策技术、数学分析方法、数理统计方法、模糊数学、线性规划、网络技术、图论、排队论等现代管理方法不断进步和有效应用，为解决工程管理各种复杂问题提供了更为有效的手段和工具，使工程管理的技术方法日益科学化和现代化。计算机的广泛应用和现代图文处理技术、多媒体和互联网的使用，显著提高了工程管理工作的质量和效率。

近年来，我国在三峡工程、青藏铁路、国家游泳中心等重大工程项目实践中努力创新工程管理的技术手段和方法，拓展了工程管理的应用空间，提升了工程管理在重大工程项目建设中的作用和效果。

举世无双的三峡水利枢纽工程建设期长达 17 年。从 1993 年动工开始，相继攻克了 175 米直立高边坡开挖的边坡稳定、大坝高强度混凝土浇筑、截流和深水围堰施工等各类技术难题；另外，三峡工程的兴建，导致 13 个城市、县城全部或部分淹没，动态移民量 100 万人以上。如此大规模的搬迁与重建，必须解决大量的工程技术、环境生态、文物保护和社会经济问题。三峡水利枢纽工程的建设全过程必然是工程管理全方位、高强度的应用过程。我国工程管理专家通过十多年的努力，在引进西方发达国家先进管理理念、方法、模型的基础上，结合三峡工程建设的实际情况，开发出了在国际工程项目管理领域处于领先水平、具有自主知识产权的"三峡工程管理信息系统(TGPMS)"和"电厂运行管理信息系统(ePMS)"。TGPMS 系统投入使用，实现了跨部门、跨地域、全方位的规范化管理，对工程建设的进度、质量、安全和总投资控制等发挥了重要作用。

青藏铁路是全世界海拔最高的铁路，工程建设面临着穿越世界上最复杂的冻土区等大量的技术难题，开创了世界上在高原极不稳定冻土区的高含冰量地质条件下"以桥代路"修筑路基的先例，确保了工程质量和进度。此外，青藏铁路修建过程中高度重视生态环境和野生动物的保护，为野生动物设计了专门的迁徙路线，最大限度地降低了工程建设对生态环境的破坏。青藏铁路的顺利通车和所取得的良好社会效果，标志着我国在复杂地理地形条件下，工程建设和工程管理工作达到了相当高的水平。

为迎接 2008 年北京奥运会而兴建的国家游泳中心"水立方"采用了独特的钢结构技术。钢结构重约 7000 吨，节点 10 000 余个，杆件数量 20 000 余根，结构和构件具有很强的多样性，对构件制作和结构测量、安装的精确性有极高的要求，工程的施工组织具有很高的难度。同时，"水立方"首先采用了 ETFE 膜结构技术，整体工程具有材料轻、阻燃性好和外表美观、透光性好等良好效果。

20 世纪末以来，计算机技术的发展和普及，以及工程管理软件的开发和应用，成为推动工程管理专业发展的又一强大动力。信息处理变得更加迅速、及时和准确，管理人员能够把资金、时间、设备、材料及人工等多方面的因素综合在一起，通过计算机完成计划、预测、报表等功能，使得把现代化管理方法和技术手段运用于大型复杂工程项目管理的设想变成了现实。

随着工程建设规模的迅速扩大和建造难度的不断增加，工程管理行业所面临的形势和实践过程中亟待解决的实际问题推动了工程管理的学术研究不断深入。国内部分科研机构及大学相继建立了以工程管理为主要研究内容的科研院所。科研机构围绕工程管理的基础理论、技术方法的应用和工程管理专业的人才培养、资格认证展开了广泛的研究和探索。

我国最具权威的科研机构——中国工程院于 2000 年成立工程管理学部。这是国内学术界对工程管理学科地位认同的重要体现，对于冲破社会工程管理及其工作价值的狭隘认识，承认工程管理理论研究者的创新价值，认同工程管理实务工作者的学术地位具有举足轻重的作用。

中国工程院与国家自然科学基金委员会于 2003 年联合发起、创办了中国"工程前沿"学术研讨会，首届研讨会主题为"未来的制造科学与技术"。中国"工程前沿"研讨会以工程前沿与学术研讨为宗旨，每年春、秋在北京召开两次，会议的主题包括国家重大工程技术领域的关键问题及重要工程研究的前沿问题。"工程前沿"研讨会作为我国在促进工程的跨学科研究的重大举措受到各方关注。

2007 年 4 月，中国工程院和广州市政府联合主办了中国工程院首届工程管理论坛。论坛以我国工程管理发展现状及关键问题为主题，交流了工程管理的先进理念与成功经验，探讨了工程管理行业未来的发展趋势。论坛的成功举办有力地推动了工程管理行业和学科的发展。

近年来，我国在工程管理重大课题研究方面不断取得进展。1993 年，中国国家自然科学基金委员会设立课题开展"重大科技工程管理理论与方法研究"。这是我国当年两个重点管理学科研究课题之一，是国内首次设立课题研究工程管理领域。1996 年 12 月课题组完成了多达 100 多万字的研究报告，对工程与工程管理基本概念、工程管理领域的一般规律、国内外工程风险管理理论与实践、高技术工程管理的概念和工程综合管理技术与应用等方面展开了深入研究，并对工程管理在交通工程、军用飞机研制工程、民用核电站建设工程、战略导弹研制工程等行业中的应用进行了重点分析，对促进我国重大科技项目的工程管理提出了意见和建议。

2004 年，在北京召开的工程科技论坛上，中国工程院工程管理学部确定就"工程与工程哲学"开展咨询研究。该项目于 2005 年启动，2006 年结题，由殷瑞钰院士担任项目负责人。开展此项研究工作主要是基于现代社会工程数量急剧增加、规模不断扩大、结构日趋复杂、难度显著提高，不同工程之间，工程与自然、工程与经济社会之间以及工程自身内部都有许多极其复杂的关系，需要进行跨学科、多学科的研究，特别需要从宏观层面、以哲学思维把握工程活动的本质和规律，从而为项目决策和工程建设提供科学的世界观、方法论，以提高工程建设的综合效益。

伴随着国家社会经济的持续发展，特别是新型工业化进程的加速推进，工程管理在基础理论和技术方法上都得到了全面的发展。一方面，系统工程、科学管理、运筹学、价值工程、网络技术、关键路线法等一系列理论与方法均诞生或者应用于工程实践，并逐步发展成为管理学的核心理论与方法。另一方面，现代科学技术的飞速发展和社会、经济各个领域对工程管理行业的巨大需求，为工程管理的进一步完善和发展提供了广阔的空间，注入了新的活力，促进工程管理理论和技术体系的不断健全和完善，推动工程管理逐步成为社会经济发展中具有重要地位和作用的行业。

(二)工程管理的发展趋势

1. 工程管理理论、方法和手段的科学化

现代工程管理的发展历史正是现代管理理论、方法、手段和高科技在工程管理中研究和应用的历史。现代工程管理吸收并应用了现代科学技术的最新成果，具体表现在以下几个方面。

(1) 现代管理理论的应用。现代工程管理是在现代管理理论，特别是在系统论、控制论、信息论、组织行为科学等的基础上产生而后发展起来的，并在现代工程的实践中取得了惊人的成果。它们奠定了现代工程管理理论体系的基石，推动了工程管理科学的发展。现代工程管理实质上就是这些理论在工程实施过程和管理过程中的综合运用。

(2) 现代管理方法的应用，如预测技术、决策技术、数学分析方法、数理统计方法、模糊数学、线性规划、网络技术、图论、排队论等，可以用于解决各种复杂的工程管理问题。

(3) 现代管理手段的应用，最显著的是计算机和现代信息技术，以及现代图文处理技术、精密仪器、数据采集技术、测量定位技术、多媒体技术和互联网等的使用，大大提高了工程管理的效率。

近十几年来，管理领域和制造业中许多新的方法和理论，如创新管理、以人为本、物流管理、学习型组织、变革管理、危机管理、集成化管理、知识管理、虚拟组织、并行工程等在工程管理中的应用，大大促进了现代工程管理理论和方法的发展，开辟了工程管理一些新的研究和应用领域，丰富了管理学的内涵。

工程管理作为管理科学与工程的一个分支，如何应用管理学和其他学科中出现的新的理论、方法和高科技，一直是工程管理领域研究和开发的热点。

2. 工程管理的社会化和专业化

在现代社会中，由于工程的数量越来越多，规模大、技术新颖、参与单位多，社会对工程的要求越来越高，使得工程管理越来越复杂。

按社会分工的要求，现代社会需要专业化的工程管理人员和企业，专门承接工程管理业务，为业主和投资者提供全程的专业化咨询和管理服务，这样才能有高水平的工程管理。工程管理发展到现在已不仅仅是一个专业，而是形成许多职业。在我国建设工程领域工程管理有许多职业资格，如建造师、造价工程师、监理工程师等。专业化的工程管理(包括造价咨询、招标代理、工程监理、项目管理等)公司已成为一个新兴产业，这是世界性的潮流。国内外已探索出许多比较成熟的工程管理模式，这样能极大地提高工程的整体效率，达到

投资省、进度快、质量好的目标。

随着工程管理专业化和社会化的发展，近十几年来，工程管理的教育也越来越引起人们的重视。在许多工科型高校，甚至一些综合型、财经类高校，都设有工程管理本科专业，并有工程管理领域的工学硕士、管理学硕士、专业硕士和工程硕士，以及博士教育。

3. 工程管理的标准化和规范化

工程管理是一项技术性非常强且十分复杂的管理工作，要符合社会化大生产的需要，工程管理必须标准化、规范化。这样才能逐渐摆脱经验型的管理状况，才能专业化、社会化，才能提高管理水平和经济效益。

工程管理的标准化和规范化体现在诸多方面：①规范化的定义和名词解释；②规范化的工程管理工作流程；③统一的工程费用(成本)划分方法；④统一的工程计量方法和结算方法；⑤信息系统的标准化，如统一的建设工程项目信息的编码体系，以及信息流程、数据格式、文档系统、信息的表达形式；⑥工程网络表达形式的标准化，如我国的《工程网络计划技术规程》(JGJ/T 121—99)；⑦标准的合同文件、标准的招投标文件，如我国的《建设工程施工合同(示范文本)》等；⑧2006 年我国颁布的国家标准《建设工程项目管理规范》(GB/T 50326—2006)。

4. 工程管理的国际化

在当今整个世界，国际合作工程越来越多，例如国际工程承包、国际咨询和管理业务、国际投资、国际采购等。另外在工程管理领域的国际交流也越来越多。

工程国际化带来工程管理的困难，这主要体现在不同文化和经济制度背景下的人，由于风俗习惯、法律背景、组织行为和工程管理模式等的差异，加剧了工程组织的复杂性和协调的困难程度。这就要求工程管理国际化，即按国际惯例进行管理，要有一套国际通用的管理模式、程序、准则和方法，这样就使得工程中的协调有一个统一的基础。目前通用的工程管理国际惯例和知识体系包括：世界银行推行的工业项目可行性研究指南；世界银行的采购条件；国际咨询工程师联合会颁发的 FIDIC 合同条件；国际上通用的项目管理知识体系(PMBOK)；国际标准化组织(ISO)颁布的质量管理标准(ISO 9000)；国际标准化组织颁布的项目管理质量标准(ISO 10006)；国际标准化组织颁布的环境管理标准(ISO 14000)等。

第三节　建设工程管理

一、建设工程管理的含义

建设工程管理是工程管理的一个重要分支，它是指通过一定的组织形式，用系统工程的观点、理论和方法对工程建设周期内的所有工作，包括项目建议书、项目决策、工程施工、竣工验收等系统运动过程进行决策、计划、组织、协调和控制，以达到保证工程质量、缩短工期、提高投资效益的目的。

(一)建设工程管理的具体职能

从项目管理的理论和我国的实际情况来看,建设工程管理的具体职能主要包括以下方面。

1. 决策职能

决策是建设工程管理者在建设工程项目策划的基础上,通过进行调查研究、比较分析、论证评估等活动,得出结论性的意见,并付诸实施的过程。由于建设工程通常要经过建设前期工作阶段、设计阶段、施工准备阶段、施工安装阶段和竣工交付使用阶段,其建设过程是一个系统工程。因此,每一个建设阶段的启动都要依靠决策。

2. 计划职能

根据决策作出实施安排、设计出控制目标和实现目标的措施的活动就是计划。计划职能决定项目的实施步骤、搭接关系、起止时间、持续时间、中间目标、最终目标及实施措施。只有执行计划职能,才能使建设工程管理的各项工作成为可以预见和能够控制的。进行建设工程管理要围绕建设工程的全过程、总目标,将其全部活动都纳入计划的轨道,用动态的计划系统协调与控制整个建设工程,保证建设工程协调、有序地实现预期目标。

3. 组织职能

组织职能是管理者把资源合理利用起来,把各种管理活动协调起来,并使管理需要和资源应用结合起来的行为,是管理者按计划进行目标控制的一种依托和手段。建设工程管理需要组织机构的成功建立和有效运行,从而发挥组织职能的作用。建设工程项目业主的组织既包括在项目内部建立管理组织机构,又包括在项目外部选择合适的监理单位、设计单位与施工单位,以完成建设工程项目不同阶段、不同内容的建设任务。

4. 控制职能

控制职能的目标在于使项目按计划运行,它是项目管理活动最活跃的职能,其主要用于项目目标控制。建设工程项目目标控制是指项目管理者在不断变化的动态环境中,为保证既定计划目标的实现而进行的一系列检查和调整活动的过程。建设工程项目目标的实现以控制职能为主要手段,如果没有控制,就谈不上建设工程项目管理。因此,目标控制是建设工程管理的核心。

5. 协调职能

协调职能是在控制过程中疏通关系,解决矛盾,排除障碍,从而使控制职能充分发挥作用。协调是控制的动力和保障。由于建设工程实施的各个阶段,在相关的层次、相关的部门之间,存在大量的工作界面,构成了复杂的关系和矛盾,应通过协调职能进行沟通,排除不必要的干扰,确保建设工程的正常运行。

(二)建设工程管理的任务

建设工程管理在工程建设过程中具有十分重要的意义,建设工程管理的任务主要表现在以下几个方面。

1. 合同管理

建设工程合同是业主与参与建设工程项目的实施主体之间明确责任、权利以及义务关系的具有法律效应的协议文件，也是运用市场经济体制组织项目实施的基本手段。从某种意义上讲，项目的实施就是建设工程合同订立和履行的过程。

2. 组织协调

组织协调是实现建设工程项目目标必不可少的方法和手段。在建设工程项目实施过程中，各个项目参与单位需要处理和调整众多复杂的业务组织关系。

3. 目标控制

目标控制是建设工程管理的主要职能。目标控制的主要任务就是在项目前期策划、勘察设计、施工、竣工等各个阶段采用规划、组织、协调等手段，从组织、技术、经济、合同等方面采取措施，以确保工程目标的实现。

4. 风险管理

风险管理是一个确定建设工程的风险，以及制定、选择和管理风险处理方案的过程，目的在于通过风险分析建设工程的不确定性，以便使决策更加科学；在工程的建设实施阶段，保证目标控制的顺利进行，以便更好地实现工程的质量、进度和投资控制。

5. 信息管理

信息管理是建设工程管理的基础工作，也是实施工程目标控制的基本保证。

6. 环境保护

建设工程的管理者必须充分地研究和掌握不同国家和地区有关环境保护的法规和规定。对于环境保护方面有要求的建设工程项目，在项目可行性研究和决策阶段，必须提出环境影响报告及其对策措施，并评估其措施的可行性和有效性，严格按照建设工程程序向环保部门报批。在工程的实施阶段，做到主体工程与环保措施工程同步设计、同步施工、同步投入运行。在工程的施工过程中，必须把依法做好环保工作列为重要的合同条件加以落实，并在施工方案的审查和施工过程中，始终把落实环保措施、克服建设公害作为重要的内容予以密切关注。

二、建设工程管理的参与主体

一个建设工程项目从策划到建成投产，通常需要多方的参与，如工程项目的业主、设计单位、建设工程的咨询单位、施工承包商、材料供应商和政府相关管理部门等。他们在建设工程项目中扮演不同的角色，发挥着不同的作用。建设工程管理涉及的主要参与主体如图1-2所示。

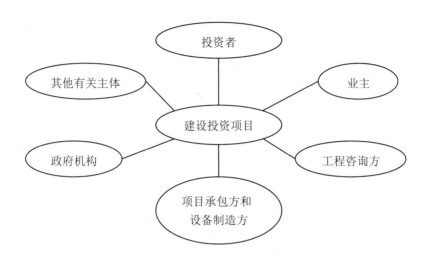

图 1-2　建设工程管理主要参与主体

1. 建设工程项目的投资者

建设工程项目的投资者是指通过直接投资、认购股票等各种方式向建设工程项目经营者提供资金的单位或个人。投资者可以是政府、社会组织、个人、银行财团或者是众多的股东，他们只关心项目能否成功、能否盈利。尽管他们的主要责任在投资决策上，其管理的重点在项目的启动阶段，采用的主要手段是项目的评估，但是投资者要真正取得预期的投资收益仍需要对建设工程项目的整个生命周期进行全过程的监控和管理。

2. 建设工程项目的业主(项目法人)

除了自己投资、自己开发、自己经营的项目之外，一般情况下的建设工程项目业主是指建设项目最终成果的接受者和经营者。建设工程项目的法人是指对建设工程项目策划、资金筹措、建设实施、生产经营、债务偿还和资产保值增值实现全过程负责的企事业单位或者其他经济组织。

3. 建设工程项目咨询方

建设工程项目咨询方包括工程设计公司、工程监理公司、工程项目管理公司以及其他为业主或项目法人提供工程技术和管理服务的公司企业。设计公司与业主签订设计合同，并完成相应的设计任务；监理公司与业主签订监理合同，为业主提供工程监理服务；工程项目管理公司与业主签订项目管理合同，提供工程项目管理服务。

4. 建设工程项目承包方和设备制造方

建设工程项目承包方和设备制造方是承担建设工程项目施工和有关的设备制造的公司和企业，按照承发包合同的约定，完成相应的建设任务。

5. 政府机构

政府机构主要指的是政府规划管理部门、计划管理部门、建设管理部门、环境管理部门等，他们分别对建设工程项目立项、建设工程质量、建设工程对环境造成的影响等进行监督和管理。政府注重的是建设工程项目的社会效益、环境效益，希望通过工程项目促进地区经济的繁荣和社会的可持续发展，解决就业和其他社会问题，增加地方财力，改善社会现象等。

6. 与建设工程项目有关的其他主体

与建设工程项目有关的其他主体主要包括建筑材料的供应商、工程设备的租赁公司、保险公司、银行等，他们与建设工程项目业主方签订合同，提供服务、产品和资金等。

在上述的建设工程项目相关各方中，业主(项目法人)是核心，在建设工程的全过程中起主导作用。业主通过招标等方式选择建设工程项目的承包方、工程咨询方和设备材料供应商，并在工程项目实施过程中对他们进行监督和管理。

本 章 小 结

工程管理专业所指的工程，主要是针对建设工程。工程主要具有工程技术系统、工程的建筑过程(工程项目)、工程科学三方面的含义。通常按照工程所在的国民经济行业和工程的用途两种角度进行分类。

工程管理有工程管理、建筑工程管理、项目管理三个方面的界定。工程管理行业的发展经历了萌芽、成长、快速发展三个阶段。现代工程管理具有科学化、社会化和专业化、标准化和规范化、国际化的发展趋势。

建设工程管理是工程管理的一个重要分支，具有决策职能、计划职能、组织职能、控制职能和协调职能，承担合同管理、组织协调、目标控制、风险管理、信息管理和环境保护几个方面的任务。建设工程管理的参与主体有项目投资者、业主、项目咨询方、项目承包方和设备制造方、政府机构和其他有关主体。

思 考 题

1. 什么是工程？
2. 什么是工程管理？
3. 什么是建设工程管理？
4. 工程管理的历史发展阶段有哪些？
5. 现代工程管理有怎样的发展趋势？

第二章

工程管理专业知识体系

【学习要点及目标】

通过本章的学习，掌握工程管理专业的五个知识领域；了解五个平台体系之间的关系。

【关键概念】

技术平台　管理平台　经济平台　法律平台　信息平台

第一节　专业知识体系概述

一、工程管理的五个知识领域

工程管理专业的知识体系由人文社会科学知识、自然科学知识、工具性知识和专业知识四部分构成，而专业知识由土木工程或其他工程领域技术基础、管理学理论和方法、经济学理论和方法、法学理论和方法、计算机及信息技术五个知识领域构成。我们将这五个专业知识领域分别称为技术平台、管理平台、经济平台、法律平台和信息平台。工程管理的每个平台都非常重要，且它们相互间又有着十分密切的联系。因此，要做好工程管理工作需要这五个知识领域的支撑，作为工程管理者也必须将以上五个方面的知识有机地结合起来。

二、工程管理五个知识领域的必要性

下面从工程实际出发分别介绍工程管理五个支撑平台的必要性。

1. 技术平台的必要性

技术平台主要是回答"怎么去做"工程，也是建设工程管理的基础与核心。除此之外，把施工图样变成宏伟蓝图和在工程建设过程中采取的技术方法与手段，以及满足工程要求的技术性能等，都离不开工程技术的指导与支持。因此，要完成工程就必须对各项工程技术有很好的掌握。

2. 管理平台的必要性

管理平台主要是解决"怎样去实现目标"的问题，即通过管理手段来实现工程的目标，具体的手段是计划、组织、协调与控制。由于工程项目的复杂性，所以必须有强有力的管理才能保证工程建设顺利实施，最终实现工程建设的目标。工程从构思开始到建设完成，有许多工程专业活动和管理活动。工程建设是由成千上万个工程专业活动和管理活动构成的过程。这些活动有各种各样的性质，要取得一个工程的成功，必须按照工程的目标，将各个活动通过计划合理地安排，从而形成一个高效、有序、协调的过程，才不致出现混乱。并且还应在计划的实施过程中不断地检查与控制，及时对出现的偏差进行修正。这一切都是管理的工作内容，因此，管理工作在工程建设过程中是非常重要的。

3. 经济平台的必要性

经济平台主要是解决"怎样做更合理"的问题，即选择什么样的技术方案能使工程项目的经济效益最好。经济效益包括财务效益与国民经济效益。工程项目的目标不仅追求工程按时建成和运营，实现使用功能，而且要取得相应的经济效益。从工程的构思开始，经过工程建成投入运营，直到工程结束，人们面临许多经济问题。工程技术的选择、工程的融资方案、工期安排都会对工程的建设成本(投资、费用)、工程的质量、进度等产生影响，进而影响工程的经济效益。

4. 法律平台的必要性

法律平台主要是解决"依据是什么"的问题，即在工程建设的各个领域都必须以法律、法规为依据。由于工程建设具有投资额大、持续时间长、结构复杂、多方参与主体以及存在较大的不确定性等特点，工程建设承担着很大的社会责任和历史责任。特别是在工程建设的实施过程中，需要多方参与主体(如建设单位、设计单位、监理单位、承包商、分包商、政府监督机构)密切配合才能完成工程任务，而多方参与主体共同完成工程任务的前提就是以法律作为各方行动的准则。因此，为保证工程的顺利进行，保护工程相关者各方面的利益，必须有强有力的法律作为保障。

5. 信息平台的必要性

信息平台主要是解决"工程可视化和全生命周期一体化管理"的问题，即让人们将以往的线条式的构件形成一种三维的立体实物图形展示在人们的面前，不仅可以展示效果图和生成报表，更重要的是，项目设计、建造、运营过程中的沟通、讨论、决策都在可视化的状态下进行，从而实现从设计到施工再到运营贯穿工程项目全生命周期的一体化管理。CAD 技术的普及和推广使建筑师、工程师们甩掉了图板，从传统的手工绘图、设计和计算中解放出来，可以说是工程设计领域的第一次数字革命。而现在 BIM(Building Information Modeling)的出现将引发工程建设领域的第二次数字革命。BIM 技术是一种应用于工程设计建造管理的数据化工具，通过参数模型整合各种项目的相关信息，在项目策划、运行和维护的全生命周期过程中进行共享和传递，使工程技术人员对各种建筑信息做出正确理解和高效应对，为设计团队以及包括建筑运营单位在内的各方建设主体提供协同工作的基础，在提高生产效率、节约成本和缩短工期方面发挥重要作用。

第二节　技　术　平　台

技术是根据生产实践经验和自然科学原理发展而成的各种生产工艺、作业方法、操作技能和设备装置的总和。当今社会，科学技术对社会经济发展有着巨大的、深刻的、全面的影响。近半个世纪以来，随着科学技术突飞猛进的发展和科技成果的广泛应用，不仅社会生产力以前所未有的速度发展，而且科学技术已渗透到包括建筑工程领域在内的社会生活的各个领域。"工程技术"在建设工程管理中占有十分重要的地位，是区别建设工程管理与其他管理类学科的突出标志。

建筑是建筑物和构筑物的总称。具体而言，供人们进行生产、生活或者其他活动的房屋或场所称为建筑物，如住宅、医院、学校、商店等；人们不能直接在其中进行生产、生活的建筑称为构筑物，如水塔、烟囱、桥梁、堤坝、纪念碑等。建筑从根本上看由三个基本要素构成，即建筑功能、建筑物质技术条件和建筑形象，简称"建筑三要素"。与大多数形式和功能较为单一的产品不同，建筑要表现空间形式，同时它又被感受为一种总体环境。建筑产品往往是综合的，又是具体的；它既有固定的形体，又有无形的综合影响力。

一、工程的基本结构

建筑物存在的基本条件是能够承受作用于其上的各种荷载而不破坏或影响正常使用。例如，房屋除了有抵抗自重作用外，还要有抵抗设备、人群荷载，风、雪荷载和地震的作用。工程结构必须满足外部荷载的需要，它通过不同的应力状态或变形行为承受外部作用，将其所承受的荷载传至其支承结构，再传至基础，通过基础传至地基。

工程结构分析的基本原理可以概括为分解、简化、组合三个过程。通过分解，工程结构体系都可以转化为板、梁、柱、拱等简单的基本结构体系，把三维的结构构件尽量转化为二维、一维或者更为简单的受力形式以便加以组合，形成完整的、可知的体系。

合理地运用技术方法，可以使工程在结构上不断优化，从而使工程整体达到理想的效果。当今世界出现了大量结构与建筑美观相结合的优秀建筑，"力"与"美"的结合在这些建筑中得到良好的体现。

土木工程的基本结构形式有五种：板、梁和柱结构，拱结构，桁架结构，框架结构和钢结构等。

本节主要沿着历史的发展介绍各种结构的发展脉络，中间穿插介绍材料、高度、受力角度。此外，还将介绍施工技术发展的进程。

(一)19世纪房屋结构的发展

1. 金属结构的崛起

土木工程在结构上取得的革命性突破，往往在于新材料的应用。近现代结构工程的开启，可以归于金属材料首次成为房屋结构主体材料，改变了西方世界长期以砖石为主结构材料的面貌。

水晶宫与铸铁结构的建设是世界结构工程界的一个里程碑事件。

1849年，当时的英国经过工业革命，国力大增，拥有从亚洲到美洲、大洋洲的广袤的殖民地，号称"日不落帝国"。军事上击败了欧洲的拿破仑执政的法国和东方的清帝国，成为世界上头号强国。为展示其进步和繁荣，英国倡议举行一个文明世界的万国博览会(准确名称是伦敦万国工业产品大博览会，即现在的世界博览会)。

为筹备博览会，英国于1850年7月宣布成立了一个建筑委员会，开始征集博览会建筑设计方案，共有254个设计方案应征，这些方案大多沿用传统的砖石拱结构，外表庞大而室内狭小，均无法满足博览会要求。官方无奈地认可了其中的一个方案，也被指连其所需的1500万块砖石无法赶制，世博会似乎要"流产"了。眼看"山穷水尽"之时，一个名为约瑟夫·帕克斯顿的园艺师带来了希望，他曾经受莲叶背面有粗壮的径脉呈环形纵横交错的启发，用铁栏和木制拱肋为结构，用玻璃作为墙和屋面，为朋友搭建了一个新颖的温室。他根据建造这种植物温室的原理，提出了一个全铸铁结构的展馆设计方案——水晶宫，水晶宫结构沿用拱结构形式，其铸铁主肋有点类似哥特教堂的六分拱，但拱顶非尖拱顶而是半圆形拱顶，并增加一条脊肋。

委员会认为，该方案结构骨架采用铸铁构件拼装而成，建筑结构新颖、简洁明快，建筑构件可由工厂预制，建成后的建筑本身就是工业文明的绝佳展示，施工快捷、布展面积大、基础荷载小、成本低廉，因而被委员会采纳。

展馆建于伦敦海德公园内，建筑宽 124 米，长约 564 米，共五跨，高三层，建筑面积约 7.4 万平方米，相当于梵蒂冈圣彼得大教堂的四倍，大部分为铸铁结构，全部支柱的截面积只占总建筑面积的 1%，共用铁柱 3300 根，铁梁 2300 根，玻璃 9.3 万平方米，9 个月全部完工，成为当时最大的单体建筑。外墙和屋面均为玻璃，整个建筑通体透明，宽敞明亮，故被誉为"水晶宫"，如图 2-1 所示。

1851 年 5 月 1 日伦敦世界博览会开幕，来自世界各地的 600 万参观者异口同声地赞扬金属架玻璃构成的广阔透明空间、不辨内外、目极天际以及莫测远近的气氛。这种特色是任何传统建筑所达不到的境界，无人不欣赏这一奇观。水晶宫在新材料和新技术的运用上达到了一个新高度，实现了形式与结构、形式与功能的统一，向人们预示了一种新的建筑美学质量，其特点就是轻、光、透、薄，开辟了建筑形式的新纪元。有人描写在水晶宫中的感觉如同"仲夏夜之梦"，清朝官员张德彝在参观后形容说："一片晶莹，精彩炫目，高华名贵，璀璨可观。"

约瑟夫•帕克斯顿因为水晶宫设计而被女王册封为爵士。分析帕克斯顿成功的原因，应该说，维多利亚时代英国雄厚的工业实力为其方案的实现提供了基础，1850 年，英国的钢铁年产量达到了 250 万吨，以往全铸铁的结构只用在为实现跨度而不得不用铁的桥梁，现在终于大规模应用在房屋结构上。另外，传统的建筑师习惯于依赖自己的职业经验，往往在不知不觉中因循守旧，对新事物反应迟钝，从这个角度而言，帕克斯顿在建筑业上的外行恰恰帮了他的忙。

水晶宫几乎成为永久建筑。1852 年，其被移至肯特郡的赛登哈姆重新组装，1866 年历经一次火灾后修复，1936 年再次失火后彻底被毁。经过水晶宫的成功后，铸铁结构此后一发不可收，在欧洲被广泛用于火车站等需要较大公共空间的建筑。

埃菲尔铁塔虽然不属于房屋范畴，但其在结构上的地位非常重要，是世界建筑史上具有划时代意义的伟大建筑，如图 2-2 所示。1884 年法国政府为了庆祝 1789 年法国大革命一百周年，决定举办世界工业博览会并兴建一座纪念建筑。当时参加这一建筑设计竞赛的方案有七百多个。评委最后评定：法国埃菲尔公司设计的铁塔完全符合要求。

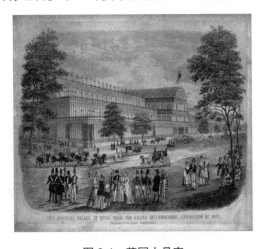

图 2-1　英国水晶宫

图 2-2　巴黎埃菲尔铁塔

埃菲尔公司的老板亚历山大·古斯塔夫·埃菲尔是从事金属建筑研究和建造的著名工程师。1876 年美国建国一百周年时法国政府赠送的礼物——自由女神像，其中的金属骨架就是埃菲尔的杰作。当法国大革命百年纪念物竞赛征稿时，埃菲尔本人忙于一座金属铁路桥的事务，将竞标之事委托下属，公司中的两位年轻人做出了一个创意方案——铁塔。起初该方案埃菲尔本人并不看好，但由于没有其他更好的替代品，只能以之提交评委会，不料被一举选中。埃菲尔与两位年轻人达成协议，以博览会所付工程款的百分之一作为交换条件，换取两位年轻人创意的署名权，此后的设计由埃菲尔完成。

埃菲尔为铁塔安装提供了 1700 多张施工图，还为生产厂家提供了 3000 多张加工图。铁塔于 1887 年 11 月 26 日动工，于 1889 年 3 月 31 日竣工，历时 21 个月。塔原高 300 米(1959 年在塔顶增设天线后增至 320.7 米)，除了四座塔墩是石砌的外，塔身全为钢铁结构，重达 7000 多吨。整个铁塔的大小钢铁构件共有 18038 件，全靠 250 万只铆钉铆成一体。铁塔底部有四条向外撑开的塔腿，在地面上形成边长为 100 米的正方形。塔腿分别由石砌墩座支起，地下有混凝土基础。整个塔身自下而上逐渐收缩，形成优美的轮廓线。在距地面 57 米、115 米、276 米处分别设置平台。平台由巨大的钢桁架梁支撑，自底部到塔顶的步梯共有 1710 踏步。建塔时安装了以蒸汽为动力的升降机，后改为可容 50~100 人的大电梯。步入平台，整个巴黎尽收眼底。天气晴朗时，从第三层平台可以远眺 80 千米以外的自然风光。埃菲尔铁塔成为继埃及金字塔之后人类完成的最高建筑，落成之日，埃菲尔骄傲地向世人宣称，世界上只有法国的国旗具有 300 米高的旗杆。

2. 钢筋混凝土结构的诞生

19 世纪土木工程界的另一项革命性突破是钢筋混凝土结构的诞生和发展应用。

钢筋混凝土是其中埋置有钢筋或钢丝网的混凝土结构。1824 年水泥发明后，人们发现水泥混凝土承受压力的能力非常高，而抗拉、抗裂能力非常差。第一个试图用钢铁材料改善混凝土性能的是法国花卉商约瑟夫·莫尼尔(Joseph Monier)。1849 年，他开始用水泥覆盖钢丝网制造水盆和花盆；但因为对力学知识的缺乏，他最初是把钢丝网放在截面的中央，没有使钢丝处于抗拉的合理位置，后来他对错误的做法进行了改进。1867 年他在巴黎展览会上展示了他的改进做法并取得在混凝土内放置纵横铁条的专利权，铁条承受张力而混凝土则承受压力，这一方法一直沿用至今。莫尼尔等人的钢筋混凝土在用于结构时是以梁、板等构件形式制作，然后再组装使用。

纵观 19 世纪，房屋建筑技术方面取得的主要成就除了铸铁、钢铁和混凝土成为重要的结构材料之外，还在地基基础工程、配套建筑设备、房屋发展到高层结构等方面取得了突破性进展。结构形式方面出现了钢桁架、钢拱架、钢铁框架、钢筋混凝土框架等。应该说明的是，高层建筑在当时主要建造于美国，集中于芝加哥地区，后来发展到纽约。而欧洲出于对自己千年传统的尊重，当时很少发展新式高层结构。埃菲尔铁塔的建造在当时也引来一片反对声，如法国著名的作家莫泊桑就声称如不拆除铁塔就将流亡国外，可见保守的欧洲对现代高层建筑的态度。

(二)20世纪房屋结构的发展

1. 钢筋混凝土结构的发展

如果说19世纪钢筋混凝土结构仅仅是崭露头角，则进入20世纪，混凝土替代砖石材料成为工业与民用建筑的主要用材。钢筋混凝土也拓展了其能力和应用领域。混凝土结构取得巨大突破首先表现在其跨度的增加和发明预应力混凝土上。

1916年，处于第一次世界大战中的法国在Orly地区用钢筋混凝土修建了一个大跨度的飞艇库，为达到跨越大空间的目的，只能采用使混凝土接近完全受压的拱券结构形式。构成飞艇库的拱券跨度达到96米，高度达58米，这是钢筋混凝土房屋达到的前所未有的跨度。

上述飞艇库的设计者是当时被法军征召担任军队土木工程师的奥杰恩·佛莱辛奈(Eugene Freyssinet)。此人一生在混凝土结构领域贡献很大，其中最大的贡献是发明了预应力混凝土。

预应力混凝土的发明源于人们对混凝土结构跨度的不懈追求。钢筋混凝土梁具有带缝工作的特点，混凝土受拉开裂后，钢筋混凝土梁的刚度(抵抗变形的能力)下降幅度非常大，所以，钢筋混凝土梁式构件跨越空间距离的能力非常有限。

20世纪20年代，从军队退役的佛莱辛奈继续他的土木工程师生涯，致力于完成使梁式混凝土构件免于受拉开裂的设想：为混凝土施加预压应力。在研究中，他确定了两个基本问题：①混凝土的收缩徐变对于预应力损失值有巨大影响，并得出徐变的初步规律；②为了有足够富余的预应力值来抵消各种原因的预应力损失，必须采用高强度材料和高预应力。基于这种认识，他创造出了能在混凝土中建立有效的预应力的方法。1928年，佛莱辛奈将混凝土徐变理论系统化之后申报了专利。所以，许多史料把这一年称为预应力混凝土发明的时间。佛莱辛奈在预应力混凝土桥梁方面做出了许多杰出工作，是预应力混凝土的主要先驱，甚至被誉为预应力混凝土之父。

预应力混凝土出现后，在混凝土跨越大空间的场合(如桥梁、高层建筑的楼盖等)，以及需要防止混凝土受拉开裂的场合(如水池、筒仓等)，都会使用预应力技术。

钢筋混凝土的设计理论也在20世纪上半叶取得巨大突破。

钢筋混凝土出现后直到20世纪初，钢筋混凝土结构的设计计算一直按照弹性理论进行，既不考虑混凝土开裂也不考虑截面上的塑性，依据材料力学的方法分析截面应力，认为截面上任意一点的应力达到某一允许应力，构件即告破坏，因此，允许应力的确定非常关键。

直到20世纪30年代，苏联著名的混凝土结构专家格沃滋捷夫提出了考虑混凝土和钢筋塑性性能的破坏阶段设计法。以梁为例，该理论认为当受拉钢筋进入屈服阶段后可以持续变形，混凝土受压应力也可以进入塑性阶段，梁可以持续承载一直达到梁的承载极限。以梁达到承载极限时截面上的应力分布作为梁的设计依据。1938年，苏联颁布了世界上第一部按照破坏阶段设计钢筋混凝土的规范。

1955年，苏联又颁布了更先进的极限状态设计法，它的设计思想是：钢筋混凝土结构应该按照不同的使用功能，取不同的状态作为极限状态(即设计的依据)。例如，如果结构是盛水的蓄水池，就要满足不漏水的功能；按照水池不裂要求，就应该取混凝土开裂作为其极限状态；设计计算就应该按照混凝土开裂时刻的截面应力分析进行。如果计算一块承载精密机床的钢筋混凝土楼板，由于考虑到楼板变形过大可能导致机床精密度下降，按照变形要求，可能就应该取钢筋应力达到屈服强度作为其极限状态。在房屋结构领域，极限状态设计法普遍为人们采用至今；而在某些领域，如铁路桥梁，依然按照弹性理论设计。

2. 摩天大楼的建造

20 世纪，结构工程取得的又一项杰出成就是摩天大楼的建造。摩天大楼在结构上就是所谓的超高层结构。摩天大楼究竟是什么时候出现的？考虑到 1898 年纽约建成 19 世纪最高楼为 26 层，接近百米的高度，而现在往往把 30 层楼高作为一个界限，可以认为，摩天大楼是 20 世纪初期正式诞生的。

在 20 世纪初，纽约曼哈顿地区出现了修建世界最高楼的竞赛。1908 年，44 层、187 米高的大楼诞生于生产缝纫机的胜家公司；1911 年诞生了纽约都会保险公司大楼，其 50 层楼高达 213 米；1913 年，零售业巨头伍尔沃思公司部分出于对早年向纽约都会保险公司贷款被拒的报复原因，建造了 57 层、高 234 米的大楼，从纽约都会保险公司头上夺走了世界第一楼的桂冠。

在结构高度上的又一个里程碑是美国纽约帝国大厦(Empire State Building)。帝国大厦始建于 1930 年，矗立在纽约曼哈顿岛，俯瞰整个纽约市区，成为纽约乃至整个美国历史上的里程碑。它能有这样的高度是美国两大汽车制造商竞争的结果。克莱斯勒汽车公司和通用汽车公司相互竞争，要建造最高的楼房。克莱斯勒大厦先于通用汽车公司动工，后者决定奋起直追。

通用汽车公司最初的计划是建一幢看上去低矮结实的 34 层大厦，后来经过 16 次修改，最后才采纳了"铅笔形"帝国大厦方案，为迷惑克莱斯勒公司，建造前通用公司故意宣布大楼高度为"接近 300 米"。而实际上大厦共计 102 层，高度 381 米，这一高度上的纪录直到 1973 年纽约世贸中心(110 层，417 米)落成才被打破。

帝国大厦从方案确定到建筑落成不到两年时间。之所以能获得如此之高的建设速度，归功于采取了两项措施：首先，承包商采用了边设计边施工的做法，这种做法在当时非常前卫，在建筑物完整的设计图出炉之前先行动工，即下面的楼层开始架设结构时，建筑师还未完成最上面几层楼的施工图；其次，帝国大厦在结构上采用了钢骨混凝土这种结构形式，即型钢以铆栓连接成框架梁柱，在外支模浇筑混凝土，形成所谓钢骨混凝土结构，因为型钢组成的钢框架本身可承重，楼层的增高不必等待混凝土的强度生长，因此当时帝国大厦的建设速度是每星期建四层半，施工速度惊人。

大楼安装了 73 部电梯，这些电梯的电梯间构成相对比较封闭的钢骨混凝土筒体，有很大的抗侧移刚度，筒体的外围是多圈框架柱，这种结构体系在高层结构中称为框架—筒体结构。

整座大厦于 1931 年 5 月 1 日落成启用，造价比预计的 5000 万美元减少了 10%，所用装饰材料包括 5660 立方米的印第安纳州石灰岩和花岗岩、1000 万块砖、730 吨铝和不锈钢。

帝国大厦迄今为止已存在了 80 余年，其结构形式经受住了时间和灾难的考验。1945 年 7 月 28 日，一架雾中迷航的美空军 B-25 轰炸机以每小时 320 千米的速度撞入帝国大厦 78~79 层，造成一个宽 5.5 米、高 6 米的大洞，并引发从第 79 层一直蔓延到 86 层的大火，造成 13 人死亡和 26 人受伤，但大楼岿然不动，说明帝国大厦的结构形式非常合理，钢结构外包裹的混凝土有效地起到了保护钢结构的作用。比较之 40 年后建造的世贸中心大楼，其采用全钢架结构而没有外包混凝土，在 2001 年的"9•11"事件中被波音 757 客机撞击并引发大火，钢材在温度达到600℃时丧失承载力，结构终于被上覆的重量压塌，由此引发结构界对摩天大楼结构形式的反思。

进入20世纪80—90年代，摩天大楼不再是发达国家的专利，一些第二次世界大战后摆脱殖民地、半殖民地地位的新兴工业国家和地区为展示国家和地区经济实力，开始建造摩天大楼。马来西亚建造了著名的双子星塔楼，我国香港地区建造了国际金融中心大厦(二期)，我国台湾地区建造了台北101大楼，大陆地区也建造了上海环球金融中心和金茂大厦、深圳地王大厦等摩天大楼。

改革开放40年来，我国大陆地区经济高速发展，国力大增，已经成为国际上高层建筑和超高层建筑的最大市场。

3. 大跨空间结构的发展

在19世纪和20世纪初期，用结构跨越较大空间的方法是由平面桁架或平面拱架在一个方向上获得较大跨度。之所以采用平面结构，是因为空间结构计算复杂，当时人类的计算分析手段尚不够精确。当计算理论和计算手段取得突破之后，人们越来越青睐于用空间结构解决问题。

空间结构的卓越工作性能不仅仅表现在多向受力，而且还由于它们通过合理的曲面形体来有效抵抗外荷载的作用。当跨度增大时，空间结构就愈能显示出它们优异的技术经济性能。事实上，当跨度达到一定程度后，一般平面结构往往已难以成为合理的选择。

穹隆是人类在古罗马时期就使用过的空间结构形式，其受力合理，只需要很少的材料就能实现大的跨度，但现代水泥混凝土发明之后，混凝土穹顶屋面并没有呈燎原之势，这主要是因为其对模板的消耗太大。1957年，在古代穹顶屋面的诞生地罗马，又诞生了一座在世界土木工程界非常著名的穹顶建筑——罗马体育馆。该建筑实现了建筑与结构的完美结合，若干Y字形斜腿支撑着优雅的穹顶，此穹顶不是混凝土现浇完成，而是由预制的钢筋混凝土肋梁拼成复杂的相交曲线后再拼装盖板，穹顶内部构图非常优美。

混凝土预制构件的可加工性毕竟不如钢材，而且相同重量的混凝土材料对强度的贡献也远小于钢材，因此，罗马体育馆这样的混凝土大跨结构并不普遍，空间结构更多地采用钢材，主要结构形式有网架、网壳、悬索等。

4. 现代砌体结构

与传统的砖石结构比较，现代砌体结构的面貌发生了非常大的变化。首先是砌筑材料不再限于砖石，各种空心砖和砌块成为材料的主体。其次也是更重要的是，砌筑方式也发生了巨大变化。

为解决传统的砖石结构墙厚、抗震能力差的问题，现在国内外的砌体结构一般都会利用钢筋的强度和韧性。有的是空心砖内放置钢筋，砌筑之后在空心砖孔内浇筑细石混凝土。有的是在砌筑时砌出柱孔洞，放置钢筋后在孔洞内浇筑混凝土。我国的一般做法是将钢筋混凝土楼板与钢筋混凝土的圈梁、构造柱浇筑成整体，使得按照构造配筋的钢筋混凝土梁、柱在砌体结构中形成假框架结构。这样的砌体结构在地震作用下，即使出现裂缝和很大的变形，也不至于立刻垮塌，有机会使居民安全出逃。

5. 现代木结构

现代木结构的突出特点是用材的改变。传统木结构对木材要求很高，我国在粗大木材日渐稀少的情况下，木材黏合使用的概念初步形成。一些木柱用小尺寸仿木材料拼合，由牛筋熬制的有机胶黏结后，再用金属箍箍成一个整体的柱子。这样的木柱外表再用腻子和油漆装饰，从外观上看不出拼合痕迹。但是这种黏结拼合不能在垂直于木纤维的截面上进行，因此，木材纵向上有节疤等缺陷时无法截断黏结。

而现代木结构广泛使用工程木产品，包括层板胶合木、木基结构板材和结构复合木材。现代木结构呈现工厂化的趋势和特点。

案例 2-1

悉尼歌剧院

悉尼歌剧院(见图 2-3)的外观为三组巨大的壳片，耸立在南北长 186 米、东西最宽处为 97 米的现浇钢筋混凝土结构的基座上。当时屋顶的结构是一大难题，设计不但没有规律，而且各扇形结构都有不同的弯曲度，完全没有逻辑可言。最终歌剧院的屋顶是由两个以水泥预制件拼成的拱形扇面互相支撑而建成的，所有水泥预制件的中后部，都有空让钢缆穿过锁紧。整个歌剧院的房顶有 2149 块使用里清水磨的三水泥预制件拼成。据说歌剧院的房顶有 350 年的使用寿命，还有 300 多年的时间留待世人考察。悉尼歌剧院的屋顶是由 2194 块每块重 15.3 吨的弯曲形混凝土预制件拼成，怎样的力学结构才能让这些水泥砣安全地架在上面，这是所有结构工程师不曾遇到的挑战。主意还是来自门外汉，设计师乌特松看见孩子玩的提线木偶，放在桌子上的时候是一摊烂泥，把线提起来就精神抖擞了。最后工程师们用钢缆把所有的预制构建拉紧而拼成一体，屋顶的重力被每一个角度的部件分散了，这是建筑业上的一个伟大创举。

至于结构承重则是更大的问题，因为在 1960 年时还未有任何工程师设计过这样扇形的蛋形结构，而且由于室内是剧院的关系，是不可以用柱和梁来承担屋顶的重量的。最终的方法是使用了折合式的混凝土结构墙，情况就好像一个弯曲了的屏风一样，利用折合多层的结构来支撑屋顶，每一层的折合便犹如一个拱门一样，这样便能承重亦不破坏原有设计外形的弯曲度。由于这样的外形和大跨度的结构是前所未有的，工程师都未必知道折合式的结构是否适合，所以便利用了计算机作结构分析，这亦是世界上第一次使用计算机作结构计算的工程，开了建筑工程的先河。

图 2-3　悉尼歌剧院

案例 2-2

国家体育场(鸟巢)工程

国家体育场(鸟巢)(见图 2-4)是 2008 年北京奥运会主体育场。"鸟巢"的外形结构主要由巨大的门式钢架组成,共有 24 根桁架柱。它是由 2001 年普利茨克奖获得者赫尔佐格、德梅隆与我国建筑师合作完成的巨型体育场设计,形态如同孕育生命的"巢",它更像一个"摇篮",寄托着人类对未来的希望。设计者们对这个国家体育场没有做任何多余的处理,只是坦率地把结构暴露在外,因而自然地形成了建筑的外观。

"鸟巢"以巨大的钢网围合、覆盖着能容纳 9.1 万人的体育场;观光楼梯自然地成为结构的延伸;立柱消失了,均匀受力的网如树枝般没有明确的指向,让人感到每一个座位都是平等的,置身其中犹如回到森林;将阳光过滤成漫射状的充气膜,使体育场告别了日照阴影;整个地形隆起 4 米,内部作附属设施,避免了下挖土方所需的巨额费用。

"鸟巢"是一个大跨度的曲线结构,有大量的曲线箱形结构,设计和安装均具有很大挑战性,在施工过程中处处离不开科技的支持。"鸟巢"采用了当今先进的建筑科技,全部工程共有二三十项技术难题,其中,钢结构是世界上独一无二的。"鸟巢"钢结构总重 4.2 万吨,最大跨度 343 米,而且结构相当复杂,其三维扭曲像麻花一样,建造后的沉降、变形、吊装等问题逐步解决,相关施工技术难题被列为科技部重点攻关项目。

图 2-4　国家体育场(鸟巢)

二、工程材料

材料是构成建筑物的物质因素,其费用占工程投资的比例高达 60%～70%。了解、掌握材料的基本性能、使用方法与造价,对保证工程质量、加强财务管理、厉行节约、实现资源的优化配置、达到投资最佳效益,是十分必要的。但是在本书的学习阶段,则主要学习了解材料的划分、一般功能、与土木工程有关的一般要求,以及它们的一些历史渊源。

土木工程材料的范畴可以非常宽泛,从夯土、水到金属,土木工程几乎无其不用,但是习惯上,人们还是更关注按照建筑物的使用要求,体现出具体形态和使用性能的材料。例如,混凝土必须使用水,但是人们更关注在建筑使用时体现出性能的混凝土材料,而不会把水列为建筑材料。材料依照其在建筑物上的使用性能，大体可分为：墙体围护材料、建筑结构材料和建筑功能材料。

(一)墙体围护材料

1. 黏土制品

砖、瓦属于建筑用陶，我国最早的建筑陶器是陶水管。到西周初期又创新出了板瓦、筒瓦等。老百姓习惯上说"秦砖汉瓦"，其实，历史上是先有瓦后有砖的。我国最早的砖发现于陕西扶风云塘的西周晚期灰坑中，此类砖用于贴筑土墙表面，只起保护和装饰作用而无承重作用。砖的普遍使用是在春秋战国时期，所谓"秦砖汉瓦"，是指其开始制式生产的年代。

从工艺上说，黏土砖、瓦是以黏土为主要原料，经过成型、干燥、烧制而成的墙体与屋面材料。烧制的燃料早期是柴草，现代主要用煤。黏土砖瓦制作简便，分为机制和人工制作两种，缺点是它与农争田，耗煤量也大。

普通黏土砖外观形状为直角平面六面体。由于其产生耗能毁田，使用时墙体保温节能性能也不好，因此，国家规定在城市将其逐步淘汰，代之以黏土空心砖或砌块。

2. 工业废料制品

煤矸石黏土砖是在制作砖坯时掺入一定量的煤矸石，焙烧时矸石也能发出一定热量，可节约燃料，且节约黏土和堆放煤矸石的用地，因此，生产煤矸石砖是利国利民的好事。但是如果砖的运输费用过高，产品将不具有竞争力，生产煤矸石砖的砖厂应尽量靠近大量用砖的城市，故煤矸石砖厂一般只能建在产煤城市或靠近水运码头。

砌块是一种新型的墙体材料，由砂、卵石和水泥加水搅拌后在模具内振动加工成型，或用煤渣、煤矸石等工业废料加石灰、石膏经搅拌、轮碾、振动成型后再经蒸养而成。

制作黏土砖不仅要毁田取土，且耗煤量大。砌块则不然，不但不需取土、不占耕地，而且消耗废渣，可以大大节约能源。砌块制作方便，设备简单，建厂投资少；由于砌块尺寸大，用砌块砌筑工效较高。

3. 新型轻质墙体

近年来应用较多的轻型墙板有泰柏板和压型钢板墙板。

(二)建筑结构材料

1. 胶凝材料

能由浆体变成坚硬的固体，并能将散粒材料(如砂、石等)或块、片状材料(如砖、石块等)胶结成整体的物质，称为胶凝材料。

胶凝材料根据硬化条件可分为：气硬性胶凝材料与水硬性胶凝材料。

只能在空气中硬化，并且只能在空气中保持或发展其强度的胶凝材料称为气硬性胶凝材料，如石膏、石灰等。如果胶结材料在凝结硬化过程中，不仅能在空气中凝结硬化，而且能更好地在水中硬化，则称为水硬性胶凝材料。这类材料主要是水泥，它的强度主要是在水的作用下产生的。

在我国古建筑中，常用石灰作胶凝材料使用。在周朝已使用石灰修筑帝王的陵墓。从周朝至南北朝时期，人们以石灰、黄土和细砂的混合物作夯土墙或土坯墙的抹面，或制作居室和墓道的地坪。据史料记载：南宋乾道六年(1170 年)在修筑和州城时，采用了糯米汁与石灰的混合物作胶凝材料；明代的南京城，其砖石城垣的重要部位即是以石灰加糯米汁作为灌浆材料。此外，在古建筑中常以血料—石灰和桐油—石灰等作为腻子。

1824 年，一个英国泥瓦匠约瑟夫·阿斯普丁通过反复试验，摸索出了用石灰石与黏土混合烧制成水泥的最佳配比，其产物硬化后的颜色与英格兰岛上波特兰地方用于建筑的石头相似，被阿斯普丁命名为波特兰水泥。经过申请，阿斯普丁获得了波特兰水泥的发明专利权。波特兰水泥就是目前应用最广泛的硅酸盐水泥。

水泥是现代最重要的建筑材料之一，也是使用最广泛的人造胶凝材料。其或者与砂、水按照一定比例混合均匀构成砂浆，或者与砂、石子、水及其他掺和料按照一定比例混合均匀构成混凝土。目前我国是世界水泥生产第一大国，水泥产量接近世界总产量的 50%，2010 全年水泥产量达到 18.7 亿吨。除硅酸盐水泥外，水泥按照成分还可分为火山灰水泥、矿渣水泥、硫铝酸盐水泥等。

混凝土是目前世界上使用最广泛的人造材料，全世界混凝土的年产量达到 60 亿吨，地球人平均每人 1 吨多。美国的混凝土年产量达到美国人均 2.5 吨；我国混凝土年产量达到我国人均近 2 吨。

普通混凝土由水泥、砂、石和水所组成。在混凝土中，砂、石起骨架作用，故称为骨料。水泥与水形成水泥浆，水泥浆包裹在骨料表面并填充其空隙。在硬化前，水泥砂浆起润滑作用，赋予混合物一定的流动性，以便于施工。水泥砂浆硬化后，则将骨料胶结成一个坚实的整体，混凝土形成强度。

混凝土之所以为人类所青睐，除了其像石材一样耐久和能保证相当高的强度外，主要原因之一是它的可塑性，它几乎可以按照人类的要求塑造成任意形状。而要保证其可塑造性，就要求混凝土在施工阶段具有相当的流动性。

混凝土拌和物经硬化后，应达到规定的强度要求。混凝土的抗拉强度比较低，通常只有抗压强度的 1/8~1/10，所以混凝土适合于承压而不适合于直接承拉。一般所说的混凝土强度，指的是混凝土抗压强度。

现代混凝土普遍由专门的商品混凝土搅拌站配制，混凝土在搅拌楼中搅拌，然后出料装入混凝土搅拌车。搅拌车将混凝土运送至工地，运送过程中不断搅拌以免混凝土凝结硬化。到达工地后再由泵车将混凝土泵送到所需楼层，因此，必须保证混凝土具有卓越的流动性。

此外，混凝土科学的发展还可以为人类提供各种特种混凝土。例如，将纤维掺入混凝土中获得抗裂性能比较好的纤维混凝土；将聚合物掺入混凝土中获得抗渗性能比较好的聚合物混凝土；将陶粒或者其他轻型骨料替代普通石子配制出来的轻骨料混凝土；可以抵抗高温的耐火混凝土；可以减少辐射剂量的防辐射混凝土等。

水泥属于无机胶凝材料，现代土木工程还常用一种有机胶凝材料——沥青，它在一定温度条件下硬化。沥青—砂—细石子三成分的沥青混凝土是上好的路面结构材料。

2. 建筑钢材

建筑钢材要求有一定的强度、变形能力、可焊接能力和耐候能力。由于用量大，价格也不能太过昂贵。

在 18 世纪以前，由于生产工艺落后导致价格昂贵，人们除了在极个别场合，如桥梁等之外，很少使用钢铁作为建筑材料。工业革命后，由于炼铁产量增加，铸铁开始成为人们可选择的建筑结构材料。但是，铸铁固有的脆性使得对其使用有诸多限制。如果使用锻铁(红热状态下不断锤击，类似铁匠用锤打制铁具)，性能虽有所提高，但价格高昂。

19 世纪 50 年代，英国工程师贝塞麦注意到在设有鼓风设备的炉中熔化铁时，空气可除去铁水中的碳，炼出熟铁或低碳铁。于是，他采用风管从底部吹炼坩埚中的铁水，首先将铁水中的锰和硅氧化，形成褐色烟雾逸出，在这期间，铁水中的碳也被氧化成二氧化碳。二氧化碳等气体逸出钢液时反应非常剧烈，气泡逸出像火山爆发一样(这样炼出的钢被称为沸腾钢)。这样，钢水内残留的碳元素含量大为降低，整个过程约 30 分钟，而且不需要任何燃料就可以炼一炉钢。然后，他将炼炉钢从固定式结构改为可向一侧倾倒，以使炼好的钢水易于倒出，使炼钢炉成为可转动的炉，即转炉。这就是贝塞麦转炉炼钢法。该法于 1856 年获得专利。贝塞麦法的诞生标志着早期工业革命的"铁时代"向"钢时代"的演变。不仅在冶金发展史上具有划时代的意义，也深刻地改变了土木工程的面貌。

钢材按照成分可以分为碳钢和合金钢。碳钢按照含碳量的高低分为高碳钢、中碳钢、低碳钢。碳含量越高，钢材强度越高，但是变形能力和可焊接能力就越差。因此，建筑用碳钢一般是低碳钢。合金钢中合金含量高性能就好，但会严重影响价格，故一般建筑用合金钢是低合金钢。

钢结构的梁和柱可以由大、中、小型型钢，冷弯型钢或者钢管担任，也可以由厚钢板、薄钢板焊接形成。一般把截面焊成"工"字或"口"字形。

需要说明的是，钢材是唯一一种可以几乎全部回收使用的建筑材料。当被 2000℃ 高温熔化时，钢材就失去了从前的"记忆"，可以被制造成另一种完全不同的东西，因此，钢材被视为不可替代的绿色建材。

3. 木材

木材由树皮、木质部和髓心等部分组成。木质部是木材的主体。髓心在树干中心，质地松软、强度低、易腐朽、易开裂，对材质要求高的用材，不得带有髓心。在横切面上深浅相间的同心环称为年轮。

对木材的物理力学性质影响最大的是含水率。一般人们希望木材的含水率低于一个临界值，这样不至于影响强度和胀缩性能。

木材是非常明显的各向异性材料，以木材直接作结构材料要注意其力学性能的方向性。

(三)建筑功能材料

1. 防水材料

沥青作为防水材料使用的历史已有数千年。古巴比伦修筑空中花园时，每一层都铺上浸透沥青的柳条垫，上面再铺两层砖头，然后浇铸铅水，以防渗水，最后铺上肥沃的泥土，种植奇花异草。但是古罗马后这种技术一度失传，现代大规模使用沥青则是始于 19 世纪。沥青与许多材料表面有良好的黏结力，它不仅能黏附在矿物材料表面，而且能黏附在木材、钢铁等材料表面，是一种憎水性材料，几乎不溶于水，而且构造密实，是建筑工程中应用最广的一种防水材料。

目前，建筑屋面和地下室防水常采用防水卷材。防水卷材有无胎和有胎之分。

2. 保温材料

在建筑和工业中采用良好的保温技术与材料，往往能达到事半功倍的效果。统计表明，建筑中每使用一吨矿物棉绝热制品，一年可节约一吨石油。采用良好的绝热措施与材料，可显著降低采暖与空调能耗，改善居住环境，同时有较好的经济效益。

膨胀珍珠岩是一种常用保温材料，其来源于一种天然酸性玻璃质火山熔岩非金属矿产，包括珍珠岩、松脂岩和黑耀岩。由于在 1000～1300℃高温条件下其体积迅速膨胀 4～30 倍呈米花状，故统称为膨胀珍珠岩。一般要求膨胀倍数大于 7～10 倍，用作高效保温、保冷填充材料。类似的材料还有蛭石，蛭石原矿经过高温焙烧其体积可迅速膨胀 8～10 倍，膨胀后的密度为 130～180 千克/立方米，具有很强的保温隔热性能。我国北方地区常采用膨胀珍珠岩或膨胀蛭石作为骨料，浇筑成膨胀珍珠岩混凝土或膨胀蛭石混凝土作为屋面保温层。

矿物棉也称为岩棉，是一种优质的保温材料。1840 年英国首先发现熔化的矿渣喷吹后形成纤维，可以生产出矿渣棉。20 世纪 30 年代，世界发达国家开始大规模生产和应用矿物棉；1960—1980 年，世界各国矿物棉发展最为迅猛；1980 年以后国际上矿物棉制品的年产量维持在 800 万吨左右。产量不再增加的主要原因是其他保温材料(如玻璃棉、泡沫塑料)的发展加快。矿物棉在建筑保温中应用最为广泛，据 20 世纪 90 年代统计，在发达国家占70%～90%。我国于 20 世纪 80 年代初在北京引进瑞典生产线开始生产矿物棉，目前大量使用。

玻璃棉是继矿物棉之后出现的一种性能优越的保温、隔热、吸声材料。生产时将熔融状态的玻璃用离心喷吹法工艺进行纤维化并喷涂热固性树脂制成的丝状材料，再经过热固化深加工处理。它具有不燃、无毒、耐腐蚀、容重小、导热系数低、化学稳定性强、吸湿率低、憎水性好等诸多优点。该材料可制成不同密度的制品，低密度的毡，中、高密度的板和管，其保温隔热、吸声降噪效果十分显著。

泡沫塑料是以合成树脂为基础制成的，内部具有无数小孔的塑料制品，主要产品为聚苯乙烯泡沫塑料和聚氨酯泡沫塑料。泡沫塑料具有导热系数低、可加工成任意形状等优点，原来主要用于包装行业(如冰箱)、地下直埋管道保温、冷库保冷等方面，目前在建筑领域开始应用，例如，近年来用于钢丝网夹芯板材(泰柏板)、彩色钢板复合夹心板材，发展较快；随着建筑防火对材料要求越来越严格，对该材料的应用提出了新课题。

3. 装饰材料

装饰材料的装饰性能主要是通过材料的色彩、线形图案和质感来体现的。

装饰石材分为花岗岩和大理石两大类。

马赛克原意为镶嵌、镶嵌图案、镶嵌工艺，来源于古希腊。早期古希腊人的大理石马赛克通常用黑色和白色互相搭配。到古罗马时期，马赛克已经普及，一般民宅及公共建筑的地板、墙面都用它来装饰，显示出罗马的富裕及建筑的豪华。基督教最初传到古罗马时属于非法宗教，教徒都是下层民众，由于受到迫害只能在地下室等通道中聚会。于是这些地下室的墙上就有了描述耶稣基督故事的玻璃马赛克壁画。后君士坦丁大帝使基督教合法化，并迁都君士坦丁堡(拜占庭)，拜占庭帝国的教堂都用大量马赛克来装饰美化，使用的色彩越来越多。马赛克用于装饰时，由于其单颗的单位面积小，色彩种类繁多，具有无穷的组合方式，因此它能将设计师的造型和设计的灵感表现得淋漓尽致，尽情展现出其独特的艺术魅力和个性气质，现在被广泛应用于宾馆、酒店、酒吧、车站、游泳池、娱乐场所、居家墙面以及艺术拼花等。

马赛克按照材质可以分为若干不同的种类，玻璃材质的马赛克按照其工艺可以分为机器单面切割、机器双面切割以及手工切割等，非玻璃材质的马赛克按照其材质可以分为陶瓷马赛克、石材马赛克、金属马赛克、夜光马赛克等。

建筑陶瓷在我国使用最早，琉璃瓦就可以被归为建筑陶瓷的范畴。现存世界上最早的琉璃瓦实物见于唐昭陵。从古到今建筑陶瓷一直在高级建筑物上充当装饰材料。目前建筑陶瓷主要用作内外墙面砖、铺地砖和卫生洁具，成为建筑物不可缺少的组成材料。由于建筑陶瓷制品多用于室内建筑装饰，故对于产品辐射防护的安全性尤为重要。随着我国人民生活水平的不断提高，我国开始逐渐从西方发达国家引入环保、健康建材的理念。陶瓷所使用的釉料含有微量的放射性元素，且原材料所含放射性元素的量随着产地不同而不同，故为保护人体健康，应对产品放射性进行控制。

玻璃也可以被认为是围护材料，其最早的发明者是远在五六千年前的古埃及人，后来传至欧洲大陆。最初人们认为我国的玻璃也是从西方传入的。但是1965年，在河南出土了一件商代青釉印文尊，尊口有深绿厚而透明的五块玻璃釉。

在玻璃作为采光材料之前，英国人和德国人在窗上镶嵌油纸、涂蜡的白布甚至薄薄的云母片；俄国人则将牛膀胱的薄膜嵌在窗框里；中国人使用最多的是窗纸，还有削磨的很薄的牛角片。在11~13世纪的教堂，其窗玻璃是彩色的，除非阳光直接照射，几乎没有透光功能。直到14世纪，有一个名为戈克莱的法国技师才发明了一种呈半透明状态的窗玻璃。

过去的玻璃制品是像吹肥皂泡那样吹制出来的，窗用平板玻璃也取自大玻璃泡在冷凝前切开平展，要求高的还要磨平，成品率低，而且这样的玻璃还存在波筋(即透射后物体图像扭曲变形)，为了能够吹出曲率足够小的大玻璃泡，工人需对着吹管持续吹鼓，这样对工人健康的损害非常大。

1952年，英国制造商皮尔金顿(Alistair Pilkington)发明了所谓的浮法玻璃，它的生产步骤如下：熔融状态的玻璃从池窑中连续流入并漂浮在相对密度大的锡液表面上，因为锡液表面平整光滑，玻璃液浮在锡液面上铺开、摊平后，冷却形成上下表面平整光滑的玻璃板，故称浮法生产。但玻璃冷却后须经退火、强化处理改善性能，否则在破碎时会形成锋利碎片而易伤人。浮法与其他成型方法比较，其优点是没有波筋，厚度均匀，上下表面平整，单位产品的能耗低，成品利用率高。目前世界上的采光玻璃90%以上是采用浮法生产的。

油漆涂料是一类乳状液的总称，通常由悬浮于液体介质中的色素组成，作为装饰或保护性的涂层使用。穴居古人使用天然的油漆为后人留下了他们生活的写照，时至今日，这些天然油漆绘制的岩画仍装饰着他们曾经居住的岩石洞壁。在地中海文明圈，古埃及人、古希腊和古罗马人都用过这样的釉料混合物：矿物成分(铜、铁、锰的氧化物)和蛋清、植物油(种类包含亚麻、胡桃、罂粟)。在我国，在距今约 7000 年的浙江余姚河姆渡文化遗址中出土的朱漆木碗表明了彩漆在我国的悠久历史。而山西陶寺村龙山文化遗址(距今约3950~4350 年)中已出现了白灰墙面上刻画的图案，这是我国已知的最古老的居室装饰。我国木制品用漆来自漆树，到战国时期，设有专官对漆器生产进行管理。《史记》记载庄子曾任管理漆园的官职。虽然那个时代用油漆装饰的建筑没有留存下来，但是人们仍然可以从出土的同时代木漆器中推测出装饰的水平。两千多年过去，油漆光亮色彩依然。

历史上第一个有记载的油漆工厂是 1700 年由托马斯·切尔德(Thomas Child)在美国波士顿建立的。1867 年，俄亥俄州的艾瓦瑞尔(D.R.Averill)取得了美国第一个精制油漆的专利权。这一阶段，普遍使用了易挥发的稀释剂，油漆成分更加趋向于现代化学油漆。墙壁的装饰也开始使用添加有胶黏剂的化学墙用涂料，白灰装饰不再出现在较高级的室内装饰场合。

我国普通百姓居家的墙面装饰到 20 世纪 80 年代依然普遍使用白灰。至 20 世纪 90 年代，当涂料的用户需求由低端产品向中、高端产品转变时，由于认识上的误区，各种声称能够复合其他功能的墙用涂料和墙纸一度纷纷出现。例如有的涂料宣传其兼有灭蚊功能，有的宣传其具有通电散热功能，可替代采暖散热片等。其实这样的涂料或者有毒性，或者对能源消耗很大，多不可取。

除了涂料之外，我国的其他建材领域也一直存在生产高能耗、环境高污染等问题。随着绿色建筑的观念为人们所接受，人们对材料健康、环保、节能的观念也开始予以关注。

(四)绿色建材

人类所使用的材料会对人类健康产生影响，这样的事情在历史上早有实例。古罗马帝国文明高度发达，但是当时的人们热衷于使用含铅的酒具和输水管，经过数代积累引发了普遍的慢性中毒，据有关专家认为，这是古罗马帝国最终灭亡的原因之一。

工业文明之后，人类从自然获取资源的能力大增，但同时也为自然和自身造成了许多诸如环境破坏、资源耗尽、健康受损等方面的问题。通过本章前面的介绍我们了解到，一些材料尤其是装饰材料使用不当，很容易对人体产生伤害。在这种背景下，绿色建材的概念应运而生。

1988 年第一届国际材料科学研究会上，日本学者首次提出"绿色材料"这一概念。在这里，绿色是大自然的本色，代表现代人类对环保的向往，代表人们对健康的追求。1922年，联合国在巴西的里约热内卢召开了全球环境与发展首脑会议，会议通过了保护环境保护人类健康的《二十一世纪议程》。期间，国际学术界明确提出了绿色材料的定义：绿色材料是指在原材料采取、产品制造、使用或者再循环以及废料处理等环节中对地球环境负荷最小和有利于人类健康的材料。由此，绿色建材也称为生态建材、环保建材和健康建材，它是指采用清洁卫生生产技术生产的无毒害、无污染、无放射性，有利于环境保护和人体健康，安全的建筑和装饰材料。"绿色"可以归纳为八个字：环保、健康、安全、节能。

经有关专家总结，绿色建材应包括以下内容。

不含或少含有害有机挥发物(如甲醛、苯、卤化物溶剂、汞及其化合物等)的涂料、复合实木地板、强化地板(复合地板)等；

低放射性的花岗岩、大理石、瓷砖、空心砖等；

使用工业废料和建筑垃圾的墙体砌块、混凝土等；

不含有害重金属元素的给排水设备，尽量使用塑料管材、节水马桶、节水水嘴等。

绿色建材的理念为我国土木工程界所接受后，各种合理的材料标准纷纷制定出台，一些落后于时代的产品和材料生产工艺被逐渐淘汰，包括有致癌可能的石棉瓦、各种有害挥发物含量大的涂料等。

案例 2-3

国家游泳中心(水立方)工程

国家游泳中心(见图 2-5)是中外建筑师、结构工程师合作，通过对表皮概念的理解、运用而完成的一项重要工程。相对于国家大剧院和国家体育场，国家游泳中心的表皮在概念、功能、结构上都具有完整的逻辑性，是最为成熟的一个项目。

这是一个关于水的建筑，水是该建筑的创作母体。该项目摒弃了流动、波浪之类比较具体形象的形式，而是采用微观水分子结构作为形式来源，并将这个母体运用于结构细节上，由此扩展至整个建筑概念中。

表皮的支撑结构和表皮的新型半透明材料是该建筑的创新之处。国家游泳中心结构(见图 2-6)的灵感来源于开尔文的泡沫理论，即模仿肥皂泡的结构，设计基于三维空间的网架结构。这种结构的模型在自然界中普遍存在，例如细胞组织单元的排列形式、水晶矿物质结构、各种泡沫的天然构造等。尽管从表面上看，这种网架比常见的正三角锥、正方体等简单几何体的网架要复杂得多，但同样具有很强的重复性，设计者首先设计了一个比较简单的正六边形网架，倾斜 30° 之后沿着正方体的四个面切开网架，暴露在四个立面上的网架结构就是设计者构想的有机"泡沫"图案。

外墙材料是一种双层聚四氟乙烯薄膜(ETFE)，它覆盖了结构表面的一系列多边形单元，这种材料的优点主要在于：阻燃——熔点高达 2750℃；优良的隔热保温性能；良好的自洁性；质轻——每层仅 0.2 毫米厚；良好的透光性；正常使用生命可达 30 年；ETFE 是半透明材料，通过附着在泡沫形网架上，形成了表现平静水体含义的表皮，很好地表达了设计者的初衷。在夜晚，可以通过内外部灯光的设计达到一种晶莹而朦胧的效果。

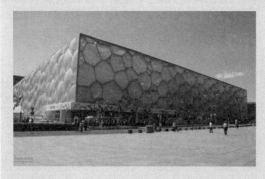

图 2-5 国家游泳中心(水立方)工程

图 2-6 国家游泳中心结构

三、工程施工

我国是一个在建筑施工技术方面历史悠久且拥有巨大成就的国家，从以木构架结构为主，使用柱、额、梁、拱等构件，采用镏金、玻璃装饰手法修建宫殿、庙堂，到土、石、砖、瓦、石灰、钢铁、矿物颜料和油漆相关技术及材料的大规模运用，再到用夯土墙内加竹筋的办法建造三四层楼房，都表明我国建筑施工技术不断进步并始终保持着较高的技术水平。

改革开放以来，随着我国建筑市场的蓬勃发展，大型、特大型和高难度建筑物不断涌现，我国在工程施工技术方面也取得了可喜的进步。在较好地掌握了大型工业设施施工和高层民用建筑施工的成套技术基础上，在软土地基处理技术、深基坑支护技术、预应力技术、高层施工技术、特种结构施工技术和计算机应用等方面也取得了很大的进展。

案例 2-4

青藏铁路工程

建设青藏铁路是党中央、国务院在新世纪之初做出的战略决策，是西部大开发的标志性工程，对加快青海、西藏两省区的经济、社会发展，增进民族团结，造福各族人民，具有重要意义。铁路已于 2006 年 7 月 1 日全线通车。

青藏铁路由青海省西宁市至西藏自治区拉萨市，全长 1956 千米。其中，西宁至格尔木段长 814 千米，1979 年建成，1984 年投入运营。格尔木至拉萨段，自青海省格尔木市起，沿青藏公路南行至西藏自治区首府拉萨市，全长 1142 千米，其中新建 1110 千米，格尔木至南山口既有线改造 32 千米，其路线图如图 2-7 所示。青藏铁路建设面临多年冻土、高寒缺氧、生态脆弱"三大难题"的严峻挑战，工程艰巨，要求很高，难度很大。

青藏铁路于 2001 年 6 月 29 日开工，当年完成投资 11.8 亿元，格尔木至南山口段既有线改造完成，南山口至望昆段路基基本成型，冻土试验段开工，实现了首战告捷。2002 年完成投资 53.2 亿元，格尔木至望昆段线下主体工程建成，望昆至楚玛尔河段线下主体工程基本完成，楚玛尔河至布强格段线下主体工程完成 80% 以上；6 月 29 日开始铺轨，年底顺利到达昆仑山。

青藏高原素有"世界屋脊""地球第三极"之称，是我国的"江河源"。在青藏高原这种原始、独特、脆弱、敏感的地理生态环境中修建的青藏铁路是世界上海拔最高、线路最长的高原铁路，翻越唐古拉山的铁路最高点海拔 5072 米，经过海拔 4000 米以上地段 960 千米，穿越连续多年冻土区 550 千米以上。在青藏铁路建设和施工中有效地保护生态环境，是青藏铁路建设的重要任务，也是国内外关注的焦点。党中央、国务院对青藏铁路建设的生态环境保护问题极为重视。朱镕基同志要求"一定要认真贯彻国务院有关加强保护青藏高原生态环境的精神，十分爱护青海、西藏的生态环境，十分爱护青海、西藏的一草一木，精心保护我们祖国的每一寸绿地"，为搞好青藏铁路建设的生态环境保护工作指明了方向。

青藏铁路是目前世界上海拔最高的铁路，沿线常年平均气温在 0℃ 以下，空气中的含氧量仅为平原地区的一半。

青藏铁路之最包括以下内容:

世界上海拔最高、线路最长的铁路;世界上最高的高原冻土隧道——风火山隧道;世界上最长的高原冻土隧道——昆仑山隧道;世界上海拔最高的火车站——唐古拉车站;我国最大的高原铁路铺架基地——青藏铁路南山口铺架基地;青藏铁路线上最长的"以桥代路"工程——清水河特大桥;青藏铁路第一高桥——三岔河大桥;长江源头第一铁路桥——长江源特大桥;环保投入最多的铁路建设项目;民工待遇最好的铁路项目之一。

图 2-7   青藏铁路地图

四、建设工程技术发展趋势

(一)超高层建筑迅速发展

高层建筑是近代经济发展和科学技术进步的产物,是现代工业化、商业化和城市化的必然结果。近几十年来,各式各样的高楼在世界各地拔地而起,其规模之大、数量之多、技术之先进、造型之别致,令人叹为观止。台北101大厦位于我国台北,1998年动工,2004年建成,共 101 层,到目前为止是世界上最高的建筑物。在世界高楼协会颁发的证书中,台北101大厦拿下了"世界高楼"四项指标中的三项世界之最——"最高建筑物"(508 米)、"最高使用楼层"(438 米)和"最高屋顶高度"(448 米)。

(二)工程结构异型化

以国家体育总局、中央电视台新楼、国家大剧院为代表的大型异型结构建筑物的出现极大地改变了工程师传统的观念。异型建筑因其外观独特、跨度宽、空间大等特点而越来越受到欢迎,特别是音乐厅、博物馆、展览馆、体育馆等公共建筑,异型建筑的构造形式已成为较为常见的选择。位于天安门广场、人民大会堂西侧的国家大剧院是我国最高艺术表演中心。这个"漂浮"在水里、最大跨度达 212 米的银白色椭球壳体建筑宛如在赤道处被切开的地球,又似浮在水面上粼光闪闪的"鸡蛋"。

位于北京中央商务区核心地带的中央电视台新楼，总占地面积约 18.7 万平方米，总建筑面积约 55 万平方米，建筑最高处约 230 米，工程总投资约 50 亿元人民币。该工程于 2003 年 3 月动工，2008 年竣工。这个类似巨型城市雕塑的设计一出台，就以其新颖、前卫的造型设计吸引了众人关注。

(三)绿色节能建筑逐步推广

世界上不同国家和地区由于其土地、气候、经济、文化和习俗等方面的情况各异，对"绿色建筑"的概念、定义及称谓有较大差异。国内对于绿色建筑的评价标准也不尽相同。建设部和科技部于 2005 年 10 月联合发布实施的《绿色建筑技术导则》中给出的绿色建筑的定义是：在建筑的全生命周期内，最大限度地节约资源(节能、节地、节水、节材)、保护环境和减少污染，为人们提供健康、适用和高效的使用空间，与自然和谐共生的建筑。随着《绿色建造导则》和《绿色建筑技术评价标准》等相关文件的出台和在全国范围内组织开展"绿色建筑"创新的评奖活动，绿色节能建筑的理念、结构、材料和施工技术必将得到更多的重视。建筑应该以节能、环保的方式满足居住者的健康、适用的要求，这正是人类必须寻求的可持续发展之路。

第三节　管理平台

任何工程都是在一定的管理环境下完成的，即使具备了先进的工程技术、敏锐的经济头脑和清醒的法律意识，如果缺乏精良的管理，工程实施的全过程不能得到有效的计划、协调、控制和监督，就难以达到预期目标，甚至可能遭受不必要的损失。

一个工程项目从形成概念、立项申请、可行性研究、评估决策、市场定位，到勘察设计、招标投标、开工准备、材料设备的选型与采购，经施工实施，再到最后的竣工验收、使用维护，这其中的任何一个环节，都直接影响到工程项目的成败。现代工程管理强调对工程的管理必须贯穿以上所有环节的全过程。

尽管每个工程项目的目的、任务和实施方式不尽相同，或是建造一幢楼房，或是修筑一条道路，或是开挖一条隧道等，但以下目标几乎是所有工程项目的共同追求：有效利用有限资金，按期完成施工，工程质量达标，工程项目顺利交付使用，各方利益相关者取得预想的经济效益和社会效果。所以，工期进度、质量标准、投资额度是工程项目的主要约束条件，与之相应的计划、协调、组织、控制、监督成为工程管理的基本职能。

一、计划职能

所谓工程项目计划，即筹划安排工程项目的预期目标，对工程项目的全过程、全部目标和全部活动进行周密安排，用一个动态的可分解的计划系统来协调控制整个工程实施过程。工程项目计划包括收集、整理和分析所掌握的各种信息资料，为投资者判断工程项目是否有必要进行，应该如何进行，实施项目可能实现的经济、社会效益等一系列问题提供依据。计划是工程顺利进行的有力保证和行动依据，是工程实施的指导性文件。制订计划可以明确、分解和细化工程的总目标，通过计划落实贯彻工程的各项要求，依据计划检验调整工程实施的效果。

实践中，我们通常以编制总指导性控制计划为基础，再制订工程项目前期工作计划、设计工作安排计划、招投标计划、施工作业计划、机电设备及主要材料采购供应计划、建设资金使用计划、竣工验收安排计划等分阶段工作计划。

案例 2-5

三峡水利工程

三峡水利工程由世界规模最大的拦河大坝和水力发电厂房、通航建筑物、大规模的远距离输变电系统和世界最大规模的动迁移民工程组成，是一项跨世纪的宏伟工程。三峡工程的首要功能是防洪，通过修建拦河大坝滞蓄洪水，使荆江大堤的防洪能力由十年一遇提高到百年一遇。三峡工程的另一重要功能是发电，三峡水库正常蓄水后将形成 115 米高的水头，总装机容量将达 1820 万千瓦，年发电量达 847 亿千瓦时，将给华东、华中、华南等广大地区提供强大的电力。三峡工程的第三个重要功能是改善长江的通航条件。由于三峡水库的形成将改善峡谷河段的航道，万吨级船队就有半年时间可以直达重庆，年通航能力可从现在的 1000 万吨提高到 5000 万吨，并降低航运成本 30%～37%。三峡工程的兴建还将有效地改善大气环境质量。三峡电站每年的发电量，相当于 4000 万吨标准煤炭的能源量，利用水能发电减少这部分矿物燃料燃烧所排放的废气，每年可少排放二氧化碳 1 亿吨、二氧化硫 200 万吨、一氧化碳 1 万吨，对减少污染、改善环境极为有利。

早在 1919 年，孙中山先生在《建国方略之二——实业计划》中谈及长江河道改造时指出："改良此上游一段，当以水闸堰其水，使舟得溯流以行，而又可资其水力"，最早提出建设三峡工程的设想。经过漫长的酝酿、研究、讨论、勘查和分析，1994 年 12 月 14 日国务院决定三峡工程正式开工。自这天起，波澜壮阔的三峡水利工程建设进入了全面实施阶段。

三峡工程进度计划分为三个阶段：第一阶段(1993—1997 年)为施工准备及一期工程，施工需 5 年，以实现大江截流为标志；第二阶段(1998—2003 年)为二期工程，施工需 6 年，以实现水库初期蓄水、第一批机组发电和永久船闸通航为标志；第三阶段(2004—2009 年)为三期工程，施工需 6 年，以实现全部机组发电和枢纽工程全部完建为标志。

三峡工程的每一施工阶段都有十分明确和详细的进度计划。第一阶段 1997 年 5 月导流明渠进水；1997 年 10 月导流明渠通航；1997 年 11 月实现大江截流；1997 年年底基本建成临时船闸。第二阶段 1998 年 5 月临时船闸通航；1998 年 6 月形成二期围堰开始抽水；1998 年 9 月形成二期基坑；1999 年 2 月左岸电站厂房及大坝基础开挖结束并全面开始混凝土浇筑；1999 年 9 月永久船闸完成闸室段开挖并全面进入混凝土浇筑阶段；2002 年 5 月二期上游基坑进水；2002 年 6 月永久船闸完建开始调试；2002 年 9 月二期下游基坑进水；2002 年 11—12 月三期截流；2003 年 6 月大坝下闸水库开始蓄水及永久船闸通航；2003 年 4 季度第一批机组发电。第三阶段 2009 年年底全部机组发电和三峡枢纽工程全部完成建设。

二、协调职能

在工程建设的全过程中，尽管工程的总体目标、任务和要求是明确一致的，工程计划对实施过程有较强的指导和约束作用，但在工程实施的不同阶段、不同环节和担负不同职责的不同部门、不同机构之间仍然需要有效的沟通和协调。而这其中，人与人之间的协调又最为重要。有效的协调能够实现不同阶段、不同环节、不同部门、不同机构之间的目标一致、步调一致，兼顾客观存在一定矛盾冲突的工期、质量和造价之间的关系以及时间、空间和资源利用之间的关系，确保工程计划的严格执行和工程目标的顺利实现。

由于水电、通信、燃气、消防等设备安装常由相应的专业施工队完成，房屋主体结构主要由土建施工队完成，不同施工项目和施工队伍间尽管有施工计划和方案明确其职责，但计划、方案很难把所有问题列举穷尽，且尚有一些实际条件的改变将限制原有计划、方案的有效实施。因此，工程管理者需要依据拟订的计划、方案，结合客观条件的变化，及时做好沟通、衔接和协调工作，确保各施工环节的顺利完成。

另外，一些建筑物就其外部形态、使用功能、结构形式、经济性和安全性等某一方面的质量和性能而言，设计、材料、施工都能得到很好的控制和保证。但多个方面的交叉叠加，往往会出现相互冲突，顾此失彼的现象。到了工程施工的后期，发现问题不得不返工，不仅会造成工程投资的极大浪费，影响工期，有的还会影响建筑物的使用功能，严重的甚至还会带来质量问题和安全隐患。做好协调工作能够有效避免此类现象的发生。

三、组织职能

为确保工程建设的顺利实施，需要在明确部门职责、职权的基础上，建立行之有效的规章制度，使工程项目的各阶段、各环节、各层次职能到位、责任到人，从而形成一个高效的组织保证体系。同时，为了充分调动各管理层及一线员工的工作积极性和创造性，应该制定约束、激励机制及相应的奖惩办法。

工程项目的复杂性不仅在于其本身具有复杂的过程，更在于其所处环境的复杂性和不确定性。通常工程管理的范围要比工程项目本身更为宽广、更为复杂，突出表现在工程管理除需要处理诸多工程技术问题之外，还将直接涉及业主、政府部门、勘察设计单位、金融部门、施工承建单位、材料供应单位、监理单位和使用者等各个部门、单位及利益群体。

(一)项目业主

工程项目业主是工程项目的发起者和出资者。业主从投资的角度出发，根据建设意图和建设环境，需要自行或委托他人对项目的实施全过程进行有效的管理，业主应当为工程的实施提供必要的资金、场地等条件。

(二)政府及主管部门

政府及其相关的主管部门对工程项目主要是进行指令性的监督和管理，它们是工程相

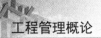
关法规的制定者。政府部门对项目立项、建设用地、规划、设计方案等进行审查批准，办理项目立项批文、建设用地规划许可证、建设工程规划许可证、建筑工程施工许可证等。另外，政府下设的一系列监督机构受政府委托，负责对工程项目中有关质量、安全等方面进行监督检查。

(三)研究咨询单位

随着科学技术的迅猛发展，在工程项目的实施过程中，不断运用新结构、新工艺、新技术、新材料、新设备以及新的管理手段和管理理念等，这些离不开研究咨询单位的技术支持。研究咨询单位是工程项目的知识后盾和人才基地。

(四)金融机构

工程项目建设过程的资金需求量大，时效性强，需要通过金融机构的介入，以获取充足的固定资产投资资金和流动资金。对于建筑企业和项目业主来说，有效利用金融机构融资，保证项目资金链的稳固和连续，对于扩大生产规模、抢占有利市场时机、降低经营风险、提高企业效益是十分重要的。

(五)勘察设计单位

勘察设计联系着项目决策和项目建设施工两个阶段。勘察设计先于施工开始，其设计文件是项目施工的依据。同时，勘察设计又渗透于施工阶段，及时处理施工过程中出现的设计变更和技术变更。

(六)施工单位

施工单位是将工程项目由构想和蓝图变为具体的建筑产品的组织。作为工程的承建方，施工单位负责工程施工及管理工作，是工程的主要实施者和管理者。

(七)材料设备供应单位

材料设备供应单位包括建筑材料、构配件、工具与设备的生产厂家和供应商，他们为工程项目提供必要的生产要素。材料设备供应在产品质量、价格变动、服务质量等方面的能力和水平，对工程最终目标的实现将产生一定的影响。

(八)监理单位

监理单位受业主委托，依据国家法律法规、行业规范、建筑标准、合法的设计文件以及合同条款，对工程实施的全过程予以监督。

(九)项目使用者

项目使用者是项目的接受者和直接受益者。使用者对项目的最终评价(即客户满意度)是衡量项目完成情况的一个重要指标。

一个工程项目需要上述部门、单位和利益群体共同参与才能顺利完成。激励、引导和协调这些部门、单位和利益群体积极参与项目建设并严格遵循共同认可的规则，必须有高效的组织形式和强有力的约束条件。严谨的组织形式、严格的经济合同和工作责任制能够明确各方参与者的责、权、利及彼此的经济关系，将存在一定利益冲突的各方和谐地联系在一起。工程实施过程中，技术、管理和工程目标之间的内在联系可简示为图2-8。

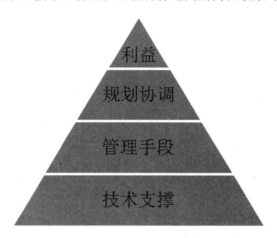

图2-8　技术、管理和工程目标之间的内在联系

从图2-8中可以看出，工程项目的实施首先是在技术条件下形成实体成果的过程。在实施过程中为保障项目的顺利完成需要运用管理手段加以规范和控制，努力协调项目内部各方之间及项目与外界环境的关系。而项目的实施在深层次本质上是项目各参与者之间、项目参与者与社会之间通过有组织的行为，在均衡各方利益的前提下寻求共赢。

四、控制职能

控制职能主要体现为工程目标的提出和检查，合同的签订和执行，招投标管理，工程技术管理，成本管理，各种指标、定额、标准、规程、规范的贯彻执行以及实施中的反馈和改进。合同的有关条款是工程建设过程对参与各方进行控制和约束的重要手段，同时也是保障合同各方权益的依据。工程技术管理是工程项目能否全面实现各项目标的关键。工程技术管理不仅需要完成委托设计、审查施工图纸等工程准备阶段和审定技术方案、规范工艺标准等工程实施阶段的许多重要工作，还要进行技术开发，以及新技术、新材料、新工艺的推广使用及技术培训。质量管理包括对设计单位、监理单位、施工单位和机电设备等材料供应商的资质审查，施工过程中对施工方法、材料、工艺标准、操作规程的质量检查，进行分项工程、分部工程和总体工程质量等级评定等工作，及时发现质量问题并采取整改措施。

五、监督职能

监督的主要依据是工程项目的合同、计划、规章制度、规范、规程和各种质量标准、工作标准等。有效实施监督职能，除应充分发挥监理机构和专职从业人员的作用外，参与工程管理的各层面人员也应通过日常的巡视、检查以及反映工程情况的会议、报表、报告、文件等，及时分析和发现问题，堵塞漏洞，确保工程项目健康运行并达到预期目标。

案例 2-6

2003 年 7 月，上海市轨道交通 4 号线工程发生一起重大工程责任事故，直接经济损失 1.5 亿元左右。事故发生前，某工程有限公司上海分公司项目部(施工单位)对原定的施工方案擅自进行了调整。事故调查专家组的分析认定，施工方案调整没有严格遵循冻结法施工工艺的有关规定，导致旁通道冻土结构在施工中出现薄弱环节。与此同时，工程总承包方本应尽责的现场管理之松懈让人感到痛惜。6 月 28 日，隧道内向下行线冻结管供冷的一台小型制冷机发生故障，停止供冷长达 7.5 小时，但从这天到 6 月 30 日的施工日记中，不仅没有任何险情征兆的反映，还堂而皇之地记载"一切正常"。负有重要管理职责的工程监理更是流于形式。旁通道施工期间，肩负工程质量安全监督重任的上海某监理公司现场监理部，没有安排熟悉冻结法施工技术的监理人员到场实施现场监理。发生事故时，监理人员也根本不在现场。

这起事故的相关责任人已受到司法机关追究。其中 3 人因涉嫌"重大责任事故罪"被正式批准逮捕，另有一些单位负责人受到撤职和行政记过处分。

案例 2-7

重庆市綦江彩虹桥位于綦江县城中心綦河上，西岸连接老城区川黔公路及滨江路，东岸连接城东开发区滨河路。该桥是一座大型人行天桥，桥长 140 米，主跨 120 米，桥宽 6 米，梯道长 40 米。结构为中承式钢管混凝土提篮式肋拱桥，造型新颖。就同类构造而言，以其 120 米跨度用作人行桥的设计与施工，在国内还是首例。

綦江彩虹桥于 1994 年 11 月动工，1996 年 2 月 15 日投入使用。1999 年 1 月 4 日 18 时 50 分，30 余名群众正行走于桥上，另有 22 名驻綦武警战士进行傍晚训练，由西向东列队跑步至桥上 2/3 处时，整座大桥突然垮塌，桥上群众和武警战士坠入綦河中，耗资 418 万元建成的綦江彩虹桥瞬间消逝。经奋力抢救，14 人生还，40 人遇难身亡(其中 18 名武警战士，22 名群众)，直接经济损失约 621 万元。

事故调查专家组做出的事故技术鉴定表明，事故发生的直接原因是工程施工存在十分严重的危及结构安全的质量问题，工程设计也存在一定程度的质量问题。主要有：

(1) 吊索锁锚方法错误，不能保证钢绞线有效锁定及均匀受力，导致吊索锚固失效。

(2) 主拱钢管的对焊接头质量低劣。焊缝普遍存在裂纹、未焊透、未融合、气孔、夹渣及陈旧性裂纹等严重缺陷，质量达不到施工及验收规范二级焊缝检验标准。

(3) 主拱钢管内混凝土强度达不到设计要求，局部有漏灌现象，在主拱肋板处甚至出现 1 米多长的空洞。吊杆的灌浆防护也存在严重质量问题。

(4) 设计粗糙，更改随意，构造有不当之处。对主拱钢管结构的材质、焊接质量、接头位置及锁锚质量均无明确要求，在成桥增设花台等荷载后，主拱承载力不能满足相应规范要求。

由于以上技术原因，该桥建成时已是一座危桥，使用过程中吊杆锚固又加速失效，使该桥受力情况急剧恶化，更加接近垮塌的边缘。

根据调查组调查取证、综合分析认定，事故间接原因是严重违反我国的基本建设程序，未执行国家建筑市场相关管理规定，工程管理工作混乱。

(1) 彩虹桥的建设过程严重违反基本建设程序，包括未办理立项及计划审批手续，规划及国土手续，建筑施工许可手续，未进行设计审查、施工招投标和工程竣工验收。

(2) 设计、施工主体资格不合法。彩虹桥由原重庆某设计研究院退休职工赵某邀集人员私自设计，借用该设计研究院的图鉴非法出图(设计院未加盖设计资格专用章)。重庆某工程总公司川东南公司(项目承建方)无独立承包工程资格，更无市政工程施工资质，擅自承接工程。更为恶劣的是，该工程总公司川东南公司还同意该公司下岗人员费某挂靠承包，组织施工。

(3) 监督管理混乱。在彩虹桥的决策和建造过程中，个别县领导行政干涉过多，擅自决断，缺乏约束监督；在项目发包方面，未按照国家有关规定进行招投标，而全凭私人关系发包；在施工管理方面，施工现场管理混乱，设计变更随意且手续不全，关键工序及重要部位的施工质量无人把关，材料及构配件进场管理失控，加工单位对主拱钢管焊接质量未经检测合格就交付使用，工程档案资料无专人管理，内容严重缺乏，各种施工记录签字手续不全，竣工图编制不符合有关规定。投入使用后未对大桥进行认真监测和维护，特别是在使用过程中发生异常情况时，未采取有效措施消除质量隐患。

此外，质监部门未严格审查项目建设条件，就受理质监委托。虽制定了监督大纲，委派了监督员，但未认真履行职责，对项目未经验收就交付使用未有效制止，对已经发现的质量问题未要求责任方进行整改。

彩虹桥垮塌事故的涉案人员均已受到了应有的惩罚。2000年12月18日，在重庆市綦江县彩虹桥旧址旁，名为"新虹桥"的人行桥正式竣工投入使用。虽然垮塌的旧桥已彻底告别了人们的视线，然而对于工程管理者而言，彩虹桥垮塌事故让我们更清楚地意识到了自己肩负的责任和使命，留给我们无限的沉思和警示。

第四节　经济平台

良好的经济效益和社会效益是实施所有工程项目的根本目的。而工程项目良好经济性能指标的实现，需在质量满足要求的前提下，从投资最省的角度出发，寻求适宜的建设工期，以达到投资、进度、质量的优化组合。作为工程项目重要指标之一的经济性，在工程项目实施中具有举足轻重的作用，是我们评价工程项目优劣的一个重要标准。

一、工程项目的性价比

工程项目的经济性可以用净现值、内部收益率和投资回收期等技术经济指标予以预测、比较和综合分析。

净现值法使用净现值作为评价方案优劣的指标。所谓净现值(Net Present Value，NPV)是指在项目计算期内，按行业基准折现率或其他设定折现率计算的各年净现金流量现值的代数和。在进行工程项目的投资决策分析时，应当选择净现值大的项目。内部收益率(Internal Rate of Return，IRR)是指项目投资实际可望达到的报酬率，即能使投资项目的净现值等于零时的折现率。在进行工程项目的投资决策分析时，应当选择内部收益率大的项目。投资回收期(Repayment Period of Investment)是指以投资项目运营净现金流量抵偿原始总投资所需要的全部时间。它代表收回投资所需要的年限。回收年限越短，方案越有利。回收期法通俗易懂，大致能反映出项目投资的回收速度，而且计算简便，多用于周期较短的项目评估。

案例 2-8

国家体育场"鸟巢"工程

国家体育场"鸟巢"工程可作为工程投资控制方面较为典型的事例。"鸟巢"由一系列辐射式门式钢桁架围绕碗状座席区旋转而成，结构科学简洁，设计新颖独特，为国际上极富特色的巨型建筑。"鸟巢"方案由瑞士设计师赫尔佐格等人和中国建筑设计研究院合作完成，由于"设计新颖"等诸多优点在 2003 年 13 个参选设计方案中脱颖而出，最终中标，最初"鸟巢"预算造价超过 35 亿元人民币。然而，在工程开工后发现，实际造价可能超过预算很多并且存在安全隐患，这引起了国内很多专家和官员对"鸟巢"开始重新审视。

随着整个奥运项目"瘦身"计划的实施，"鸟巢"成了奥运场馆的第一个"瘦身"对象。"鸟巢"暂停施工以调整设计和施工方案，其主要是基于对投资规模和安全性两点的考虑。一个运动场馆投资规模过大是否必要?能否承担?其工程的"性价比"是否合理?出于安全方面的原因，其总体结构也有必要做出调整。相关部门着手实施一项名为"奥运场馆结构造型及优化设计关键技术"的课题，将"鸟巢"结构自重降至 5.3 万吨左右，减重 8.3 万吨，降幅达 60%。修改设计和施工方案后，"鸟巢"在保持原有外形和基本使用功能的前提下，其工程成本大幅降低，安全性明显提高。可见，工程项目的决策和实施阶段，对投资的把握和控制是十分重要的。"鸟巢"项目如果决策阶段对投资规模和成本分析有更准确的把握，则可能会避免出现施工过程中暂停施工、变更设计的现象，减少不必要的损失。

二、工程项目全寿命周期的经济性

工程成本是指企业在建筑安装工程施工中的实际耗费，包括物化劳动的耗费和活劳动中必要劳动的耗费。对于一个工程项目来说，成本既是重要的最终目标，也是整个过程重要的控制要素。成本控制涉及项目过程的各个阶段，受到诸如劳动生产率高低、原材料消耗程度、机械设备利用程度、施工组织和管理水平等很多方面的影响。"适用、经济、美观"也是我国对非生产性建筑设计的指导方针，是评价一个建筑的根本尺度。对于我们的建筑项目来讲，所需资源是有限的，如何在现有资源的约束下较好地完成项目是我们必须面对的问题。

任何一种产品都有其寿命期，工程项目建成之后到报废或拆除前，这一段时间称为项目的使用寿命。通常情况下项目的使用寿命可以分为技术寿命和经济寿命。所谓产品的技术寿命是指产品由于技术方面的原因而报废时的使用年限，主要表现为结构破坏、构造破坏、功能退化或丧失等。而工程项目的经济寿命是指产品由于经济方面的原因而报废时的使用年限。这里所说的经济原因，一般主要指因新产品、新工艺的出现而导致继续使用旧产品经济效益降低等。目前建筑产品的使用年限呈现逐渐缩短的趋势，产品的更新速度在不断加快。

由于工程项目的经济性往往是要经过一定时期才能够体现出来，因此作为工程的决策者和管理者一定要有全局的观点和长远的眼光，不能只看到眼前的利益。比如现在提倡使用节能建筑，与不节能的传统建筑相比，节能建筑采取了诸如提高外墙、地板和屋顶的保温层厚度，安装双层中空玻璃等多项节能措施，一般说来，需要增加一次性投资。因采用的节能技术的不同，所增加的费用和所取得的收益也不一样。根据一些试点资料分析，节能 50% 时建筑节能投资增加额占住宅建筑本身造价的 7%～10%。与此同时，建筑节能投资一般可在 3～7 年全部收回。可见开发节能建筑，不仅其投资可以很快回收，而且能在住宅寿命期内通过减少温室气体排放，降低能源使用而长期获利。因此，尽管节能建筑的一次性投资高于非节能建筑，但在住宅整个寿命期内，节能建筑的经济性、环保性将明显优于非节能建筑。与此类似，许多工程项目初建时一次性投入较多资金安装性能完备的污染处理设备，其投资虽然较大，但因污染治理较为彻底，在工程有效的使用期内用于污染防治的费用相对较低，其长期的经济性将优于初建时缺乏必要的污染处理设备，工程投入使用后再投资治理污染的工程项目。

磁悬浮列车与传统的运输方式相比优点是速度快，乘坐舒适，噪声较小，占用土地较少；其缺点是造价高，运行成本较大，不适用于近距离运输，不能利用现有的铁路设施。作为经济大国的日本早在 20 世纪 70 年代初就掌握了磁悬浮列车技术，1972 年日本率先研制成功电动力悬浮列车，1977 年又研制成功高速电动力磁悬浮列车。然而，日本在进行是否立即上马磁悬浮轨道项目的论证过程中，发现在当时的技术条件和客流量条件下，磁悬浮轨道项目的资金投入以及维修保养费用太大，在全寿命期内其经济性劣于现有交通系统的完善和更新(修建高速公路和高速铁路新干线)。为此，日本放弃了立即上马磁悬浮轨道项目的想法。直到 20 世纪 90 年代，随着技术条件和客流量需求的改变，磁悬浮轨道项目的经济性得以优化后，日本才着手进行磁悬浮轨道修建。

三、工程项目的适用性

对于一项建设工程而言，它的适用性是第一位的，评价一项工程在经济上是否合理，首先要看它是否适用。一个不适用的项目，可能会因为功能不健全、不配套或运行成本太高等原因影响正常的使用而无法体现其真正的价值。因此，项目的决策、设计和施工，首先要满足适用性这个前提，没有这个前提，经济性也无从谈起，不能为了成本的降低而牺牲功能。对于项目投资方而言，经济性是个相对的概念，当"适用"标准一定时，无疑经济代价较小是最好的。然而当适用标准不同时，必须用价值工程的观点考虑项目的产出收益价值与投资成本的相互关系，取相对最优，力图使投入资源在其寿命期内体现的价值达到最大。比如成本增高，收益提高，但收益增加幅度高于成本增加幅度，实际的利润提高。在这种情况下，实际效益的提高使得经济性得到良好的体现。

第五节 法 律 平 台

为最大限度地保障建筑业的健康发展，为人们创造良好的工作环境、生活环境以及生产环境，国家通过制定和实施建设法律法规来规范建筑市场和强化工程管理的职能、职责，维护建设市场秩序。

法律法规作为政府进行行业管理的重要手段，在建筑市场中起着不可估量的监督和规范作用，具有协调整个建筑市场的有效运转，促进建筑行业的健康发展的重要功能。正确理解和有效运用建设法律法规，是工程管理从业者必需的基本素养。

由于工程项目投资规模大、资金回收期长，加之工程结构复杂、专业性要求较高、施工露天作业时间较长，较之其他生产行业，工程建设所具有的社会风险、技术风险、政策风险和信用风险等都相对较大。这也决定了管理者在工程的实现过程中必须具有较强的法律意识和法律法规实际运用能力，用法律手段维护工程实施的正常秩序和工程参与方的合法权益。

在工程项目实施全过程中，前期工作涉及土地审批和城市规划等方面，中期工作涉及勘察设计、工程施工、监理等方面，后期工作涉及验收、评估、产权、物业管理、税收征管等方面，这些工作都需要在相应的法律、法规指导规范下实施运行。另一方面，工程实施过程因占道、拆迁、噪声、扬尘、堵塞交通和影响水、电、气、通信保障等难免会对原有设施设备的正常运行和人们的日常生活造成一定的影响。为了控制工程实施产生的不利影响，各地政府相继出台了一系列规章和条例，针对工程建设的设计、施工、监理、行政监督管理等环节，明确工程管理的法规依据、技术依据和管理模式，提出了切实有效的控制措施。显然，从事工程管理工作必须了解和把握与环境相关的各项法律、法规。

建设法律法规体系，是指由国家制定或认可，并由国家强制力保证实施的，调整建设工程的新建、扩建、改建和拆除等有关活动中产生的社会关系的法律法规系统。它是按照一定的原则、功能和层次所组成的相互联系、相互配合、相互补充、相互制约、协调一致的有机整体，是针对建设工程的专业性法律法规。

改革开放初期，国务院及其相关行政主管部门制定并颁布了许多有关建设方面的规定，但未形成完整的体系，更无一部建设法律。1989年建设部组织了建设法规体系的研究、论证工作，并于1990年向全国各级建设行政主管部门制定下发《建设法律体系规划方案》，使我国建设立法走上了系统化发展之路。

对于我国建设法律体系的框架结构，曾经设想过两种方案。第一种方案是设立"中华人民共和国建设法"，以其作为建设事业的基本法，综合覆盖住房和城乡建设部(以下简称"住建部")主管的全部业务，依次再用专项法律、行政法规、部门规章作补充，即宝塔形结构方案；第二种方案是不设"中华人民共和国建设法"，而以若干并列的专项法律共同组成体系框架的顶层，依次再配置相应的行政法规和部门规章，形成若干相应联系又相对独立的小体系，即梯形结构方案。后经过反复研究论证，我国采用了第二种方案。理由包括：第一，工程建设、城市建设、村镇建设、建筑业、房地产业和市政公用事业，虽然有着较密切的联系但又有着本质区别，法律调整范围亦有许多不同。第二，各专项法律与相应的行政法规、部门规章相配套，完全可以解决各自的法律问题。如果将它们捏合成一个法，势必既庞杂又原则空洞，在实践中缺乏可操作性。第三，住建部既是综合职能部门，又是多行业的行业管理部门，建设法律体系可以包括若干个基本法。国外一些国家的建设法律体系也是如此。

建设法律体系的基本框架由纵向结构和横向结构所组成。从建设法律体系的纵向结构看，按照现行的立法权限可分为五个层次，即法律、行政法规、部门规章和地方性法规、规章。

法律是指由全国人大及其常务委员会审议发布的属于住建部主管业务范围的各项法律。它是建设法律体系的核心。

行政法规是指国务院依法制定并颁布的属于住建部主管业务范围内的各项规章，或由住建部与国务院有关部门联合制定并发布的规章。

地方性法规是指在不与宪法、法律、行政法规相抵触的前提下，由省、自治区、直辖市人大及其常委会制定并发布的建设方面的法规，包括省会(自治区首府)城市和经国务院批准的较大的市人大及其常委会制定的，报经省、自治区人大或其常委会批准的各种法规。地方性法规在其行政区域内有法律效力。

地方规章是指省、自治区、直辖市以及省会(自治区首府)城市和经国务院批准的较大的市的人民政府，根据法律和国务院的行政法规制定并颁布的建设方面的规章。

从建设法律体系的横向结构看，包括建设方面的法律、行政法规、部门规章和与建设活动关系密切的相关法律、行政法规、部门规章两个方面。与建设活动关系密切的相关法律、行政法规和部门规章虽然不是住建部起草或制定的，但因其所包含的内容或某些规定，起着调整一部门建设活动的作用，所以在学习建设法律体系横向结构时，适当地安排了相关法律、行政法规和部门规章的地位，以使建设法律体系的结构更加完整。

(一)宪法

宪法是国家的根本大法，是特定社会政治经济和思想文化条件综合作用的产物，它集中反映各种政治力量的实际对比关系，确认革命胜利成果和现实的民主政治，规定国家的根本任务和根本制度，即社会制度、国家制度的原则和国家政权的组织以及公民的基本权利义务等内容。宪法在内容上所具有的国家根本法的这一特点，决定了它的法律地位高于普通法，具有最高法律权威和最高法律效力。宪法是制定普通法律的依据，普通法律的内容都必须符合宪法的规定。与宪法内容相抵触的法律无效。我国的宪法由我国的最高权力机关——全国人民代表大会制定和修改。

(二)法律

广义上的法律，泛指《宪法》调整的各类法的规范性文件；狭义上的法律，仅指全国人大及其常委会制定的规范性文件。这里，我们仅指狭义上的法律。法律的效力低于宪法，但高于其他的法。

按照法律制定的机关及调整的对象和范围不同，法律可分为基本法律和一般法律。

基本法律是由全国人民代表大会制定或修改的，规定和调整国家和社会生活中某一方面带有基本性和全面性的社会关系的法律，如《民法通则》《合同法》《刑法》和《民事诉讼法》等。

一般法律是由全国人民代表大会常务委员会制定或修改的，规定和调整除由基本法律调整以外的，涉及国家和社会生活某一方面的关系的法律，如《建筑法》《招标投标法》《安全生产法》和《仲裁法》等。

我国法律体系中，与工程建设相关的法律有很多，这些法律尽管有着各自的主要调整范围，但也经常相互发生作用。本书仅就与工程建设密切相关的部门法律进行介绍。

1. 民法

民法是调整平等主体的公民之间、法人之间、公民和法人之间的财产关系和人身关系的法律，主要由《中华人民共和国民法通则》和单行民事法律组成，单行民事法律包括《物权法》《合同法》《担保法》《著作权法》《专利法》和《婚姻法》等。民事法律是我国法律体系中最基本和最重要的法律部门之一。工程建设活动中的人身关系和财产关系都与民法密切相关。

2. 建筑法

《中华人民共和国建筑法》于 1997 年 11 月 1 日由中华人民共和国第八届全国人民代表大会常务委员会第二十八次会议通过，于 1997 年 11 月 1 日中华人民共和国主席令第 91 号公布，自 1998 年 3 月 1 日起施行。

《建筑法》的立法目的在于加强对建筑活动的监督管理，维护建筑市场秩序，保证建筑工程的质量和安全，促进建筑业健康发展。《建筑法》共包括八十五条，分别从建筑许可、建筑工程发包与承包、建筑工程监理、建筑安全生产管理、建筑工程质量管理和法律责任等方面作出了规定。

3. 招标投标法

《中华人民共和国招标投标法》于 1999 年 8 月 30 日由第九届全国人民代表大会常务委员会第十一次会议通过，自 2000 年 1 月 4 日起施行。

《招标投标法》的立法目的在于规范招标投标活动，保护国家利益、社会公共利益和招标投标活动当事人的合法权益，提高经济效益，保证项目质量。《招标投标法》共包括六十八条，分别从招标、投标、开标和中标等各主要阶段对招标投标活动作出了规定。

4. 安全生产法

《中华人民共和国安全生产法》于 2002 年 6 月 29 日由中华人民共和国第九届全国人民代表大会常务委员会第二十八次会议通过，自 2002 年 11 月 1 日起施行。

《安全生产法》的立法目的在于加强安全生产监督管理，防止和减少生产安全事故，保障人民群众生命和财产安全，促进经济发展。《安全生产法》共七章九十九条，对生产经营单位的安全生产保障、从业人员的权利和义务、安全生产的监督管理、生产安全事故的应急救援与调查处理，以及法律责任等方面作出了规定。

5. 物权法

《中华人民共和国物权法》于 2007 年 3 月 16 日由第十届全国人民代表大会第五次会议通过，自 2007 年 10 月 1 日起施行。

《物权法》的立法目的在于维护国家基本经济制度，维护社会主义市场经济秩序，明确物的归属，发挥物的效用，保护权利人的物权。《物权法》共二百四十七条，对业主的建筑物区分所有权、土地承包经营权、建设用地使用权，担保物权等方面作出了规定。

(三)行政法规

行政法规是最高国家行政机关(国务院)制定的规范性文件，效力低于宪法和法律。与工程建设密切相关的行政法规包括《建设工程质量管理条例》《建设工程勘察设计管理条例》《建设工程安全生产管理条例》《安全生产许可证条例》和《建设项目环境保护管理条例》等。

《建设工程质量管理条例》经 2000 年 1 月 10 日国务院第 25 次常务会议通过，自 2000 年 1 月 30 日发布起施行。立法目的在于加强对建设工程质量的管理，保证建设工程质量，保护人民生命和财产安全。该条例共九章八十二条，分别对建设单位、施工单位、监理单位和勘察、设计单位的质量责任和义务，以及建设工程的质量保修和监督管理作出了规定。凡在中华人民共和国境内从事建设工程的新建、扩建等有关活动及实施对建设工程质量监督管理的，必须遵守本条例。

《建设工程勘察设计管理条例》经 2000 年 9 月 20 日国务院第 31 次常务会议通过，自 2000 年 9 月 25 日施行。立法目的在于加强对建设工程勘察、设计活动的管理，保证建设工程勘察、设计质量，保护人民生命和财产安全。该条例共七章四十五条，分别对勘察设计的资质资格管理、建设工程勘察设计发包与承包、建设工程勘察设计文件的编制与实施等作出了规定。

《建设工程安全生产管理条例》经 2003 年 11 月 12 日国务院第 28 次常务会议通过，2003 年 11 月 24 日公布，自 2004 年 2 月 1 日起施行。立法目的在于加强建设工程安全生产监督管理，保障人民群众生命和财产安全。《建筑法》和《安全生产法》是制定该条例的基本法律依据，是《建筑法》和《安全生产法》在工程建设领域的进一步细化和延伸。该条例共八章七十一条，分别对建设单位、施工单位、工程监理单位，以及勘察、设计和其他有关单位的安全责任作出了规定。在中华人民共和国境内从事建设工程的新建、扩建、改建和拆除等有关活动及实施对建设工程安全生产的监督管理，必须遵守本条例。

《安全生产许可证条例》经 2004 年 4 月 7 日国务院第 34 次常务会议通过，自 2004 年 1 月 13 日起正式施行。立法目的在于严格规范安全生产条件，进一步加强安全生产管理，防止和减少生产安全事故。该条例共二十四条，对安全生产许可证的颁发管理作出了规定。依据《安全生产许可证条例》，原建设部于 2004 年 7 月 5 日发布施行了《建筑施工企业安全生产许可证管理规定》，适用于从事土木工程、建筑工程、线路管道和设备安装工程及装修工程的新建、扩建、改造和拆除等有关活动的企业。

(四)地方性法规

地方性法规是指省、自治区、直辖市以及省、自治区人民政府所在地的市和经国务院批准的较大的市的人民代表大会及其常委会，在其法定权限内制定的法律规范性文件，如《北京市招标投标条例》《黑龙江省建筑市场管理条例》和《深圳经济特区建设工程施工招标投标条例》等。地方性法规只在本辖区内有效，其效力低于法律和行政法规。

(五)行政规章

行政规章是由国家行政机关制定的法律规范性文件，包括部门规章和地方政府规章。

部门规章是由国务院各部、委制定的法律规范性文件，如原建设部制定颁布的《住宅室内装饰装修管理办法》和《建筑业企业资质管理规定》，国家发改委、原建设部、原铁道部等七部委联合审议颁布的《工程建设项目施工招标投标办法》等。部门规章的效力低于法律和行政法规。

地方政府规章是由省、自治区、直辖市以及省、自治区人民政府所在地的市和国务院批准的较大的市的人民政府所制定的法律规范性文件，如《北京市建设工程施工许可办法》(2003年11月25日北京市人民政府第139号令颁布)。地方政府规章可以规定的事项包括：为执行法律、行政法规、地方性法规的规定需要制定规章的事项；属于本行政区域具体行政管理的事项。地方政府规章的效力低于法律和行政法规，也低于同级或上级地方性法规。

地方性法规与部门规章之间对同一事项的规定不一致，不能确定如何适用时，由国务院提出意见，国务院认为应当适用地方性法规的，应当决定在该地方适用地方性法规的规定；认为应当适用部门规章的，应当提请全国人民代表大会常务委员会裁决；部门规章之间、部门规章与地方政府规章之间对同一事项的规定不一致时，由国务院裁决。

(六)最高人民法院司法解释规范性文件

最高人民法院对于法律的系统性解释文件和对法律适用的说明，对法院审判有约束力，具有法律规范的性质，在司法实践中具有重要地位和作用。在民事领域，最高人民法院制定的司法解释文件有很多，如《关于贯彻执行〈中华人民共和国民法通则〉若干问题的意见(试行)》《关于审理建设工程施工合同纠纷案件适用法律问题的解释》等。

(七)国际条约

国际条约是指我国作为国际法主体同外国缔结的双边、多边协议和其他具有条约、协定性质的文件，如《建筑业安全卫生公约》等。国际条约是我国法的一种形式，同样具有法律效力。

第六节　信　息　平　台

现代信息技术的发展，特别是计算机网络技术的迅速发展，使得大型工程沟通更加方便，信息传递更加有效，加速了建筑业的信息化发展进程。信息技术在工程管理中的应用正在从分散的独立系统向集成的互联网甚至物联网系统发展。信息网络作为信息交流和管理不可缺少的工具，在工程管理中起着越来越重要的作用。例如，工程设计软件、招投标报价软件、进度计划管理软件、合同管理软件、材料管理软件等与工程管理的每一步都息息相关。工程管理的信息化对于工程管理的规划、设计、施工与运营管理等环节都有着深刻的影响。

信息化就是使用先进的信息技术，实现对信息资源的开发和利用，以达到从工业社会向信息社会的转化。信息化是以网络技术、通信技术等高科技手段为依托，以信息资源的开发利用为核心，来调整企业内部的产业结构和管理模式。工程管理信息化就是指从工程项目的规划、设计、招标、概预算、计划、合同、进度一直到竣工结算，在工程运营的过程中充分利用现代信息技术和信息资源，逐步提供工程管理集约化的经营管理程度。

在 1976 年推出实体关系图(ER)后，在我国的工程管理领域，ER 图仍然是广泛地应用在教学和实践中。在 20 世纪 70 年代末，数据流图开始用于结构分析和设计，但关系模型仍然占数据库模型的主导地位。统一建模语言(UML)开始于 1993 年，现在也得到了广泛的应用。目前，工程行业内大多数公司和机构使用了计算机，但计算机往往是应用于报表和文字处理等工作，或者仅仅用了处理单项业务以及使用单机版的软件工具。因此，信息"孤岛"还广泛存在，网络技术和云计算还远远没有发挥出优势。现有的管理方法的优化并不能依靠信息化手段的简单堆积。根据调查，计算机技术除了在财务管理、工程概预算和项目管理等几项单一的应用外，我国目前尚未形成集成化的管理与应用。工程建设行业在不断完善管理体系和调整工作流程的过程中，对工程管理信息化的需求已经越来越迫切。例如，政府的监督、生产过程的监控、企业单位的管理等都需要及时准确的一手信息。工程管理需要能够在一个集成化的系统中获得大量的业务信息，如工程资产信息、设备材料信息、合作信息等。工程管理也需要与相关业务单位进行在线合作、业务交流、数据传输等。工程管理信息化的必要转变就是要以业务数据为中心，全面提升企业的综合管理水平，实现管理创新，提高运作效率。

近年来，在不少工程企业中，已经成功建立了信息网络，并将信息网络作为信息交流和管理不可或缺的工具。有的企业开发了企业管理信息系统，在计算机系统平台上处理企业的各项工作。更多的企业在工作中使用了各类专业软件，如专业设计软件、招标报价软件、进度计划管理软件、合同管理软件、材料管理软件等。建筑信息模型(BIM)更是得到了业内人士的广泛关注，BIM 是继 CAD 之后的新技术，BIM 在 CAD 的基础上扩展了更多的软件程序，如工程造价、进度安排等。此外，BIM 还蕴藏着服务于设备管理等方面的潜能。BIM 的发展给工程建设各方带来了巨大的益处，它可以解决项目不同阶段、不同参与方、不同应用软件之间的信息结构化组织管理和信息交换共享，使得合适的人在合适的时候得到合适的信息，而且这个信息准确、及时、够用。

建筑业信息化可以划分为技术信息化和管理信息化两大部分，技术信息化的核心内容是建设项目生命周期管理，企业管理信息化的核心内容则是企业资源计划。不管是技术信息化还是管理信息化，建筑业的工作主体是建设项目本身，因此，没有项目信息的有效集成，管理信息化的效益就很难实现。BIM 作为建设项目信息的承载体，把其他技术信息化方法(如 CAD/CAE 等)集成了起来，从而成为技术信息化的核心、技术信息化横向打通的桥梁，以及技术信息化和管理信息化横向打通的桥梁。

本 章 小 结

工程管理专业知识体系由人文社会科学知识、自然科学知识、工具性知识和专业知识四部分构成，而专业知识由土木工程或其他工程领域技术基础、管理学理论和方法、经济学理论和方法、法学理论和方法、计算机及信息技术五个知识领域构成。

建筑是建筑物和构筑物的总称。建筑三要素是建筑功能、建筑物质技术条件和建筑形象。工程结构必须满足外部荷载的需要，结构将其所承受的荷载传至其支承结构，再传至基础，通过基础传至地基。工程结构分析的基本原理可以概括为：分解、简化、组合三个过程，通过分解，工程结构体系都可以转化为板、梁、柱、拱等简单的基本结构体系。材料依照其在建筑物上的使用性能，大体可分为：墙体围护材料、建筑结构材料、建筑功能材料。

工程项目的主要约束条件是工期进度、质量标准、投资额度。工程管理的基本职能是计划、协调、组织、控制、监督。工程项目的经济性可以用净现值、内部收益率和投资回收期等技术经济指标予以预测、比较和综合分析。

建设法律体系的基本框架由纵向结构和横向结构组成。从建设法律体系的纵向结构看，按照现行的立法权限可分为五个层次，即法律、行政法规、部门规章和地方性法规、规章。从建设法律体系的横向结构看，包括建设方面的法律、行政法规、部门规章和与建设活动关系密切的相关法律、行政法规、部门规章两个方面。

思 考 题

1. 工程管理专业的五个知识领域是什么？各个知识领域的必要性是什么？
2. 建设工程技术发展的趋势有哪些？
3. 管理的职能有哪些？结合案例加以说明。
4. 如何评价一个工程项目全寿命周期的经济性？
5. 我国建设法规体系的基本框架是什么？
6. 现代信息技术在工程管理行业的应用有哪些？

第三章

工程管理专业教学体系

【学习要点及目标】

通过本章的学习,掌握工程管理专业培养目标、专业方向、课程体系;了解国外和我国工程管理专业的起源与发展、工程管理专业学科设置。

【关键概念】

专业发展　学科设置　培养目标　专业方向　课程设置

第一节　工程管理专业的发展

几十年来，伴随社会经济环境的巨大变化和工程建设的大量实践，工程管理专业在全球范围内得以稳定发展。目前，工程管理高等教育在培养方向、课程设置、教学手段、教学评估等方面不断完善，工程管理教学体系建设日臻成熟。

一、国外工程管理专业概况

工业发达国家和地区的工程管理(建筑管理类)专业起步较早、发展较快，现已发展成为一个相对独立、办学规模稳定和教学体系健全的专业，尤以美国和英国为典型。

普遍认为，现代成体系的工程管理专业教育始于工业革命，如英国的工料测量(Quantity Surveying，QS)课程已有 200 多年历史。普遍形成独立的本科专业则是在 20 世纪 50 年代以后，如美国设立建筑工程管理(Construction Management，CM)学士学位。到 20 世纪末，美国已有八十余所院校设有独立于工商管理学院的建筑管理院系。工程管理类人才的培养方向主要有两类：一类是面向建筑行业的工程管理(Construction Management)，该类专业的学生培养目标定位为：通过全面而均衡的教育，使学生得到终身学习的能力，获得建筑领域专业知识、专业意识和领导能力，服务于建筑业和社会。从事此类人才培养的大学有路易斯安那州立大学(Louisiana State University)、克莱姆森大学(Clemson University)、南方理工州立大学(Southern Polytechnic State University)、佐治亚理工学院(Georgia Institute of Technology)和佛罗里达大学(University of Florida)等。美国建设教育委员会(American Council for Construction Education，ACCE)对其国内该类专业的培养单位有指导和评估的职能。另一类则是面向其他特定行业的工程管理(Engineering Management)，该类专业的学生培养目标定位为：具有组织与管理工程技术项目能力的复合型人才。美国工程管理学会(American Society for Engineering Management, ASEM)为美国该类专业人才培养提供指导，同时该学会通过连续举办工程管理年会、出版工程管理手册等方式来提升工程管理的理论与方法。从事此类人才培养的学校包括斯蒂文斯理工学院(Steven Institute of Technology)、美国军事专科学院(United States Military Academy)、罗拉密苏里大学(University of Virginia)、佛蒙特大学(University of Vermont)、弗吉尼亚大学(University of Virginia)和圣克劳得州立大学(St.Cloud State University)等院校。

美国工程与技术认证委员会(ABET)制定了对专业人才培养的 11 条评估标准，工程管理专业毕业生的实践能力应满足以下方面的要求。

(1) 兼具工程、管理、法律等多方面的知识；

(2) 具备计算机操作、英文写作及沟通的能力；

(3) 有根据需要编制工程文件、设计组织架构、解决技术问题的能力；

(4) 具备接受多种训练的综合能力；

(5) 具备验证、指导及解决工程问题的能力；

(6) 具备基本的职业道德和社会责任感；

(7) 具备良好的表达和沟通能力；

(8) 具备在全球化背景下应对工程环境变革的能力；

(9) 具备终生学习的能力；

(10) 具备思想与认识随时代发展和技术进步不断更新的能力；

(11) 具备应用各种技术和现代工程工具去解决实际问题的能力。

英国建筑工程管理专业培养目标(表 3-1)兼顾专业技能和综合素质，将优秀管理者不可或缺的沟通、协调、领导能力的培养与专业教育并重。例如，英国里丁大学(University of Reading)在培养计划中提出自我调整技能(Transferable skills)，包括IT(文字处理、电子数据表、CAD、计划编制软件)技能、撰写报告、口头表达、团队合作、解决问题、信息收集、时间管理、商业意识和职业规划与管理等。通过不定期地组织研讨和参与实际工程项目等方式为学生创造锻炼机会，使其综合能力得到全面提升。

表 3-1 英国建筑工程管理专业培养目标

学制	学位	培养目标	主要就业方向
三年	理学学士	掌握现代建筑业必备的管理、商务、技术等方面的知识和技能，达到专业协会对行业准入的基本资质要求，培养综合素质(IT、表达能力、团队合作等)，为发展成为项目经理奠定扎实的理论和技术基础	建筑企业 咨询公司 公共服务部门 工料测量部门

此外，英国的专业协会认可制度与高校专业教育有机结合。英国高校建筑工程管理专业接受教育部门和相关行业协会的双重评估。教育部门主要就培养目标、教学计划、师资力量、学校软硬件条件进行评估；而行业协会将学校专业课程体系设置的合理性，人才培养目标是否适应社会需求等作为评价标准。英国开设建筑工程管理专业的学校必须通过行业协会，如英国皇家特许测量师学会(RICS)、英国皇家特许建造学会(CIOB)等的评估，否则学校毕业生不能得到社会承认，难以进入专业所对应的行业工作。英国建筑工程管理专业教育不仅是进入建筑管理行业的门槛，也为学生今后申请成为行业协会正式会员奠定必要的知识和学历基础。高等学校和专业协会会共同完成建筑管理人员从初级人才到业内高级人才的培养过程，真正贯彻终身教育的理念，如图 3-1 所示。

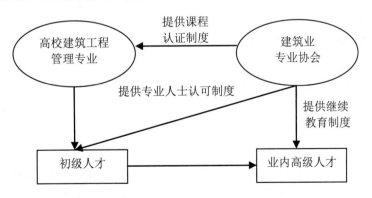

图 3-1 英国建筑工程管理人才培养模式

英国建筑工程管理专业理论教学按照"基础课程——平台——课程——方向课程"的模式安排。但英国教学计划的安排弹性更大，具体表现在专业选修课范围广、科目多、专业方向自主选择。以里丁大学为例，该校的建筑工程管理学院(School of Construction Management and Engineering)开设了四个三年制本科专业方向：建筑施工管理(Building Construction and Mamagement)、建筑测量(Building Surveying)、工程管理与测量(Construction Management and Surveying)和工料测量(Quantity Surveying)，毕业生授予理学学士学位(Bachelor of Science)。四个专业方向前两年开设的课程都相同，为基础课程和平台课程。第二学年结束，学生不受入学时申请的专业方向的限制，都可根据个人兴趣和职业发展规划重新选择专业方向。第三学年则集中精力于所选专业方向理论课程的学习。

英国学生的学习方式灵活多样。理论教学常将学生分为 15 人左右的小班进行，每门课的课程指南会引导学生在课前搜集、阅读、整理与课程有关的材料，并在课堂上展开讨论，调动学生的积极性。学生有机会在老师指导下以团队合作形式参与实际项目，加强理论与实践的联系。第三年则注重学生个性化发展，鼓励学生发挥个人主观能动性，踊跃参与专业研讨会或实际工程项目。考核方式也形式多样，包括随堂测试、论文、报告、口头或书面陈述及参与项目等，全方位地考察学生的综合素质。

二、我国工程管理专业概况

我国高等学校工程管理专业最早起源于土木工程学科，主要领域为建筑工程施工的组织和管理。受我国工程技术行业传统的"重技术轻管理"思想的影响，工程管理专业在较长时期内并未得到足够的认可和重视。新中国建立初期，国家处于百废待兴的状态，社会主义经济建设尤其是基础设施建设急需大量资金和人才。为适应大规模工程建设需要，1956年同济大学开设了"建筑工业经济与组织"专业，西安建筑工程学院设置了建筑工业经济组织与计划管理专业，学制五年，首次将工程管理设置为独立的本科专业，率先明确和提升了工程管理专业在建筑行业中的层次和地位，为工程管理专业的后续发展奠定了基础。1978 年，中断的管理类专业陆续恢复。工程管理对国家经济建设的重要作用得到重新认识，国内部分高校相继创办了建筑管理工程专业。此后的几十年里，为适应国家经济体制的转变和经济建设不断发展变化的需要以及高校教育学科的调整，建设管理类专业几易其名。1998 年，根据教育部《普通高等学校本科专业目录》的规定，工程管理专业整合了原专业目录中的建筑管理工程、国际工程管理、房地产经营管理(部分)等专业，成为具有较强综合性和较大专业覆盖范围的新专业。2012 年，教育部颁布新的《普通高等学校本科专业目录》，又将"工程管理"拆分为工程管理、房地产开发与管理、工程造价三个本科专业，如图 3-2 所示。

近年来，伴随我国经济建设的持续高速发展，工程项目的大量实践助推工程管理在基础理论和技术方法等方面日趋完善，工程管理在社会经济发展中的重要地位和作用得到普遍认同和高度重视。高校工程管理专业教育、教学体系也逐步健全。工程管理专业成为改革开放以来我国高等教育发展最快、收效最好的专业之一。

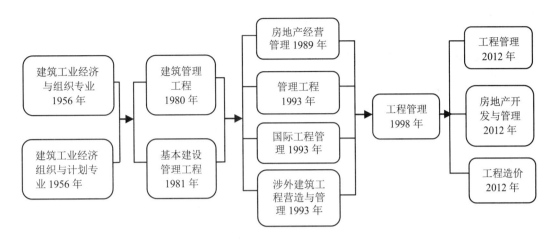

图 3-2　工程管理专业沿革

在办学规模方面，1999 年设置工程管理专业本科层次院校 70 所，2000 年新增 22 所，2001 年新增 15 所，2002 年新增 25 所，2003 年增至 255 所，2006 年增至 310 余所，2011 年达到 438 所，其中工程管理专业 366 所，房地产经营管理专业 44 所，工程造价专业 38 所，招生人数年均增长 12%，2011 年在校学生总人数为 14.6 万人，毕业人数 2.4 万人，招生人数 4.2 万人，招生规模成为高校土建类学科中仅次于土木工程的第二大专业类别。2012 年工程管理本科专业新增院校 17 所，2013 年新增 14 所，2014 年新增 10 所，2015 年新增 18 所，2016 年新增 16 所。目前工程管理本科专业院校已达到 513 所，工程管理专业办学规模的迅速扩大和办学条件的不断改善，为我国近年来持续发展的工程建设提供了一大批从事工程管理及相关工作的专业人才。

在办学类型方面，目前设置工程管理类专业的院校主要分布在综合类院校、理工类院校、矿业类院校、电力类院校、财经类院校和职业技术院校。

在培养层次方面，工程管理专业的专科、本科、硕士、博士教育都得到了长足发展。在国务院学位委员会和教育部 2011 年颁布的《学位授予与人才培养学科目录》中，未设置与"工程管理"名称一致的学科。目前各高校均以在一级学科范围内自主设置二级学科的方式，在管理科学与工程、土木工程等一级学科下设置"工程管理""项目管理""工程与项目管理""建设工程管理"等二级学科的方式招收硕士、博士研究生。

三、工程管理专业学科设置

依据教育部颁布的《普通高等学校本科专业目录(2012 年)》和《普通高等学校本科专业设置管理规定》，目前我国设置了哲学、经济学、法学、教育学、文学、历史学、理学、工学、农学、医学、管理学、艺术学 12 个学科门类。其中，管理学门类下设管理科学与工程类、工商管理类、农业经济管理类、公共管理类、图书情报与档案管理类、物流管理与工程类、工业工程类、电子商务类、旅游管理类等 9 个专业类，46 种专业。工程管理专业(专业代码 120103，授管理学或工学学士学位)属于管理学门类下管理科学与工程类专业，如表 3-2 所示。

表 3-2　管理科学与工程类专业设置

序　号	学科门类	专　业　类	专业名称	备　注
12	管理学			
1201		管理科学与工程类		
120101			管理学	可授管理学或理学学士学位
120102			信息管理与信息系统	可授管理学或工学学士学位
120103			工程管理	可授管理学或工学学士学位
120104			房地产开发与管理	
120105			工程造价	可授管理学或工学学士学位

第二节　工程管理专业培养目标与方向

一、工程管理专业培养目标

《高等学校工程管理本科指导性专业规范》中指出：工程管理专业培养适应社会主义现代化建设需要，德、智、体、美全面发展，掌握土木工程或其他工程领域的技术知识，掌握与工程管理相关的管理、经济和法律等基础知识，具备较高的专业综合素质与能力，具有职业道德、创新精神和国际视野，能够在土木工程或其他工程领域从事全过程工程管理的高级专门人才。

工程管理专业毕业生可报考建造师、造价工程师、监理工程师等国际执业资格，能够在建设工程的勘察、设计、施工、监理、项目管理、投资、造价咨询等领域和房地产领域的企事业单位、相关政府部门从事工程管理及相关工作，以及在高等学校工程管理专业和相关专业从事教育、培训和科研等工作。

因此，工程管理本科专业学生要系统地学习工程管理相关的技术、经济、管理和法律等基本知识，接受专业实习、课程设计、专业综合实验、毕业实习等实践教学，以及与其相关的基本技能与方法的训练，具备从事工程项目管理及研究工作的初步能力。

工程管理专业毕业生应获得以下几方面的知识和能力。

(1) 掌握工程经济学的基本理论与方法，现代项目管理的基本知识和方法；

(2) 掌握工程管理专业相关技术知识；

(3) 掌握工程项目建设的政策与法规；

(4) 具有综合运用基本理论知识从事工程管理的基本能力；

(5) 具有基本的管理沟通、协同合作和组织实施的工作能力；

(6) 具有阅读工程管理专业外语文献的基本能力；

(7) 具有运用计算机辅助解决工程管理问题的能力；

(8) 掌握文献检索、资料查询的基本方法，具有初步的科学研究能力；

(9) 具有创新意识和初步创新能力，能够在工作、学习和生活中发现、总结、提出新观点和新想法。

二、工程管理专业方向

我国工程管理作为专业名称是 1998 年教育部调整本科专业目录时确定的，但工程管理专业(或方向)的设置和高等教育在 80 年代初就已开始，只是其专业口径较小。为了拓宽专业面，增强适应性，1998 年国家调整本科专业目录时，将原管理工程(建筑管理工程方向和基本建设管理方向)、房地产经营管理(部分)、涉外建筑工程营造与管理、国际工程管理等四个专业(或方向)归并为工程管理专业。国内高等院校现有的工程管理专业大都来源于以上专业(或方向)，并在此基础上根据各校办学特点分出不同的专业分支，形成了目前的专业设置状况。

目前工程管理专业主要有：工程项目管理方向、房地产经营与管理方向、投资与造价管理方向、国际工程管理方向、物业管理方向等五个相关专业。各高等院校根据各校不同的办学特色开设不同的专业方向。

1. 工程项目管理方向

工程项目管理方向的毕业生主要适合于从事工程项目的全过程管理工作。该方向毕业生初步具有进行工程项目可行性研究，一般土木工程设计，工程项目全过程的投资、进度、质量控制及合同管理、信息管理和组织协调的能力。

2. 房地产经营与管理方向

房地产经营与管理方向的毕业生主要适合于从事房地产项目的定位策划、总体规划与创新设计，以及房地产开发与经营管理的日常工作。该方向毕业生初步具有分析和解决房地产经济理论问题及房地产项目的开发与评估、房地产市场营销、房地产投资与融资、房地产估价、物业管理和房地产行政管理的能力。

3. 投资与造价管理方向

投资与造价管理方向的毕业生主要适合于从事项目投资与融资及工程造价全过程管理工作。该方向毕业生初步具有项目评估、工程造价管理，编制招标、投标文件和投标书评定，编制和审核工程项目估算、概算、预算和决算的能力。

4. 国际工程管理方向

国际工程管理方向的毕业生主要适合于从事国际工程项目管理工作。该方向毕业生初步具有国际工程项目招标与投标、合同管理、投资与融资等全过程国际工程项目管理的能力及较强的外语应用能力。

国际工程管理方向在技术、经济、管理平台上与工程管理专业并没有太大区别。对其专业方向应强调其面向国际建筑市场的特点，通过开设《FIDIC 合同条件》《国际工程项目管理》《国际工程合同管理》等课程，加强该专业方向学生适应国际市场的能力。

5. 物业管理方向

物业管理方向的毕业生主要适合于从事物业管理工作。该方向毕业生初步具有物业资产管理和运行管理能力，包括物业的财务管理、空间管理、设备管理和用户管理能力，物业维护管理及物业交易管理能力。

第三节　工程管理专业课程体系

根据全国高等学校工程管理和工程造价学科专业指导委员会制定的《高等学校工程管理本科指导性专业规范》，各高等学校设置的工程管理专业本科课程体系应根据《专业规范》提出的培养目标及教学要求，并结合自身特色构建。工程管理专业的教学内容分为：知识体系、实践体系和创新训练三部分。工程管理专业本科教学应通过有序的课题教学、实践教学和相关课外活动，实现学生知识结构中不同学科知识的深度融合与能力提高。

一、知识体系

知识体系由人文社会科学知识、自然科学知识、工具性知识、专业知识四部分构成。专业知识由土木工程或其他工程领域技术基础、管理学理论和方法、经济学理论和方法、法学理论和方法、计算机及信息技术五个知识领域构成。工程管理专业的知识体系如图 3-3 所示。

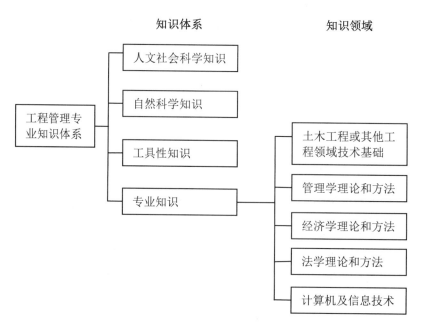

图 3-3　工程管理专业知识体系

按照专业知识领域划分，专业课程可分为：技术类课程、管理类课程、经济类课程、法律类课程和信息类课程。

技术类课程包括：《土木工程概论》《工程力学》《工程结构》《工程测量》《施工技术》《城市规划》《工程材料》等。

管理类课程包括：《工程管理导论》《管理学》《工程项目项目管理》《工程估价》《运筹学》《应用统计学》《工程合同管理》等。

经济类课程包括：《经济学原理》《工程经济学》《工程财务》《会计学》等。

法律类课程包括：《建设法规》《经济法》等。

信息类课程包括：《工程管理软件应用》《工程造价管理软件应用》《建筑信息模型》等。

二、实践体系

工程管理专业的实践体系包括各类教学实习(课程实习、生产实习、毕业实习)、实验、设计、专题讲座与专题研讨等环节。通过实践教学，培养学生发现、分析、研究、解决工程管理实践问题的综合实践能力和初步的科学研究能力。

工程管理本科专业实验领域包括基础实验、专业基础实验、专业实验等。基础实验包括计算机及信息技术应用试验等实践单元；专业基础实验包括工程力学实验、工程材料试验、混凝土基本构架实验等实践单元；专业实验按工程类别设置工程管理类软件应用实验等实践单元。

工程管理专业实习包括认识实习、课程实习、生产实习、毕业实习等四个实践环节。认识实习按工程管理专业知识的相关要求安排，实习内容应符合专业培养目标要求；课程实习包括工程施工、工程测量及其他与专业有关的实习内容；生产实习与毕业实习应根据各高等学校自身办学特色，选择培养学生综合专业能力的实习内容。

工程管理专业设计领域包括课程设计和毕业设计(论文)。《专业规范》以举例方式提出课程设计和毕业设计(论文)教学目标与内容的原则要求，各高等学校根据自身实际情况适当调整。对于有条件的高等学校，建议采用毕业设计。

三、创新训练

创新能力训练与初步科研能力培养应贯穿于整个本科教学和管理工作中。在专业知识教学中，通过课堂教学实现创新思维与研究方法的训练；在实践训练中通过实验、实习和设计，掌握创新方法和创新技能；同时提倡和鼓励学生参加创新实践与课外学术研究活动，如国家大学生创新创业训练计划，学校大学生科研训练计划，相关专业或学科的竞赛，学术性社团活动等，实现创新能力的培养。

有条件的高等学校可开始创新训练课程，或采用专题讲座、专题研讨等多种方式，开展创新训练。

第四节　工程管理主要专业课程介绍

下面主要介绍工程管理专业必修课和主要选修课课程任务和主要内容。因为通识必修课和学科基础必修课由学校统一规定统一开设，这里着重介绍专业课程的主要内容。

一、土木工程概论

1. 课程任务

(1) 正确认识课程的性质、任务及其研究对象，全面了解课程的体系、结构，对建筑工程有一个总体理解。

(2) 牢固掌握建筑工程技术的基本概念，掌握常用建筑材料、主要建筑构造要求和施工图的识读方法，了解建筑工程的发展趋势。

(3) 学会理论联系实际，对施工现场不同的工程可以利用所学的知识得以认识理会，为以后学习工程管理其他专业课程打下良好的基础。

2. 课程主要内容

绪论：土木工程概论课程的专业地位、土木工程的发展、土木工程的类型。

建筑工程的建设与使用：建筑工程、建设程序、房屋的建造、建筑设计、房屋的使用。

房屋建筑识图：建筑制图与建筑识图、组合体投影、工程形体的表达方法、施工图常用符号、施工图的阅读方法、建筑施工图的阅读、结构施工图的阅读。

建筑构造：地下室、墙体、楼地层、屋顶、楼梯与电梯、门窗。

建筑结构与构造：建筑结构形式、各种材料的房屋结构、结构体系与构件、地基与基础。

建筑材料：建筑材料的分类、材料的力学性质、无机胶凝材料、混凝土、建筑砂浆、墙体材料及屋面材料、建筑钢材、建筑塑料、防水材料、装饰材料、建筑功能材料。

二、工程力学

1. 课程任务

(1) 通过本课程的学习，使学生具备系统的工程力学基本知识，对后续专业课有必不可少的指导作用。

(2) 系统地解决了工程结构中构件设计的基本要求，为学习有关专业课程打下良好的基础。

(3) 研究作用在结构(或构件)上力的平衡关系，构件的承载能力及材料的力学性能，为保证结构(或构件)安全可靠及经济合理提供理论基础和计算方法。

2. 课程主要内容

绪论：建筑力学的研究对象、任务及特点，力的基本概念及结构分析中的基本假设。

结构分析的静力学基本知识：静力学的基本公理，荷载、约束、结构的计算简图，结构及构件的受力图、力系的简化与平衡。

平面体系的几何组成分析及结构的计算简图：几何可变体系与几何不变体系、几何不变体系的组成规则和平面体系的几何组成分析、结构计算简图的分类。

静定结构的受力分析：静定结构的分类、静定结构支座反力的计算、静定平面桁架的内力计算、静定梁的内力计算、静定平面刚架的内力计算。

轴向拉伸(压缩)杆的强度计算：轴向拉伸(压缩)杆的应力、轴向拉(压)杆的变形、胡克定律、材料在拉伸和压缩时的力学性质。

弯曲杆的强度计算：截面的几何性质、弯曲杆的正应力、弯曲强度计算。

结构的位移计算和刚度校核：梁的变形与位移、虚功原理和单位荷载法、静定结构的位移计算、互等定理。

三、工程结构

1. 课程任务

要求学生掌握混凝土结构、砌体结构和钢结构的基本概念、基本理论和基本技能，从而初步具有以下能力。

(1) 掌握一般工业与民用工程结构的基本理论和专业知识，具有正确识读结构施工图的能力。

(2) 具有一般结构构件分析和验算的能力，能分析和处理施工及使用中出现的一般性结构问题。

2. 课程主要内容

绪论：建筑与结构的关系、建筑结构的基本要求、建筑结构的分类、建筑结构选型。

建筑结构的设计标准和设计方法：设计基准期和设计使用年限，结构的功能要求、作用和抗力，结构可靠度理论和极限状态设计法，结构构件设计的一般内容。

结构材料的力学性能：建筑钢材、混凝土、钢筋与混凝土的相互作用——黏结力。

钢筋混凝土轴心受力构件：轴心受拉构件的受力特点、轴心受拉构件的承载力计算、轴心受拉构件的裂缝宽度验算、配有普通箍筋的轴心受压构件。

钢筋混凝土受弯构件：钢筋混凝土受弯构件的一般构造规定、受弯构件正截面性能的试验研究、受弯构件正截面承载力计算公式、受弯构件按正截面受弯承载力的设计计算、受弯构件剪弯段的受力特点及斜截面受剪破坏、受弯构件斜截面的受剪承载力计算、受弯构件斜截面受弯承载力及有关构造要求、受弯构件的裂缝宽度和挠度验收。

钢筋混凝土偏心受力构件：偏心受压构件的构造要求、偏心受压构件的受力性能、偏心受拉构件承载力。

钢筋混凝土梁板结构：整浇楼(屋)盖的受力体系、单向肋形楼盖的设计计算、双向板肋形楼盖按弹性理论的计算方法、楼梯的计算与构造。

四、工程测量

1. 课程任务

(1) 通过本课程的学习掌握测量学的基本知识、基本理论、测量各种要素(高差、角度和距离)及测量数据处理的基本方法(简单的平方差计算)。

(2) 熟悉各种常规测量仪器,并具有灵活运用测量基本知识、基本理论和基本方法于实际的测绘、测设工作的能力。

2. 课程主要内容

绪论:测量学概述、地面点位的确定、用水平面代替水准面和限度、测量工作概述。

水准测量:水准测量原理、水准测量的仪器和工具、水准仪的使用、水准测量外业工作、水准测量的内业、水准测量的误差分析。

角度测量:水平角测量原理、水平角观测、竖直角观测、水平角测量的误差、经纬仪的检验和校正。

距离测量与直线定向:钢尺量距的一般方法、钢尺量距的精密方法、钢尺量距的误差分析、直线定向。

地形图的应用:地形图的识读、地形图应用的基本内容、图形面积的量算、地形图在规划设计中的应用。

测设的基本工作:水平距离、水平角和高程的测设,点的平面位置的测设,已知坡度直线的测设。

工业与民用建筑中的施工测量:施工测量概述、建筑场地上的施工控制测量、民用建筑施工中的测量工作。

五、施工技术

1. 课程任务

通过本课程的学习,使学生基本掌握建筑工程中主要工种施工技术,并具备一定的实践操作技能,把学生培养成为理论知识与实践技能相结合的高级职业技术人才,并为将来参加技术管理和施工现场管理打下良好的基础。

2. 课程主要内容

建筑施工技术准备:施工技术准备的调查研究、施工技术准备工作分类、施工现场控制网测量、施工现场"三通一平"或"七通一平"。

土方及浅基础工程:土方工程量计算与土方调配、土壁稳定与施工排水。

桩基础工程:钢筋混凝土预制桩施工、灌注桩施工。

砌混结构工程:砌混结构房屋的构件及材料、建筑施工机械的选择、脚手架工程、砖砌体施工。

钢筋混凝土工程：钢筋工程、模板工程、混凝土工程。

预应力混凝土工程：先张法施工、后张法施工、无黏结预应力施工。

结构安装工程：起重机械、工业厂房的结构安装、结构安装工程的质量要求及措施。

防水工程：屋面防水工程、地下防水工程、楼地面防水工程。

装饰工程：抹灰工程、饰面施工。

六、工程项目管理

1. 课程任务

通过本课程的教学使学生在学习技术、经济、管理等相关专业基础课程的基础上，掌握工程项目管理的基本理论和工程项目投资控制、进度控制、质量控制的基本方法，熟悉各种具体的项目管理技术、方法在工程项目上的应用特点，培养学生有效从事工程项目管理的基本能力。

2. 课程主要内容

绪论：工程项目管理的发展历史、工程项目的特点、工程项目的生命周期、工程项目管理的指导思想和哲学思想。

工程项目管理概论：工程项目管理的概念、项目管理九大知识领域。

工程项目前期策划：工程项目前期策划工作、工程项目构思、工程项目目标设计、工程项目定义和总方案策划。

项目管理组织理论：组织论概述、工程项目管理的组织结构、项目团队管理。

工程项目范围管理：工程项目范围的确定、工程项目结构分解、工程项目范围控制。

流水施工方法：流水施工原理、流水施工的组织方法。

工程网络计划技术：网络计划技术概述、网络计划的优化。

工程项目进度控制：实际工期和进度的表达、进度拖延原因分析及解决措施。

工程项目费用管理：费用管理的程序、费用管理的本质及原则、费用控制的环节、费用控制的方法。

工程项目质量管理：工程项目质量控制原理、质量管理的七种工具、工程质量的控制。

项目沟通管理：影响沟通效果的基本要素、项目沟通的方法和技巧、项目沟通中的障碍、项目沟通计划、冲突管理、谈判。

工程项目风险管理：项目风险和项目风险管理、工程项目风险识别、工程项目风险的度量、工程项目风险应对措施的制定、工程项目风险控制。

工程项目信息管理：工程项目报告系统、工程项目管理信息系统、工程项目文档管理。

工程项目竣工验收：工程项目竣工质量验收、工程项目竣工验收程序、工程项目交付使用与档案移交、工程项目总结与综合评价。

七、工程估价

1. 课程任务

通过本课程的学习，要求掌握建筑工程估价的基本理论、基本知识，具备编制工程量清单和清单报价的能力，为学习后续相关专业课程，乃至今后从事建筑工程或工程造价专业技术工作及研究开发打下必要的理论基础，通过课程实践，利用造价软件能编制土建工程施工图预算文件。

2. 课程主要内容

工程估价概述：工程建设的基本程序，工程估价的有关概念，工程估价的特点、内容及程序，工程估价的发展趋势。

工程造价的构成：建设项目总投资的构成，设备及工、器具购置费用，建筑安装工程费用，预备费、建设期贷款利息、固定资产投资方向调节税。

工程估价的方法：工程造价定额估价方法、工程量清单的编制、工程造价工程量清单估价方法、工程量清单估价与定额估价方法的比较。

工程项目决策阶段的估价：建设项目决策与工程造价的关系、工程项目投资估算。

工程项目设计阶段的估价：民用建筑设计影响工程造价的因素，设计概算的概念、设计概算的作用，设计概算的内容。

工程项目招投标阶段的估价：工程项目招标控制价的编制、工程项目招标标底的编制、工程项目投标报价的编制与报价策略、工程合同价款的确定与施工合同的签订。

工程量计算原理：工程量计算方法、运用统筹法计算工程量。

建筑面积的计算：建筑面积计算规范。

建筑工程计量与计价：土石方工程，桩与地基基础工程，砌筑工程，混凝土及钢筋混凝土工程，屋面及防水工程，防腐、隔热、保温工程。

课程实验：利用广联达算量软件进行相关实验。

八、工程经济学

1. 课程任务

工程经济学的任务是使学生掌握工程经济学的基本方法，培养学生在实践中利用其方法分析问题和解决问题的能力，并为学生更好地学习其他有关专业课程打下良好的基础。

本课程要求学生全面掌握工程经济的基本概念、基本原理和基本方法，能运用工程经济的基本原理、方法和技能，来研究、分析和评价各种技术实践活动，以获得经济效益满意的方案，为决策提供科学依据，培养学生分析和解决实际工程经济问题的能力。

2. 课程主要内容

概论：技术与经济的关系、技术经济学的概念和特点、技术经济分析的程序和研究内容。

现金流量与资金时间价值：资金的时间价值及其有关概念、现金流量与现金流量图、资金等值及其计算方法、资金时间价值计算公式的应用。

投资、成本、收入与利润：投资，成本费用，折旧，销售收入、税收及利润。

经济性评价基本方法：静态评价方法、动态评价方法、投资方案的选择。

不确定性与风险分析：盈亏平衡分析、敏感性分析方法、概率分析、风险决策分析。

设备更新与租赁的经济分析：设备的磨损和寿命、设备的折旧、设备的经济寿命、设备更新分析的现金流量、设备更新方案的比较方法、更新分析的计算实例、设备的大修和现代化改造。

价值工程：价值工程的基本概念、指导原则和作用，价值工程的工作程序，对象选择与信息收集，功能分析与功能评价，方案的创新、评价与实施。

建设项目可行性研究：可行性研究的意义和作用、可行性研究的阶段及主要任务、可行性研究的主要内容、项目的多角度评价、可行性研究的方法。

技术创新：技术创新概述、企业技术创新、技术创新网络、技术创新政策。

九、建设法律概论

1. 课程任务

课程任务是让本专业的学生掌握有关工程建设的基本法律制度，培养学生的工程建设法律意识，使学生具备运用所学建设法律、法规基本知识解决工程建设中相关法律问题的基本能力。

2. 课程主要内容

建设法规概述：概述、建设法规立法、建设法规体系、建设法规的实施。

工程建设程序法规：工程建设程序的立法现状、工程建设程序阶段的划分、工程建设前期阶段及准备阶段的内容、工程建设实施阶段及工程竣工验收与保修阶段的内容。

城乡规划法规：城乡规划法的立法概况及适用范围、城乡规划的制定与实施、城市新区开发和旧区改建、城市规划实施的步骤与法律责任。

土地管理法规制度：土地管理法的基本概念、土地所有权、土地使用权，土地的利用和保护，建设用地，违反土地管理法的责任和处理。

建筑法法律制度：建筑法概述、建筑许可制度、建筑工程发包与承包、建筑工程监理、建筑工程安全法律制度、建筑工程质量管理、法律责任。

工程建设执业资格法规：工程建设从业单位资质管理、工程建设专业技术人员执业资格管理、工程施工现场人员执业资格管理。

城市房地产管理法律制度：房地产开发用地、房地产开发、房地产交易、城市房屋拆迁、住宅建设与物业管理、房地产权属登记管理、房地产管理中的法律责任。

建设工程发包与承包法规：建设工程招标，建设工程投标，开标、评标与中标，建设工程招投标的管理与监督。

工程建设标准法律制度：工程建设标准概述、工程建设标准的种类、工程建设强制性标准、工程建设标准的制定与实施。

十、工程项目管理软件应用

1．课程任务

通过本课程的学习，学生能够加深对项目管理的理解，并通过案例设计将所学的知识和技能用于实战。学生能够掌握 Project 的各项基本功能：任务管理，资源管理，项目管理，项目综合管理，项目优化管理；熟悉任务、资源的常用属性和模型，熟悉资源的日历管理，资源的费用模型。

2．课程主要内容

Project 与项目管理概述：项目和项目管理、Project 在项目管理中的角色。

Project 快速入门：Project 操作环境、在 Project 中选择数据域。

创建与管理项目：新建项目文档、制订项目计划、管理项目文档。

管理项目任务：创建任务、编辑任务、任务分级、设置任务工期、设置任务链接和任务信息。

管理项目资源：创建资源、设置资源信息、分配资源、管理资源库。

项目成本管理：创建项目成本、查看项目成本、分析与调整项目成本、查看分析表。

管理项目进度：设置跟踪、跟踪项目进度、查看项目进度。

美化项目文档：设置组件格式、设置整体格式、插入绘图和对象。

优化项目：优化任务、优化日程、调配资源。

项目报表管理：生成项目报表、生成可视报表、打印报表和视图。

多重项目管理：合并项目文档、建立项目间的相关性、在项目间共享资源、管理多项目。

课程实验：Project 的安装，Project 2010 的操作界面，创建新项目，输入任务、建立任务的大纲级别，输入资源、建立资源表，项目成本管理，项目进度管理，项目档案管理，高级功能的实践，报表功能。

本 章 小 结

现代成体系的工程管理专业教育始于工业革命，普遍形成独立的本科专业则是在 20 世纪 50 年代以后。美国和英国的工程管理(建筑管理类)专业起步较早、发展较快，现已发展成为一个相对独立、办学规模稳定和教学体系健全的专业。我国高等学校工程管理专业最早起源于土木工程学科，主要领域为建筑工程施工的组织和管理。1998 年教育部进行专业调整，在颁布的《普通高等学校本科专业目录和专业介绍》中，将建筑管理工程、基本建设管理工程、房地产经营管理、国际工程管理、涉外建筑工程营造与管理等专业整合并更名为工程管理专业。1999 年开始全国许多高校开始正式设置工程管理本科专业。工程管理专业(专业代码 120103，授管理学或工学学士学位)属于管理学门类下管理科学与工程类专业。

工程管理专业培养能够在土木工程或其他工程领域从事全过程工程管理的高级专门人

才。工程管理专业主要有工程项目管理方向、房地产经营与管理方向、投资与造价管理方向、国际工程管理方向、物业管理方向等五个相关专业。工程管理知识体系由人文社会科学知识、自然科学知识、工具性知识、专业知识四部分构成。

思　考　题

1．工程管理的起源是什么？

2．工程管理专业的培养目标是什么？

3．工程管理专业有几个专业方向？每个专业方向毕业生应当具备哪些知识和技能？能从事哪方面的工作？

4．为什么工程管理专业需要加强实践教学环节？

第四章

工程管理行业人才需求和职业资格制度

【学习要点及目标】

通过本章的学习，掌握工程管理行业的人才需求情况、职业资格与执业资格的区别；了解国内外工程管理行业的市场准入制度、就业方向和相关职位。

【关键概念】

人才需求　职业资格　市场准入　就业导向

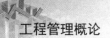
第一节　工程管理行业人才需求

随着我国经济的持续发展和交通、能源等基础设施投资的迅速增加，房屋建筑、公路、铁路、民航机场、港口与航道、水利水电、电力、矿山、冶炼、石油化工、市政公用、通信与广电、机电安装和装饰装修等行业建设工程数量仍将保持较大幅度的增加，工程规模也将不断扩大，工程管理行业必然需要更多、更强的从业人员。然而，在充分肯定我国工程管理行业已经取得巨大成绩，工程管理从业人员素质总体上不断提高的同时，应该清醒地认识到我国工程管理从业人员素养与工程管理实践需要之间客观存在的较大差距。通过工程管理专业教育培养大批合格的工程管理人员，是优化工程管理从业人员结构，提高我国工程管理水平的主要措施之一。

一、我国工程管理从业人员现状

以建筑业为例。目前全国建筑业从业人数已超过 4000 万人，占全社会从业人数的 5.5%，施工工人队伍之中，80%是仅具有初中以下文化程度，未经培训，缺乏基本的操作技能和安全知识的农民工；专业技术人员和经营管理人员的人员总数占建筑业从业人员总数的比例远远低于全国各行业的平均水平。从管理和技术人员队伍素质来看，复合型、高水平的科技人员不多；科研开发型人才偏少，科技成果转化能力较弱，技术创新能力差。项目管理人才，尤其是懂得国际工程管理的总承包项目管理人才、懂得工程索赔的合同管理人才、懂技术善经营的企业经营管理人才严重缺乏。部分技术和管理人员的知识结构不尽合理，既熟悉建筑工程技术又熟悉管理、经济、法律的人才较少；外语水平较高且能熟练地进行对外工作交流，能够从事国际化经营的人才更为稀缺。在国际工程承包中常常出现管理人员、技术人员不懂外语，懂外语的人员不懂经营和技术的尴尬情况。

我国工程咨询机构(如投资咨询公司、监理公司、造价咨询公司等)从业人员主要由勘测设计研究院、施工企业技术骨干和相应专业的本、专科毕业生等组成。人员普遍存在市场观念较差，综合能力较弱的状况，对市场开发、合同管理和法律法规等方面了解不足，能够从事的工程咨询业务范围单一。如只能进行投资立项前的评估、设计，或只能进行施工过程监理等，普遍缺乏对工程全过程进行管理的能力。从业人员知识结构不尽合理，综合运用能力不强的状况较为突出，特别是缺乏外向型、复合型人才和熟悉 WTO 条文、精通国际惯例、外语水平高和懂法律的人才。

综上所述，我国工程管理行业现有人员状况可归纳为：大量工程管理人才在各自岗位上已经或正在发挥重要的作用；但较为普遍的存在知识面过窄，综合管理能力不强，协调沟通能力和资本运作能力较弱，面向国际市场的能力较差，创新思维、系统思维能力和团队协作精神不足等问题。

二、工程管理人才需求

工程活动已经成为了人类的中心活动领域，与工程有关的问题往往是人类面对的关键问题。一方面，工程作为直接的、现实的生产力，将持续地塑造人类当前和未来的存在状况。现代工程的重大突破，必将促进一系列以知识和信息为基础的新产业部门的形成，改造、更新和提升传统工业。城市化的进程与方式由粗放式扩张向集约型内涵发展转变，企业的组织结构和劳动就业结构将发生显著变化，企业管理制度和整个经济的管理方式也将发生变革，并改变传统经济运行规则。人们的劳动方式、工作方式、生活方式、休闲方式等都将发生巨大变化，从而改变人们的思想观念、道德观念和思维方式。另一方面，作为面向未来的人类行动，工程活动包含着风险和不确定性。人类社会面临的突出问题的产生与工程有着千丝万缕的联系。无论是食品安全问题、环境污染问题、温室效应问题，还是大规模杀伤性武器的研制、信息技术和生物工程所引发的伦理问题等，都是明显的例证。可见，从事工程活动，也就意味着对人类未来的一种谋划，意味着对人类生存状况的一种重建。就此而言，那些直接参与工程创新活动的工程管理人才，担负着通过工程来营造人类未来的重大使命。

鉴于工程塑造未来的作用越来越大，鉴于工程中包含的风险问题也会越来越严峻，未来的工程对工程管理人才的要求就会与过去有所不同。为了适应工程实践的需要和应对经济全球化、市场国际化的挑战，工程管理人才在具有良好的知识结构，较强的沟通、协调和分析问题、解决问题能力的同时，必须在下述方面提高素养，才能成为称职的工程管理者。

第一，工程管理者必须具备较强的组织领导才能。随着工程在社会发展中的作用越来越重要，随着科学、技术、工程和社会之间的互动越来越强，工程管理者会有越来越多的机会扮演组织者和领导者的角色。优秀的工程管理者必须掌握组织领导原则并能够实践这些原则，有能力处理工程活动中的可能冲突，更多地介入公民社会和公共政策讨论，成为各个专业工程领域的重要角色，参与工程项目的规划、设计和建设，为所效力的机构创新发展做出贡献，在工程领域、政府组织、非政府组织、研究机构、教育机构等发挥作用，展示才能。

第二，工程管理者需要知识，更需要智慧，需要有开放的头脑和灵活的整体思维能力。为此，工程管理者应该清醒认识工程项目在"自然——社会——人文"关联中的位置和作用，正确把握工程管理在"自然——人文——社会"三元互动系统中的地位和价值，不仅能够看到工程的经济价值，而且还能看到工程的非经济价值；不仅能够站在投资者和管理者的角度评价工程价值，而且能够站在全社会的角度评价工程的价值(包括负面价值)，并努力找到协调这些价值目标的可能途径，使工程活动真正服务于可持续发展与和谐社会的建设目标。

第三，工程管理者需要明了自己肩负的伦理责任。工程是一个汇聚了科学、技术、经济、政治、法律、文化、环境等要素的系统。工程必然涉及利益、风险和责任的分配，伦理在其中起着重要的定向和调节作用。工程系统的复杂性越来越高，工程系统的规模越来越大，工程系统运行带来的意想不到的风险也越来越高。工程能为社会经济发展和人民生活水平提高奠定坚实基础，工程也可能引发一系列人类不得不面对的重大风险。工程管理者需要有很高的伦理标准和很强的职业操守，谨慎应对工程可能包含的风险，严格履行自己肩负的社会责任。

第四，在经济全球化时代，工程管理者需要具备开阔的国际化视野，具有很强的跨文化沟通能力，拥有良好的人际交往技能与合作精神。工程活动的国际化意味着工程管理人才的全球流动，意味着随时需要跨越国界的工程创新团队。工程管理者只有具备了良好的内部和外部沟通技能，对全球市场和政治、经济、社会背景的复杂性有深入理解，才能适应经济全球化和市场国际化的挑战。

第五，工程管理者需要具有更强的知识更新能力。当今社会的快速变化和工程复杂性的增加以及知识老化速度的加快，迫切需要工程管理者不断更新知识，努力增强学习能力和创造能力，成为一个终身学习者，善于学习新事物并将新获得的知识应用于发展变化着的工程管理实践中。

第六，随着工程管理作用的进一步凸显，工程管理者将会更经常地介入公共政策的讨论和咨询过程。工程技术日益融合人类生活的各个方面，工程技术对公共政策的影响将会日益明显。工程管理者介入有关公共政策议题的讨论，不仅是工程管理人才自身的责任，而且对于工程管理职业的整体形象来说也是十分必要的。充分认识工程与公共政策互动良性关系，有利于降低工程风险，增加工程成功的机会。

第二节　工程管理行业市场准入

执业资格制度是市场经济国家对专业技术人员管理的通行做法。按照分类管理原则，我国已经在一些事关国家财产安全、公众利益和人民生命财产安全的关键岗位实行执业资格制度。工程管理公正性、系统性、复杂性、严谨性和规范化等行业特点，要求从业者具有良好的知识结构和较强的实际工作能力。为确保从业人员具备应有的素养，通过严格的市场准入制度，规范各类人员进入工程管理行业的渠道和方式，评价、认定各行业中工程管理人员的能力和资格，明确各行业中工程管理人员的执业范围和职能职责，是一项带有基础性、全局性的工作。市场准入制度的建立与不断完善，对于加强工程管理行业与从业人员管理，提高各行业建设工程质量和效益，发挥了十分重要的作用。

一、职业资格与执业资格的区别

职业资格是对从事某一职业所必备的学识、技术和能力的基本要求。职业资格与执业资格是两个非常容易混淆的概念，简单地说，职业资格的范畴大于执业资格，它包括从业资格和执业资格。

从业资格是政府规定技术人员从事某种专业技术性工作的学识、技术和能力的起点标准，例如劳动保障部门和人事部门推行的职业技能(资格)鉴定大都属于这一类。从业资格可通过学历认证或考试取得。

执业资格是政府对某些责任较大、社会通用性强、关系公共利益的专业技术工作实行的准入控制，是专业技术人员依法独立开业或独立从事某种专业技术工作学识、技术和能力的必备标准，例如目前应用较广的会计上岗证、律师执业资格证书等都属于这个范畴。执业资格通过考试方法取得。考试由国家定期举行，实行全国统一大纲、统一命题、统一组织、统一时间。执业资格实行注册登记制度，通过考试取得《执业资格证书》后，要在规定的期限内到指定的注册管理机构办理注册登记手续。所取得的执业资格经注册后，全国范围有效。超过规定期限进行注册登记的话，执业资格证书及考试成绩将不再有效。

由此可见，职业资格是国家推行就业准入制度的证书，所有行业都必须持证上岗，而执业资格是特殊行业从业的资质证明。此外，职业资格证书的下发和管理部门是劳动部门，而执业资格证书的下发和管理部门是人事部门。

二、国外工程管理行业市场准入

西方国家工程咨询市场的准入制度主要是对个人执业资格进行控制。把从事工程咨询业务的人员统称为"咨询顾问"或"咨询工程师"。咨询工程师主要有注册建筑师、注册工程师(包括结构工程师和水、暖、电、声、光、热、工艺、设备、自动化等专业工程师)、造价工程师、项目管理工程师等。从事工程咨询的人员基本上属于自由职业者，政府并不对其业务活动实行直接管理，而是通过自身的行业协会组织进行自我管理。因此，国外实行的市场准入制度，主要是对专业技术人员从事相关技术工作的资格予以认定。市场准入的标准，一般注重对从事咨询工作的个人所具有的独立完成工程咨询的能力进行评价；评价的方法是申请人必须取得规定的考试资格并通过必要的考试。只有考试合格的人员才具有申请专业技术称谓和从事相关技术工作的资格，才具备申请开办独立法人的工程咨询机构的基本条件。西方国家专业人士的执业资格和注册条件一般包括学历教育经历、职业实践和考试三个方面，而一般将接受过一定程度的学历教育和从事过相关技术工作的职业实践规定为取得考试资格的必要条件。下面介绍几种国际上的执业资格。

(一)国际项目管理专业资格认证(IPMP)

国际项目管理专业资格认证(International Project Management Professional，IPMP)是国际项目管理协会(International Project Management Association，IPMA)在全球推行的四级项目管理专业资格认证体系的总称。

国际项目管理协会(International Project Management Association，IPMA)是成立于1965年、总部设在瑞士洛桑的国际项目管理组织，IPMA的成员主要是各个国家的项目管理协会，到目前为止共有34个成员组织。这些国家的组织用他们自己的语言服务于本国项目管理的专业需求，IPMA则以广泛接受的英语作为工作语言提供有关需求的国际层次的服务。为了达到这一目的，IPMA开发了大量的产品和服务，包括研究与发展、教育与培训、标准化和证书制以及有广泛的出版物支撑的会议、讲习班和研讨会等。除上述各成员组织外，有一些其他国家的学会组织与IPMA一起在促进项目管理。

对于那些已经成为IPMA成员的各国项目管理组织，他们的个人会员或团体会员已自动成为IPMA的会员。在那些没有项目管理组织或本国项目管理组织尚未加入IPMA的国家的个人或团体，可以直接加入IPMA作为国际成员。

IPMP是对项目管理人员知识、经验和能力水平的综合评估证明。根据IPMP认证等级划分获得IPMP各级项目管理认证的人员，将分别具有负责大型国际项目、大型复杂项目、一般复杂项目或具有从事项目管理专业工作的能力。IPMA依据国际项目管理专业资格标准(IPMA Competence Baseline，ICB)，针对项目管理人员专业能力、知识、管理经验和个人素质的不同，将项目管理专业人员资格认证划分为四个等级，即 A 级、B 级、C 级、D 级，每个等级分别授予不同级别的证书。

1. A 级(Level A)证书

A 级证书是国际特级项目经理(Certified Projects Director)。获得这一级认证的项目管理专业人员有能力进行一个公司(或一个分支机构)的包括诸多项目的复杂规划，有能力管理该组织的所有项目，或者管理复杂的国际合作项目。

A 级证书认证的基本程序为：

(1) 自己提出申请，说明自己的履历，完成或参与项目的清单以及证明材料，并进行自我评估。

(2) 申请接受后提出项目群管理报告。

(3) 由评估师进行面试。

(4) 合格取得证书后，有效期 5 年。

2. B 级(Level B)证书

B 级证书是国际高级项目经理(Certified Senior Project Manager)。获得这一级认证的项目管理专业人员可以管理大型复杂项目，或者管理一项国际合作项目。

B 级证书认证的基本程序为：

(1) 自己提出申请，说明自己的履历，完成或参与项目的清单以及证明材料，并进行自我评估。

(2) 申请接受后提出项目管理报告。

(3) 由评估师进行面试。

(4) 合格取得证书后，有效期 5 年。

3. C 级(Level C)证书

C 级证书是国际项目经理(Certified Project Manager)。获得这一级认证的项目管理专业人员能够管理一般复杂项目，也可以在所在项目中辅助高级项目经理进行管理。

C 级证书认证的基本程序为：

(1) 自己提出申请，说明自己的履历，完成或参与项目的清单以及证明材料，并进行自我评估。

(2) 申请接受后必须进行笔试。

(3) 由评估师进行面试。

(4) 合格取得证书后，有效期 5 年。

4. D 级(Level D)证书

D 级证书是国际助理项目经理(Certified Project Management Associate)。获得这一级认证的项目管理专业人员具有项目管理从业的基本知识，并可以将它们应用于某些领域。

D 级证书认证的基本程序为：

(1) 自己提出申请，说明自己的履历，并进行自我评估。

(2) 申请接受后参加管理知识笔试。

(3) 取得的证书无有效期限制。

由于各国项目管理发展情况不同，各有各的特点，因此 IPMA 允许各成员国的项目管理专业组织结合本国特点，参照 ICB 制定在本国认证国际项目管理专业资格的国家标准 (National Competence Baseline，NCB)。

中国项目管理研究委员会(PMRC)是 IPMA 的成员国组织，是我国唯一的跨行业跨地区的项目管理专业组织，IPMA 已授权 PMRC 在中国进行 IPMP 的认证工作。PMRC 已经根据 IPMA 的要求建立了"中国项目管理知识体系(C—PMBOK)"及"国际项目管理专业资格认证中国标准(C—NCB)"，这些均已得到 IPMA 的支持和认可。PMRC 作为 IPMA 在中国的授权机构于 2001 年 7 月开始全面在中国推行国际项目管理专业资格的认证工作。认证学员参加 IPMP 培训与考试，由 PMRC 颁发 IPMP 课程进修结业证，通过认证将获得 IPMA 颁发的项目管理专业资格证书。

(二)美国项目管理师(PMP)

美国项目管理协会(Project Management Institute，PMI)，成立于 1969 年，总部位于美国费城，是一个在全球 125 个国家拥有 10 多万名会员的国际性学会。是项目管理专业领域中最大的由研究人员、学者、顾问和经理组成的全球性专业组织。PMI 资格认证之所以能在如此广的行业和地域范围内被迅速认可，首先是项目管理本身的重要性和实用性决定的，其次是很大程度上得益于该项认证体系本身的科学性。PMI 早在 20 世纪 70 年代末就率先提出了项目管理的知识体系(Project Manage ment Body of Knowledge，PMBOK)。

项目管理师(Project Management Professional，PMP)考试是由美国项目管理协会(PMI)建立的对项目管理人员的职业资格认证考试。其目的是给项目管理人员提供统一的行业标准。PMP 考试 1999 年在全球所有认证考试中第一个通过 ISO 9001 国际质量认证。目前该项认证获得全球 150 多个国家的承认，每年同时使用包括中文在内的 16 种语言进行考试。考试建立在《项目管理知识体系指南》(PMBOK)体系上，该体系将项目科学地划分为项目启动、项目计划、项目执行、项目控制、项目收尾共五个过程，根据各个阶段的特点和所面临的主要问题，系统归纳成项目管理的九大知识领域，并分别对各领域的知识、技能、工具和技术作了全面总结。

PMP 考试认证对资历要求十分严格。申请者需要具有大学学士及以上学位，或者同等学力，至少要有 4500 小时的项目管理经验。在申请之日前 6 年内，累计项目管理月数达到 36 个月。如果申请者不具备大学学士学位或同等大学学历，申请人至少要具有 7 500 小时的项目管理经验；在申请之日前 8 年内，累计项目管理月数达到 60 个月。

考生还要在限定时间内提交至少 4500 工时的项目管理经验材料，要用英文书写。

申请者必须达到 PMI 规定的所有教育和经历要求，并对项目管理专家认证考试测试的关于对项目管理的理解和知识达到认可及合格程度才能获得 PMP 证书。

2000 年，国家外国专家培训中心与美国 PMI 签署合作协议，成为美国 PMI 在大陆负责项目管理专业人员资格认证考试组织机构和教育培训机构。

PMP 认证考试为笔试，现在每年举行四次，在每年的 3 月、6 月、9 月、12 月进行，题型为选择题，共 200 题，考试时间为 4 小时。

PMP 的学员主要分布在 IT、信息、建筑、石油化工、金融、航天、能源、交通等；截至 2006 年 4 月底，全国已有近 20 万人次参加了 PMI 知识体系培训，2 万多人次参加 PMP 资格认证考试，1 万余人通过认证考试，获得 PMP 证书。

(三)英国工程管理领域的执业资格制度

1. 英国皇家特许建造学会(CIOB)

英国皇家特许建造学会(The Chartered Institute of Building，CIOB)成立于 1834 年，至今已有 170 多年的历史。是一个主要由从事建筑管理的专业人员组织起来，涉及建设全过程管理的全球性专业学会。该学会在 1980 年获得皇家的认可。自成立以来，该学会已经在全球 94 个国家中拥有超过 40 000 名会员，分布在计划、设计、施工、物业、测量以及相关工程服务的各个领域，成为欧共体国家以及美国、澳大利亚、非洲和东南亚等国家和地区广泛认可的个人专业执业资格。CIOB 会员具有不同的层次，其中层次最高的两类会员为资深会员(FCIOB)和正式会员(MCIOB)，被称为"皇家特许建造师"(Chartered Builder)。CIOB 在国际上具有较高的声望，所以，国内外许多从事建筑管理的专业人员都希望能够成为皇家特许建造师。CIOB 中国办公室于 2001 年在北京成立，CIOB 重庆办公室于 2005 年在重庆成立。这为 CIOB 在中国的加速发展提供了有力支持。

皇家特许建造学会还在参与政府有关部门制定行业标准，以及会员资格认可标准(包括教育标准)等方面起着积极的作用。

(1) CIOB 的执业范围。

英国皇家特许建造师侧重建筑管理方面工作，大多数会员从事施工管理工作，也可以从事工程项目设计或工程建设全过程的管理。CIOB 设有不同的会员等级，涵盖了从施工现场管理、财务管理、经营管理、物业管理以及代表业主进行的项目管理。作为特许建造师，必须具有对建设项目全过程进行管理的能力和经验，可从事建设领域不同的岗位，工作范围涉及工程建设各个过程和方面，如工程承包、业主的项目管理、工料测量、工程咨询、物业管理、建筑领域的研究以及政府职能管理等。

(2) CIOB 会员的层次划分和资格要求。

CIOB 的会员目前共设有五个层次，每个层次都有具体的要求：

① 资深会员(FCIOB)。它的资格条件是：具有 5 年会员资格的从事高级管理职务的会员，或通过直接资深会员考试或特殊资深会员考试的申请者。

② 正式会员(MCIOB)。它的资格条件是：相关专业大学本科毕业，在实际工作中通过 CIOB 制定的 PDP 训练评估和 NVQ4(英国国家职业资格第四级)的评估，或直接通过 NVQ5(英国国家职业资格第五级)的评估，并经过 CIOB 组织的专家面试合格。

③ 准会员。它的资格条件是：助理会员通过 CIOB 的培训，满足一定的理论知识和实践能力的要求。

④ 助理会员(ACIOB)。它的资格条件是：对于从事建筑领域相关专业但不具备大学本科学历。

⑤ 学生会员。这一层次主要针对在校学生。

(3) CIOB 的培训制度。

英国皇家特许建造师必须经过执业资格认证。认证需要考虑以下三点。

① 学历背景，相当于大学本科学历。

② 作为建筑业的从业人员自身素质和能力，即在建筑工地上做过项目经理，对建筑的整个流程非常熟悉。

③ 从业者对他们所从事的行业尽心尽力，即作为申请人应该一生致力于建筑管理事业。

申请人一般都需要参加一定时间的培训，考察学员对具体问题的处理能力、基本素质和管理水平，提高学员对整个开发过程的理解和项目管理的综合水平，从而达到建造师所要求具备的能力。

(4) 考试制度。

CIOB 考试不倾向于对候选人的理论知识的测试。主要考察候选人的责任和职责是否达到了学会的要求，即实践经验、知识及对建筑全过程的理解，应用理论知识解决实际问题的能力，接受管理的职责和领导特质及交流能力。因此，申请人在成功完成了《项目评估与开发》报告以后，要向 CIOB 提交一份基于培训和经验的考试报告和考试申请表。考试报告要反映的内容包括：①高等教育的详细情况。②其他专业的资格。③目前的详细情况，包括任职及在哪个顾问指导下已经获得了培训和经验。④工作经历，特别是近 3 年的工作经历，包括财务责任、管理专业责任、决策、人员的管理、项目中遇到突发问题时采用的解决办法和亲自参与施工项目的面积、类型及可引起考试组成员关注的其他特殊方面。

专业考试一般采用面试方式。面试时，考官要向候选人陈述本次考试的规则、要求和目的，然后对候选人在报告中提供的信息及相关方面的问题进行提问，并对候选人的建筑知识、工作能力和沟通能力、负责任的级别、管理专业的资格、交流技巧、能力和品行、提交报告的专业价值、对 CIOB 专业规则的理解。当申请人成功地通过了面试，将会获得"英国皇家特许建造师"的资格证书，并成为 CIOB 正式会员。

2. 英国皇家特许测量师学会(RICS)

英国皇家特许测量师学会(Royal Institution of Chartered Surveyor，RICS)，是为全球广泛、一致认可的专业性学会，其专业领域涵盖了土地、物业、建造及环境等 17 个不同的行业。

迄今为止，英国皇家特许测量师学会(RICS)已经有 140 余年的历史，目前有 14 万多会员分布在全球 146 个国家；拥有 400 多个 RICS 认可的相关大学学位专业课程，每年发表 500 多份研究及公共政策评论报告，向会员提供覆盖 17 个专业领域和相关行业的最新发展趋势；英国皇家特许测量师学会(RICS)得到了全球 50 多个地方性协会及联合团体的大力支持。RICS 在中国目前设有北京、上海、重庆三个办事处，拥有国内会员近 1000 人。

英国皇家特许测量师学会下设 7 个专业分会：综合管理分会、工程预算分会、房屋测量分会、土地代理及农业分会、计划及发展分会、土地及水文测量分会、矿业测量分会。

无论从事的是地产、物业还是测量及其他行业，英国皇家特许测量师学会(RICS)旨在吸收拥有相关资历、学历及经验的业内专才。若要成为英国皇家特许测量师学会(RICS)的会员，主要有下列申请途径：拥有 RICS 认可的相关大学学位或专业资格后，并有不少于 10 年的相关工作经验，可加盟成为英国皇家特许测量师学会(RICS)会员。候选人需研习清华大学开设的 RICS 专业操守和专业胜任能力课程，提交相关的履历，其中包括候选人过去十年内在专业领域中的个人发展、案例研究及参加"持续专业发展项目(CPD)"的记录等，并最终通过专家小组的面试。

(1) 英国测量师专业分类。

英国测量师专业分类包括：①土地测量(Land Surveying)。②产业测量(Estate and Valuation Surveying)或称综合实务测量(General Practice Surveying)。③建筑测量(Building Surveying)。④工料测量(Quantity Surveying)。⑤其他，包括矿业测量、农业测量等专业，以及上述专业中派生的新专业，如住宅、商业设施(购物中心)，以及海洋测量等。

(2) 英国的工料测量师。

英国的工料测量师是独立从事建筑造价管理的专业，也称预算师。其工作领域包括房屋建筑工程、土木及结构工程、电力及机械工程、石油化工工程、矿业建设工程、一般工业生产、环保经济、城市发展规划、风景规划、室内设计等。工料测量师服务的对象有房地产开发商、政府地政及公有房屋管理等部门、厂矿企业、银行等。

工料测量师的服务范围包括以下内容。

① 初步费用估算(Preliminary Cost Advice)。在项目规划阶段，为投资者、开发商提供投资估算，就设计、材料设备选用、施工、维护保养提供咨询。

② 成本规划(Cost Planning)。成本规划的目的是为委托单位编制一份供建筑师、工程师、装潢设计师合理使用建设投资比例的方案。工料测量师在协助投资者选定方案时，不只是选最低的造价方案，而是关注全寿命费用最低，包括维修、修理、更新的费用。在工程中，当遇到投资者改变意图时，工料测量师也可以快速报出由于种种原因将要超出决策的数量。

③ 承包合同文本(Contract Form)。帮助业主，针对工程的具体情况(工程条件、技术复杂程度、进度要求、设计深度、质量控制级别、投资者对待风险的态度)，选择好合同文本。

④ 招标代理(Bid Agency)。包括起草招标文件，计算工程量并提供工程量清单。工程量清单(Bill of Quantifies)是一份将设计图纸所采用的工料规格说明书的要求化为可以计算造价的一系列施工项目及数量的文件，便于投标者比价竞争。工料测量师在投标人报出价格与费率的基础上做出比较分析，选择比较合理的标书，提供给决策者。

⑤ 造价控制(Cost Control)。在施工合同执行过程中，工料测量师根据成本规划，对造价进行动态控制，定期对已发生的费用、工程进度做比较，报告委托人。

⑥ 工程结算(Valuation of Construction Work)。工料测量师负责审定工程各种支出，如进度款、中间付款、保留金等。有关调整账单、变更账单都由工料测量师负责管理。

⑦ 项目管理(Project Management)。工料测量师及其事务所出任项目经理，独立地为其提供项目管理服务。

⑧ 其他服务。工料测量师经过仲裁人资格审定，还可以提供建筑合同纠纷仲裁，以及保险损失估价等服务。

三、我国工程管理行业市场准入

改革开放以来，我国通过建立完善的执业资格认证体系，推动工程管理行业形成了严格的从业人员市场准入制度。执业资格认证是指对具备一定专业学历、资历的从事工程技术活动的专业技术人员，通过考试和注册确定其执业的技术资格，获得从事相应工程技术工作资格的一种制度。工程管理专业的学生毕业后从事工程管理的有关实际工作，在满足一定的条件后可以参加多种形式的国家资质和资格认证考试，取得相应的执业资格，从而在执业资格证书许可的范围内从事工程管理工作。根据 2017 年 9 月国家人力资源与社会保障部公布的国家职业资格目录，工程管理相关行业目前设有建造师、造价工程师、监理工程师、房地产估价师、工程咨询(投资)专业技术人员职业资格、房地产经济专业人员职业资格、注册安全工程师等职业资格。下面择其重点予以介绍。

(一)建造师

1. 概述

建造师执业资格制度起源于英国，英国皇家特许建造师认证制度由世界范围内建筑管理行业最大的认证机构——英国皇家特许建造学会(CIOB)建立，迄今已有 150 余年的历史。世界上许多发达国家已经建立了该项制度。我国建筑业规模庞大，人数众多，从事建设工程项目总承包和施工管理的广大专业技术人员，特别是在施工项目经理队伍中，建立建造师执业资格制度对于整顿和规范建筑市场秩序、保证工程质量安全、培养高素质施工管理人员、开拓国际建筑市场、增强对外工程承包能力等方面都有着积极作用和重要意义。2002年 12 月，人事部、建设部联合印发了《建造师执业资格制度暂行规定》，标志着我国建造师执业资格认证制度正式建立。《建造师执业资格制度暂行规定》明确，我国的建造师是指从事建设工程项目总承包和施工管理关键岗位的专业技术人员。

建造师与项目经理定位不同，但所从事的都是建设工程的管理工作。由于建造师执业的覆盖面较大，涉及工程建设管理的许多方面，因而建造师选择工作的范围和灵活性相对较大，可在建设市场各领域和各层面从事相关工作。项目经理岗位则是企业设定的，项目经理是企业法人代表授权或聘用的，从事某一确定工程项目的管理者，其职责是根据企业法定代表人的授权，对工程项目自开工准备至竣工验收的全过程实施全面的组织管理。国家强制性要求大中型工程项目的项目经理必须由取得建造师执业资格的建造师担任，因此，注册建造师资格是担任大中型工程项目经理的一项必要条件。但选聘哪位建造师担任项目经理，则由企业决定，是企业行为。

我国实行建造师分级管理，将建造师分为一级建造师(Constructor)和二级建造师(Associate Constructor)，使整个建造师队伍适合我国建设工程项目量大面广，规模差异悬殊，各地经济、文化和社会发展水平差异较大，不同项目对管理人员要求不同的特点。一级注册建造师可以担任《建筑业企业资质等级标准》中规定的特级、一级建筑业企业可承担的建设工程项目施工的项目经理；二级注册建造师只可以担任二级及以下建筑业企业能承担的建设工程项目施工的项目经理。

一级建造师执业资格实行全国统一大纲、统一命题、统一组织的考试制度，由人事部、建设部共同组织实施，原则上每年举行一次考试。二级建造师执业资格实行全国统一大纲，各省、自治区、直辖市命题并组织实施的考试制度，但近年来，全国绝大部分省、自治区、直辖市采用住房与城乡建设部统一命题。

2. 考试科目

一级建造师执业资格考试设《建设工程经济》《建设工程法规及相关知识》《建设工程项目管理》和《专业工程管理与实务》四个科目。《专业工程管理与实务》科目设置了建筑工程、公路工程、铁路工程、民航机场工程、港口与航道工程、水利水电工程、市政公用工程、通信与广电工程、矿业工程和机电工程等 10 个专业类别，在报名时可根据实际工作需要选择其一。一级建造师执业资格考试分 4 个半天，以纸笔作答方式进行。《建设工程经济》科目的考试时间为 2 小时，《建设工程法规及相关知识》和《建设工程项目管理》科目的考试时间均为 3 小时，《专业工程管理与实务》科目的考试时间为 4 小时。考试成绩实行 2 年为一个周期的滚动管理办法，参加全部四个科目考试的人员必须在连续的两个考试年度内通过全部科目。

二级建造师执业资格考试设《建设工程施工管理》《建设工程法规及相关知识》《专业工程管理与实务》三个科目。

3. 报考条件

凡遵守国家法律、法规，具备以下条件之一者，可以申请参加一级建造师执业资格考试。取得工程类或工程经济类大学专科学历，工作满 6 年，其中从事建设工程项目施工管理工作满 4 年；取得工程类或工程经济类大学本科学历，工作满 4 年，其中从事建设工程项目施工管理工作满 3 年；取得工程类或工程经济类双学士学位或研究生班毕业，工作满 3 年，其中从事建设工程项目施工管理工作满 2 年；取得工程类或工程经济类硕士学位，工作满 2 年，其中从事建设工程项目施工管理工作满 1 年；取得工程类或工程经济类博士学位，从事建设工程项目施工管理工作满 1 年。

凡遵纪守法并具备工程类或工程经济类中等专科以上学历并从事建设工程项目施工管理工作满 2 年，可报名参加二级建造师执业资格考试。

4. 注册与执业

取得建造师执业资格证书的人员，必须经过注册登记，方可以建造师名义执业。

一级建造师执业资格注册，由本人提出申请，由各省、自治区、直辖市建设行政主管部门或其授权的机构初审合格后，报建设部或其授权的机构注册。准予注册的申请人，由建设部或其授权的注册管理机构发放由建设部统一印制的《中华人民共和国一级建造师注册证》。

二级建造师执业资格的注册办法，由省、自治区、直辖市建设行政主管部门制定，颁发辖区内有效的《中华人民共和国二级建造师注册证》，并报建设部或其授权的注册管理机构备案。

注册建造师可以从事建设工程项目总承包管理或施工管理，建设工程项目管理服务，建设工程技术经济咨询，以及法律、行政法规和国务院建设行政主管部门规定的其他业务。

(二)造价工程师

1. 概述

造价工程师是指具有工程技术、工程经济和工程管理的基本知识和实践经验，通过工程技术与经济管理密切结合，为工程项目提供全过程造价确定、控制和管理，从而在既定的工程造价限额内控制工程成本并取得最大投资效益的专业技术人员。造价工程师由国家授予资格并准予注册后执业，接受某个部门或某个单位的指定、委托或聘请，负责并协助其进行工程造价的计价、定价及管理业务，维护指定、委托或聘请方的合法权益。

18 世纪末 19 世纪初英国工业革命前，建筑师就是总营造师，负责项目设计、购买材料、计算工程量、雇用工匠并组织项目施工。随着建筑技术的发展，建筑师实现了专业分工，一部分建筑师联合起来进行设计，在技术咨询领域内发展；另一部分建筑师则负责工程施工或监督工程施工，从而形成了设计和施工的分离。设计和施工的分离导致了业主对工程质量进行监督和对工程造价进行确定与控制的需求。在当时的条件下较为通常的做法是建筑师根据工程预算的工程量确定工程所需的费用，并在工程完工后，按照各方协商认可的工程量及单价结算付给承建方工程款。由于当时没有适当的准则可作为计价标准，建筑师和承建方之间就工程费用往往很难达成最终一致的结算。为此，承建方开始雇用自己的工程量核算人员，对建筑师提出的各项工程量清单进行核对。然而，社会各界对承建方自己雇用的工程量核算人员缺乏信任，因为这一做法极易导致承建方受利益驱动而增大工程量的计算。

1830 年，英国立法推出总承包，政府规定工程必须有一名总承包商进行承包，产生了工程开工前承包商之间进行价格竞争和以总价合同为基础的招标方式。作为总承包招标的工作内容，客观上需要业主和承包商雇佣双方认可的专业人士计算工程量，以便各承包商在同一张工程量清单上报价和竞价。1837 年英国通过了威特烈保护法，要求雇佣公用的工料测量师(Quantity Surveyor)计算工程量。1862 年英国皇家建筑师学会(The Royal Institute of British Architects，RIBA)发表声明支持由工料测量师确定工程量。1868 年 3 月成立了英国测量师，随之 1878 年在英国颁布的《市政房屋管理条例(修正案)》中，测量师地位得到了法律承认。至此，工料测量师的地位和作用得到广泛的认可。1881 年维多利亚女皇准予皇家注册，1921 年皇家赐予赞誉，1946 年启用"皇家特许测量师学会"(RICS)称号，一直沿用至今。

我国改革开放前，基本建设领域实行从苏联引进并消化吸收的工程概预算制度，概预算编制的依据是"量价合一"的概算、预算定额。与国外早期的建筑师主导模式相似，我国工程建设领域未能有效发挥工程造价专门机构和专业人员应有的积极作用。改革开放后，工程投资效益问题受到更多的重视。20 世纪 80 年代后期，基本建设体制发生重大变化，其中重要标志首先是投资主体多元化，国家已不再是唯一的投资主体；其次是大量乡镇企业和私营承包商队伍大量崛起，打破了原来单一全民所有制国家机构为业主，国有施工企业为承包商的格局，出现了业主和承包商价值、利益取向多元化的新局面，客观上要求明确工程概预算人员的中立、公正地位，以便不同利益群体对工程量和工程定额的认可。80 年代中期，黑龙江省率先开展工程概预算人员持证上岗制度，而后国内各省、自治区、直辖市和国务院各部委纷纷效仿。自 20 世纪 90 年代初，全国初步建立起条块分立、有限互认的工程概预算人员持证上岗制度，基本上确立了工程概预算人员在工程实施全过程中的地位和作用。

随着我国由有计划的商品经济向社会主义市场经济过渡，原有的工程概预算方法难以满足新形势下工程管理的要求。工程招投标制度、工程合同管理制度、建设监理制度、项目法人责任制等工程管理基本制度的确立，工程索赔、工程项目可行性研究、项目融资等新业务的出现，客观上需要一批同时具备工程计量与计价技能、通晓经济法与工程管理的人才协助业主在投资等经济领域进行专项管理。同时为了应对国际经济一体化以及我国加入 WTO 后，开放建筑市场面临的国外建筑业进入我国的竞争压力，要求工程造价人才具有外语交流能力和通晓国际惯例。在这种形势下，建设部标准定额司和中国工程造价管理协会开始组织论证在我国建立既能体现中国特色，又能与国际惯例接轨的造价工程师制度。经过认真准备和充分论证，1996 年底公布了造价工程师考试大纲以及相应的准入制度等文件，1997 年正式在全国 9 个省市试点造价工程师执业资格考试；1998 年在全国实施造价工程师执业资格考试。1999 年全国范围内造价工程师执业资格考试停考一年，以修订考试大纲和修改教材，2000 年开始全面恢复造价工程师执业资格考试。

2. 考试科目

造价工程师执业资格考试分为《工程造价管理相关知识》《工程造价的确定与控制》《建设工程技术与计量》和《工程造价案例分析》共四个科目。四个科目分别单独考试，单独计分。参加全部科目考试的人员，须在连续的两个考试年度通过方为有效。

《建设工程技术与计量》分土建工程和安装工程两个专业，考试人员只需报考其中一个专业。安装工程专业以民用建筑和与民用建筑联系较密切的常见工业建筑安装项目作为共性内容，共性部分内容应考人员必考。个性部分内容又分为工艺管道与专用设备、电气与通信系统、自动化控制及仪表系统三个专业组，应考人员可根据本人从事的专业任选其中一个组别的试题参加考试。

3. 报考条件

凡中华人民共和国公民，遵纪守法并具备以下条件之一者，均可参加造价工程师执业资格考试：工程造价专业大专毕业后，从事工程造价业务工作满 5 年；工程或工程经济类大专毕业后，从事工程造价业务工作满 6 年；工程造价专业本科毕业后，从事工程造价业务工作满 4 年；工程或工程经济类本科毕业后，从事工程造价业务工作满 5 年；获上述专业第二学士学位或研究生班毕业和取得硕士学位后，从事工程造价业务工作满 3 年；获上述专业博士学位后，从事工程造价业务工作满 2 年。

4. 注册与执业

考试合格者，由各省、自治区、直辖市人事(职改)部门颁发人事部统一印制的、人事部与建设部用印的《造价工程师执业资格证书》。该证书在全国范围内有效。

取得《造价工程师执业资格证书》者，须按规定向所在省(区、市)造价工程师注册管理机构办理注册登记手续，造价工程师注册有效期为 3 年。有效期满前 3 个月，持证者须按规定到注册机构办理再次注册手续。

造价工程师在从事工程建设活动的建设、设计、施工、工程造价咨询等单位计价、评估、审核、审查、控制及管理等岗位执业；造价工程师只能在一个单位执业。造价工程师执业范围包括：建设项目投资估算的编制、审核及项目经济评价，工程概、预、结(决)算，标底价、投标报价的编审，工程变更及合同价款的调整和索赔费用的计算，建设项目各阶段工程造价控制，工程经济纠纷的鉴定，工程造价计价依据的编审及与工程造价业务有关的其他事项。

(三)监理工程师

1. 概述

监理是指具有法定资质条件的工程监理单位根据建设单位的委托，依照法律、行政法规及有关的技术标准、设计文件和建筑工程承包合同，对承包单位在施工质量、建设工期和建设资金使用等方面，代表建设单位对工程施工实施监督的专门活动。监理工程师是指经全国统一考试合格，取得《监理工程师资格证书》并经注册登记的工程建设监理人员。

作为建筑工程投资者的建设单位(业主)，为了取得好的投资效益，保证工程质量，合理控制工期，需要对施工企业的施工活动实施必要的监督。由于多数建设单位并不擅长工程建设的组织管理和技术监督，由具有工程管理方面专业知识和实践经验的人员组成的专业化的工程监理单位接受建设单位的委托，代表建设单位对工程的施工质量、工期和投资使用情况进行监督，对于维护建设单位的利益，协调建设单位与工程承包单位的关系，保证工程质量，规范建筑市场秩序都具有十分重要的作用。

我国从 1988 年开始推行工程监理制度。到 1996 年底，全国绝大多数的地方和行业已在各类建设项目中不同程度地实施了工程监理制度。实践表明，实施工程监理制度不仅有利于保证工程质量，有利于节省工程投资和合理控制工期，而且还有利于帮助和支持施工单位采用新技术、新工艺和文明施工、安全施工，从而达到节省劳力、降低成本的目的。

工程监理对建筑工程的监督与政府有关主管部门依照国家相关规定对建筑工程进行的质量监督，二者在监督依据、监督性质以及与建设单位和承包单位的关系等方面都不尽相同，不能相互替代。工程监理单位对工程项目实施监督的依据是建设单位的授权，代表建设单位实施监督。工程监理单位作为社会中介组织以公正的第三方的姿态出现进行监督，工程监理单位与建设单位、工程承包单位之间是平等的民事主体关系。监理单位如果发现承包单位的违法行为或者违反监理合同的行为应当向建设单位报告，自身缺乏行政处罚的权力。政府主管部门对工程质量监督的依据则是法律、法规的规定，在性质上属于强制性的行政监督管理。政府主管部门与建设单位和建筑工程承包单位之间属于行政管理与被管理的关系，不论建设单位和工程承包单位是否愿意，都必须服从行政主管部门依法进行的监督管理，政府主管部门有权对建设单位和建筑工程承包单位的违法行为依法做出处罚。

1992 年 6 月，建设部发布了《监理工程师资格考试和注册试行办法》(建设部第 18 号令)，我国开始实施监理工程师资格考试。1996 年 8 月，建设部、人事部下发了：建设部、人事部关于全国监理工程师执业资格考试工作的通知)(建监〔1996〕462 号)，从 1997 年起，全国正式举行监理工程师执业资格考试。考试工作由建设部、人事部共同负责，日常工作委托建设部建设监理协会承担，具体考务工作委托人事部人事考试中心组织实施。考试每年举行一次，考试时间一般安排在 5 月中旬。原则上只在省会城市设立考点。

2. 考试科目

考试设《建设工程监理基本理论与相关法规》《建设工程合同管理》《建设工程质量、

投资、进度控制》《建设工程监理案例分析》共 4 个科目。其中，《建设工程监理案例分析》为主观题，在试卷上作答；其余 3 科均为客观题，在答题卡上作答。参加全部 4 个科目考试的人员，必须在连续两个考试年度内通过全部科目考试；符合免试部分科目考试的人员，必须在一个考试年度内通过规定的两个科目的考试，方可取得监理工程师执业资格证书。

3. 报考条件

凡中华人民共和国公民，身体健康，遵纪守法，具备下列条件之一者，可申请参加监理工程师执业资格考试。其中参加全科(四科)考试者，应具备工程技术或工程经济专业大专(含大专)以上学历，按照国家有关规定取得工程技术或工程经济专业中级职务，并任职满 3 年；按照国家有关规定取得工程技术或工程经济专业高级职务；1971 年(含 1971 年)以前工程技术或工程经济专业中专毕业，按照国家有关规定取得工程技术或工程经济专业中级职务，并任职满 3 年。

对从事工程建设监理工作并同时具备 1971 年(含 1971 年)以前工程技术或工程经济专业中专(含中专)以上毕业；按照国家有关规定取得工程技术或工程经济专业高级职务；从事工程设计或工程施工管理工作满 15 年；从事监理工作满 1 年等四项条件的报考人员，可免试《建设工程合同管理》和《建设工程质量、投资、进度控制》两科。

4. 注册与执业

考试合格者，由各省、自治区、直辖市人事(职改)部门颁发人事部统一印制、人事部与建设部用印的中华人民共和国《监理工程师执业资格证书》。该证书在全国范围内有效。

取得《监理工程师执业资格证书》者，须按规定向所在省(区、市)建设部门申请注册，监理工程师注册有效期为 5 年。有效期满前 3 个月，持证者须按规定到注册机构办理再次注册手续。

注册监理工程师可以从事工程监理、工程经济与技术咨询、工程招标与采购咨询、工程项目管理服务等业务。

(四)工程咨询(投资)专业技术人员职业资格

1. 概述

2015 年 6 月，国家人力资源和社会保障部根据《国务院机构改革和职能转变方案》和《国务院第六批取消和调整行政审批项目的决定》(国发〔2012〕52 号)有关取消"注册咨询工程师(投资)执业资格认定"行政审批项目的要求，在总结原注册咨询工程师(投资)执业资格制度实施情况的基础上，人力资源社会保障部、国家发展改革委制定了《工程咨询(投资)专业技术人员职业资格制度暂行规定》和《咨询工程师(投资)职业资格考试实施办法》。国家设立工程咨询(投资)专业技术人员水平评价类职业资格制度，面向全社会提供工程咨询(投资)专业技术人员能力水平评价的服务，纳入全国专业技术人员职业资格证书制度统一规划。工程咨询(投资)专业技术人员职业资格分为咨询工程师(投资)和高级咨询工程师(投资)两个级别。咨询工程师(投资)职业资格实行全国统一大纲、统一命题、统一组织的考试制度。原则上每年举行一次考试。

2. 考试科目

考试设《宏观经济政策与发展规划》《工程项目组织与管理》《项目决策分析与评价》《现代咨询方法与实务》共4个考试科目。考试成绩实行4年为一个周期的滚动管理办法，在连续的4个考试年度内参加全部(4个)科目的考试并合格，可取得咨询工程师(投资)职业资格证书。

凡符合《暂行规定》的考试报名条件，并具备下列一项条件者，可免试《宏观经济政策与发展规划》《工程项目组织与管理》科目，只参加《项目决策分析与评价》和《现代咨询方法与实务》2个科目的考试。参加2个科目考试的人员，须在连续的2个考试年度内通过应试科目的考试。

(1) 获得全国优秀工程咨询成果奖项目或者全国优秀工程勘察设计奖项目的主要完成人；

(2) 通过全国统一考试取得工程技术类职业资格证书，并从事工程咨询业务工作满8年。

3. 报考条件

遵守国家法律、法规，恪守职业道德，并符合下列条件之一的，均可申请参加咨询工程师(投资)职业资格考试：

(1) 取得工学学科门类专业或者经济学类、管理科学与工程类专业大学专科学历，累计从事工程咨询业务满8年；

(2) 取得工学学科门类专业或者经济学类、管理科学与工程类专业大学本科学历或者学位，累计从事工程咨询业务满6年；

(3) 取得含工学学科门类专业或者经济学类、管理科学与工程类专业在内的双学士学位，或者工学学科门类专业研究生班毕业，累计从事工程咨询业务满4年；

(4) 取得工学学科门类专业或者经济学类、管理科学与工程类专业硕士学位，累计从事工程咨询业务满3年；

(5) 取得工学学科门类专业或者经济学类、管理科学与工程类专业博士学位，累计从事工程咨询业务满2年；

(6) 取得经济学、管理学学科门类其他专业或者其他学科门类各专业的上述学历或者学位人员，累计从事工程咨询业务年限相应增加2年。

4. 登记

咨询工程师(投资)资格证书实行登记服务制度。取得咨询工程师(投资)资格证书的人员，应自觉接受中国工程咨询协会的自律性管理，其在工作中违反相关法律、法规、规章或者职业道德，造成不良影响的，由中国工程咨询协会取消登记，并收回其职业资格证书。各级工程咨询管理机构在实施咨询工程师(投资)资格考试和登记服务工作中，应当严格遵守国家和本行业的各项管理规定以及协会章程。

(五)房地产估价师

1. 概述

房地产估价师在国外已有几百年的历史,最早产生于英国,理论基础深厚,发展得比较成熟。1999 年 6 月 1 日,我国房地产评估业第一部国家标准——《房地产估价规范》正式实施,对房地产估价原则、程序、方法、结果以及评估师的职业道德都做了规范。1993年我国开始建立房地产估价师执业资格制度。根据建设部、人事部建房字〔1995〕147 号《房地产估价师执业资格制度暂行规定》,房地产估价师是指经全国统一考试,取得房地产估价师执业资格证书,并注册登记后从事房地产估价活动的人员。国家实行房地产估价人员执业资格认证和注册制度。凡从事房地产评估业务的单位,必须配备有一定数量的房地产估价师。

国家建设部和人事部共同负责全国房地产估价师执业资格制度的政策制定、组织协调、考试、注册和监督管理工作,实行全国统一考试制度,原则上每年举行一次。人事部负责审定考试科目、考试大纲和试题,会同建设部对考试进行检查、监督、指导和确定合格标准,组织实施各项考务工作。建设部负责组织考试大纲的拟定、培训教材的编写和命题工作,统一规划并会同人事部组织或授权组织考前培训等有关工作。

2. 考试科目

考试科目包括《房地产基本制度与政策》(含房地产相关知识)《房地产开发经营与管理》《房地产估价理论与方法》《房地产估价案例与分析》。

3. 报考条件

申请房地产估价师执业资格考试,需提供下列证明文件:房地产估价师执业资格考试报名申请表、学历证明和实践经历证明。

凡中华人民共和国公民,遵纪守法并具备以下条件之一者,可申请参加房地产估价师执业资格考试。具备取得房地产估价相关学科(包括房地产经营、房地产经济、土地管理、城市规划等)中等专业学历,具有 8 年以上相关专业工作经历,其中从事房地产估价实务满5 年;取得房地产估价相关学科大专学历,具有 6 年以上相关专业工作经历,其中从事房地产估价实务满 4 年;取得房地产估价相关学科学士学位具有 4 年以上相关专业工作经历,其中从事房地产估价实务满 3 年;取得房地产估价相关学科硕士学位或第二学位、研究生班毕业,从事房地产估价实务满 2 年;取得房地产估价相关博士学位的;不具备上述规定学历,但通过国家统一组织的经济专业初级资格或审计、会计、统计专业助理级资格考试并取得相应资格,具有 10 年以上相关专业工作经历,其中从事房地产估价实务满 6 年,成绩特别突出。

4. 注册与执业

考试合格者,由人事部或其授权的部门颁发人事部统一印制,人事部和建设部用印的房地产估价师《执业资格证书》,经注册后全国范围有效。

国务院建设主管部门对全国注册房地产估价师注册、执业活动实施统一监督管理。省、自治区、直辖市人民政府建设(房地产)主管部门对本行政区域内注册房地产估价师的注册、执业活动实施监督管理。市、县、市辖区人民政府建设(房地产)主管部门对本行政区域内注册房地产估价师的执业活动实施监督管理。

　　注册房地产估价师的注册条件为：取得执业资格、达到继续教育合格标准、受聘于具有资质的房地产估价机构和无《注册房地产估价师管理办法》规定不予注册的情形。

　　申请注册应当向聘用单位或者其分支机构工商注册所在地的省、自治区、直辖市人民政府建设(房地产)主管部门提出注册申请。对申请初始注册，省、自治区、直辖市人民政府建设(房地产)主管部门应当自受理申请之日起 20 日内审查完毕，并将申请材料和初审意见报国务院建设主管部门。国务院建设主管部门应当自受理之日起 20 日内做出决定。对申请变更注册、延续注册，省、自治区、直辖市人民政府建设(房地产)主管部门应当自受理申请之日起 5 日内审查完毕，并将申请材料和初审意见报国务院建设主管部门。国务院建设主管部门应当自受理之日起 10 日内做出决定。

　　注册证书是注册房地产估价师的执业凭证。注册有效期为 3 年。注册有效期满需继续执业的，应当在注册有效期满 30 日前，按照本办法第八条规定的程序申请延续注册；延续注册有效期为 3 年。

　　取得执业资格的人员，应当受聘于一个具有房地产估价机构资质的单位，经注册后方可从事房地产估价执业活动。注册房地产估价师可以在全国范围内开展与其聘用单位业务范围相符的房地产估价活动。

　　注册房地产估价师享有下列权利：使用注册房地产估价师名称；在规定范围内执行房地产估价及相关业务；签署房地产估价报告；发起设立房地产估价机构；保管和使用本人的注册证书；对本人执业活动进行解释和辩护；参加继续教育；获得相应的劳动报酬；对侵犯本人权利的行为进行申诉。

(六)注册安全工程师

1. 概述

　　为了加强对安全生产工作的管理，提高安全生产专业技术人员的素质，保障人民群众生命财产安全，确保安全生产，根据《中华人民共和国安全生产法》和国家职业资格证书制度的有关规定，中华人民共和国人事部于 2002 年 9 月发布《注册安全工程师执业资格制度暂行规定》和《注册安全工程师执业资格认定办法》，规定国家对生产经营单位中安全生产管理、安全工程技术工作和为安全生产提供技术业务的中介机构的专业技术人员实行执业资格制度，纳入全国专业技术人员执业资格制度统一规划。

　　注册安全工程师是指通过全国统一考试，取得《中华人民共和国注册安全工程师执业资格证书》，并经注册的专业技术人员。生产经营单位中安全生产管理、安全工程技术工作等岗位及为安全生产提供技术业务的中介机构，必须配备一定数量的注册安全工程师。经国家经济贸易委员会授权，国家安全生产监督管理局负责实施注册安全工程师执业资格制度的有关工作。人事部、国家安全生产监督管理局负责全国注册安全工程师执业资格制度的政策制定、组织协调、资格考试、注册登记和监督管理等工作。

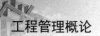
注册安全工程师执业资格实行全国统一大纲、统一命题、统一组织的考试制度，原则上每年举行一次。国家安全生产监督管理局负责拟定考试科目、编制考试大纲、编写考试用书、组织命题工作，统一规划考前培训等有关工作。

2. 考试科目

考试科目为《安全生产法及相关法律知识》《安全生产管理知识》《安全生产技术》和《安全生产事故案例分析》。国家人事部负责审定考试科目、考试大纲和考试试题，组织实施考务工作。会同国家安全生产监督管理局对注册安全工程师执业资格考试进行检查、监督、指导和确定合格标准。

注册安全工程师执业资格考试的考试成绩实行 2 年为一个周期的滚动管理办法。参加全部四个科目考试的人员必须在连续的两个考试年度内通过全部科目；免试部分科目的人员必须在一个考试年度内通过应试科目。

3. 报考条件

凡中华人民共和国公民、遵守国家法律、法规，并具备下列条件之一者，可以申请参加注册安全工程师执业资格考试：取得安全工程、工程经济类专业中专学历，从事安全生产相关业务满 7 年或取得其他专业中专学历，从事安全生产相关业务满 9 年；取得安全工程、工程经济类大学专科学历，从事安全生产相关业务满 5 年或取得其他专业大学专科学历，从事安全生产相关业务满 7 年；取得安全工程、工程经济类大学本科学历，从事安全生产相关业务满 3 年或取得其他专业大学本科学历，从事安全生产相关业务满 5 年；取得安全工程、工程经济类第二学士学位或研究生班毕业，从事安全生产及相关工作满 2 年或取得其他专业第二学士学位或研究生班毕业，从事安全生产相关业务满 3 年；取得安全工程、工程经济类硕士学位，从事安全生产相关业务满 1 年或取得其他专业硕士学位，从事安全生产相关业务满 2 年；取得安全工程、工程经济类专业博士学位或取得其他专业博士学位，从事安全生产相关业务满 1 年。

4. 注册与执业

注册安全工程师执业资格考试合格，由各省、自治区、直辖市人事部门颁发人事部统一印制，人事部和国家安全生产监督管理局用印的《中华人民共和国注册安全工程师执业资格证书》。该证书在全国范围有效。

注册安全工程师实行注册登记制度。取得《中华人民共和国注册安全工程师执业资格证书》的人员，必须经过注册登记才能以注册安全工程师名义执业。国家安全生产监督管理局或其授权的机构为注册安全工程师执业资格的注册管理机构。各省、自治区、直辖市安全生产监督管理部门，为受理注册安全工程师执业资格注册的初审机构。

取得注册安全工程师执业资格证书后，需要注册的人员，由本人提出申请，经所在单位同意，报当地省级安全生产监督管理部门初审，初审合格后，统一报国家安全生产监督管理局或其授权的机构办理注册登记手续。准予注册的申请人，由国家安全生产监督管理局或其授权的机构核发《中华人民共和国注册安全工程师注册证》。

注册安全工程师具有以下工作职责：对生产经营单位的安全生产管理、安全监督检查、安全技术研究和安全检测检验、建设项目的安全评估、危害辨识或危险评价等工作存在的问题提出意见和建议；审核所在单位上报的有关安全生产的报告；发现有危及人身安全的紧急情况时，应及时向生产经营单位建议停止作业并组织作业人员撤离危险场所；参加建设项目安全设施的审查和竣工验收工作，并签署意见；参与重大危险源检查、评估、监控，制定事故应急预案和登记建档工作；参与编制安全规则、制定安全生产规章制度和操作规程，提出安全生产条件所必需的资金投入的建议。注册安全工程师可在生产经营单位中安全生产管理、安全监督检查、安全技术研究、安全工程技术检测检验、安全属性辨识、建设项目的安全评估等岗位和为安全生产提供技术业务的中介机构等范围内执业。

第三节　工程管理行业就业导向

工程管理专业学生在大学阶段按照培养目标和教学计划要求，认真完成各类课程学习和实践教学环节锻炼，能够较好掌握工程、管理、经济和法律学科的相关基础知识和技术方法，初步具备了从事工程管理工作的能力，可以在工程建设、工程监理、工程咨询等企业、部门和中介机构就职。

一、施工企业相关职位

施工企业是工程管理专业毕业生就业的主要渠道之一。施工企业中毕业生较适合就职的岗位主要是从事施工管理、质量管理、安全管理、造价管理、材料管理，此外还可以从事投标等相关工作以及企业的日常管理工作。

(一)施工管理

施工管理的主要工作内容和程序是：参加图纸预审；参与编制施工组织设计作业和指导书并组织实施，组织班组进行书面技术交底，随时解决施工中遇到的技术问题；根据生产作业计划签发《限额领料单》《施工任务书》；在每个分项工程施工前进行书面安全交底，并负责制定和实施各项规章制度，强调文明施工；对现场计量工作随时进行检查，发现问题及时整改；科学运用各种统计技术对施工进行连续监控；参与质量事故安全事故的调查及处理工作；按照程序文件要求制定成品、半成品保护措施，并监督落实，搞好用户回访工作，并做好原始资料的收集整理工作。

(二)质量管理

质量管理的主要工作内容和程序是：参与施工组织设计、质量计划和特殊作业指导书的编写，使其能够满足国家以及上级部门颁发的施工技术质量规范和验评标准；参加班组的自检、互检、交接及预检、隐蔽工程检验、工序交接检查；对现场原材料及混凝土、砂浆配合比计量随时核查，杜绝不合格材料投入使用；定期组织质量动态分析会，积极配合上级主管部门的质量大检查工作，对核查出的质量问题监督整改；在项目经理主持下，对分项分部工程进行检验和核验；工程竣工后，协助填写有关质量资料，参加单位工程的预验与正式验收。质量管理人员应该充分利用自己的知识、经验，预见性地发现施工过程中会出现的质量问题，提出对策及解决方法，严格对人员、机械、材料、方法、环境这五个影响质量的关键因素进行控制，使工程能达到国家的施工验收规范和质量验收标准，满足建筑的各种功能要求。

(三)安全管理

安全管理的主要工作内容和程序是：加强自身安全素质的培养，掌握部颁强制性行业标准；每月进行安全生产情况总结，并上报伤亡事故统计表；协助有关人员搞好安全内业管理资料；做好所有新入工人安全教育，签字齐全，存档备查；对调换工种人员要有培训教育记录；对兼职安全管理人员要定期进行培训、指导；监督特殊工种人员持证上岗，遵章守纪；参加项目部每月的安全检查，查出的问题及时整改；每天进行巡检，有工作记录；对各种违章违纪、野蛮施工人员进行教育和经济处罚。

目前，部分单位和个人对安全管理工作的地位和作用尚存在一些错误认识。如认为安全管理人员可有可无，从事安全管理工作不需要专业知识等。施工过程中较为频繁出现的脚手架倒塌伤人事故，多数情况就是由于荷载过于集中，支撑不够或支撑结构不当而造成的。如果安全管理人员具备严谨的工作态度和良好的专业素养，能够尽早发现并及时采取针对性的技术措施，完全可以避免此类事故的发生。况且安全知识还涉及电气、机械设备、爆破及建筑施工等相关技术知识，缺乏系统的专业训练，很难成为合格的安全管理人员。因此，我们必须大力普及安全知识，切实加强"三级安全教育"(即公司教育、项目部教育、班组教育)，正确使用安全"四宝"(即安全帽、安全带、安全网、漏电保护器)，做好"四口"(即楼梯口、电梯井口、通道口、预留洞口)防护，坚决执行"四不放过"(即麻痹思想不放过、事故苗头不放过、违章作业不放过、安全漏洞不放过)原则，把好安全生产"七关"(即教育关、措施关、交底关、防护关、文明关、验收关、检查关)，制订切实可行的项目安全保证计划，采用经济合理的安全技术措施，加强对施工项目现场的管理，力争建立文明的施工现场。

(四)造价管理

造价管理的工作内容和程序是：投标时，在经营开发部门的统一指挥下，参加标书答疑和投标预算的编制。中标后，在项目经理安排下，参加施工组织设计的编制、图纸会审、编制标书预算及各项经济指标的收集、整理、分析工作，并做好施工签证、洽商、设计变更、合同变更等资料的收集工作，据此做出调整预算，报建设单位签认。对在建工程及时做出年终小结，并报建设单位签认。按合同约定时间及时报出竣工结算，并签认上报公司管理部门。

造价管理人员开展工作的过程中，一般要注意下列几个问题：第一，材料预算价格，这是决定工程投资最主要的因素。造价管理人员应该深入工程所在地进行调查，收集材料的第一手资料，包括材料来源、运输渠道、价格等。第二，结构方案比选和设计工作。造价管理者应该了解设计意图和工程全貌，充分熟悉图纸，对不同的结构方案和相应的施工方案进行经济比选，提出改进意见。第三，熟悉工程现场。这要求造价管理者驻扎工地，深入项目，勘察了解地形、地质、地貌、水文、气象及施工水位等，取得第一手基础资料。第四，选择合理的施工组织。造价管理者应根据结构构件的类型、数量、堆放场地、运输和安装，材料和机械进出场，机具、设备的摆放和生活区用地等因素，综合考虑，合理布局，为项目经理选择施工组织设计提供建议。第五，合理选择施工方案。造价管理者在编制概预算时，重点对施工方案进行分析，判断其是否服从工期、质量、技术要求，是否能降低成本，并选择合理的施工方法、施工机械、施工顺序，组织流水施工。第六，临时工程。临时工程需要造价管理者深入现场调查，向建设单位了解，确定其造价及对施工方案的影响。第七，工程定额。套用定额时应正确选择子项目，不重复不遗漏，核对工程内容，详细阅读定额和图纸的说明、小注，通过对工程实际的了解、工程现场条件的调查及有关政策性法规和规定的正确采用，正确计算工程量，严格按照编制办法的规定选用适当的费率，再合理套用定额，计算其他有关费用，编制出准确度高的概预算。

(五)材料管理

一般来说，材料费用占整个工程成本费用的 60%~70%，少数特殊工程所占比例还将增大。施工的过程也就是把建筑材料转化成建筑产品的过程，而这个过程的转变主要是在施工现场进行的。因此，现场材料管理就成为整个施工过程中的重要环节，直接影响到工程的进度与质量。一个工程项目的顺利实施需要配置称职的材料管理人员。

材料管理主要工作内容程序是：选择、评价合格供应商，建立合格供应商名册，建立合格供应商档案；按月做好材料采购计划和用款计划；做好进场的验收工作，严格进场材料的验收手续，及时取样试验，保证质量和数量准确无误；坚持进场料具按平面布置堆放，砂石成方。用标识牌明确标识各种材料名称、规格、数量、产地、出厂日期、质量状况等，坚持收、发、颁、领、回收、盘点制度，并做好各自材料的防火、防雨、防洪、防潮、防盗、防蛀等工作；按限额领料制度控制发料，实行节奖超罚制度，组织修旧利废，监督合理使用料具；正确填制收、发、领、退各自原始记录和凭证，建立各类台账，搞好单位工程耗料核算，分析节超原因，填制统计报表并办理经济签证，及时整理并管好账单、报表资料、建立材料计划与实际耗用档案；负责对施工工具的收发、使用监督，按规格区域码放，建立周转材料的维护保养制度；做好年终清产工作，并及时、准确制表上报。材料管理是一项庞杂而烦琐的工作，它要求管理者具有更强的责任心和奉献精神，随着项目管理中分工的细化，成本控制的理念深入人心，材料管理工作将在工程管理中占据更加重要的位置。

现场的材料管理一般分为三个阶段。

第一，施工前的准备。在承担某项施工任务后，材料管理者要仔细阅读图纸、设计说明及其他相关文件，了解工程对所使用材料的性能及质量要求，并根据图纸制订总用料计划，根据施工进度计划做出分步用料计划；配合施工管理人员绘制施工总平面图；与施工管理人员一道勘察现场，对照施工总平面图，查看工地周围的交通状况及工地内的道路是否通达，堆放材料的场地是否平整。通过调查了解，对整个工地形成一个清晰的印象，以便以后顺利开展工作。

第二，施工过程中的管理。施工前的各项准备工作就绪后，就根据分步材料计划联系合格分供方组织各项材料入场，材料管理人员要严格按照施工要求及 ISO 9002 质量认证体系的要求，对其进行验收、记录、标识，并配合工地质检部门做好原材料的复检工作。使用规范、适用的票据对材料及其使用过程进行管理，是至关重要的，如计划单、验收单、日记账、月末出库表、入库单、库房分类账、出库单、限额领料单、周转材料领用单、调拨单、工具领用卡、租赁合同、退换货单、退库单等，这些票据的有效使用，不仅使繁琐的工作条理化，也实现了对材料管理的可追溯性，对整个工程项目的规范化管理也起到了促进作用。

第三，竣工后的管理。工程结束后，材料管理人员要对现场材料进行盘点、清理，做盘点表，并对一些材料、机具的完好状态进行标识，最后分批退回材料总库，认真填写退库单，并与总库管员办理交接手续，对施工过程中的票据进行整理、编号、送交材料科存查。

为了更好地进行管理，有公司提出了"日审计、周巡查、旬分析、月总结"的材料现场管理与控制方法，有效地杜绝了材料的浪费和丢失，实现了过程控制与事后考核的有机结合，为项目经济效益的提高起到了积极的促进作用。

(六)投标工作

为适应我国社会主义市场经济发展的需要，建立起市场竞争机制，促进建筑市场的进一步规范和开放。2001 年 1 月 1 日起实施的《中华人民共和国招标投标法》规定对在国内进行的大型基础设施、公用事业、使用国家投资和外资的建设项目，从勘察、设计、施工、监理到主要设备、材料的采购，强制实行招标投标制度。施工单位承接工程项目，一般需要通过中标获得。为此，施工单位的投标人员在投标竞争过程中，编写出一个高质量的投标文件是企业能否获得工程业务的关键。一个高质量的投标文件，除必须满足严谨性、规范化和标准化等基本要求外，应该对招标单位有足够的吸引力，而且应使施工企业获得一定的利润。为此，编写投标文件时，需要对一定的工程对象确定明确的投标目标和指导思想，并据此确定针对性的投标模式和技巧。建筑工程施工投标工作是一项系统工程，需要多部门、多专业协调配合，建立一个强有力的投标班子，才能取得良好的效果。

投标工作从业人员应具备以下素质：有较高的政治修养，事业心强；认真执行党和国家的方针、政策，遵守国家的法律和地方法规，自觉维护国家和企业利益，意志坚强、吃苦耐劳；知识渊博、经验丰富、视野广阔、认识超前。具备经营管理、施工技术、成本核算、施工预决算等领域的专业知识与技能，能全面系统地观察、分析和解决问题，具备较强的实际工作经验；对招投标工作应遵循的法律、规章制度有充分的了解，有丰富的阅历和较强的应变能力，能对可能出现的各种问题进行预测并采取相应措施；勇于开拓，有较强的思维能力和社会活动能力，积极参加有关的社会活动，扩大信息交流，正确处理人际关系，不断吸收投标工作所必需的新知识及有关信息。

施工企业负责投标工作的相关部门及人员要搜集来自企业内部和外部与投标有关的经济、技术、社会、环境等方面的信息，并保证其正确性和真实性，做到知己知彼，为领导决策提供依据。投标过程中企业的内部信息和外部信息都是灵活多变的，只有把握住这些信息，才能最有希望在投标过程中取胜。企业内部对投标影响较大的信息因素是多方面的，主要有企业当前的施工任务情况，包括对施工技术、工艺掌握的熟练程度，后备物资的来源、供应情况，施工机械设备的型号、规格和数量等。外部信息的收集要求"快、全、准"。"快"为迅速及时，"全"为多多益善、系统积累，"准"为可靠性强，如哪里有招标项目，工程概况如何，什么日期开始招标等。要注意收集以下几个方面信息：当地建筑市场信息及投标工程项目的投标信息，如项目的规模、标段划分、主要工程量等，当地的经济发展水平和交通运输情况，招标单位的倾向性和当地的地方保护政策，了解潜在的可能投标竞争对手等。

施工企业得到招标文件后，参与此项工作的有关人员要精读全文，逐条认真研究招标文件内容，摸清招标人的要求及意图；与此同时也要全面了解招标文件中有关投标人(承包人)所应享受的权利和义务。在阅读招标文件、审核施工图纸、核实(算)工程量时，若发现有疑问之处，一般应要求招标方澄清勘误，并以书面形式为准。

投标策略制订是否科学、适用，对投标目标模式的实现非常关键。针对不同的投标目标模式，应该采用不同的投标技术手段，这主要基于投标者对招标文件的全面理解、对竞争对手实力的了解和把握。正确的投标策略主要来源于投标企业管理人员经验的长期积累，来源于对投标工作客观规律的认识和对实际情况的了解，来源于对竞争形势的调查、分析和研究，还取决于领导层的决策能力，做到"把握形势，以长胜短，掌握主动，随机应变"。总之，投标人员在参与投标时，应依据招标方项目要求和投标企业自身的目标，综合分析招投标工作所涉及的各方面因素，制定科学、合理、切合实际的投标策略，通过拟定高质量的投标文件和做好相关方面工作，才能取得较理想的投标效果。

二、房地产业相关职位

随着城市化进程的加快和住房建设投资的持续增加，房地产业为工程管理专业毕业生提供了广阔的就业空间。目前，工程管理专业毕业生在房地产企业中主要从事策划、投融资、营销、估价、报建等工作。

(一)房地产项目策划

房地产项目策划指对开发商的建设项目从观念、设计、区位、环境、房型、价格、品牌、包装和推广上进行资源整合，合理确定房地产目标市场的实际需求，以开发商、消费者、社会三方共同利益为中心，通过市场调查、项目定位、推广策划、销售执行等营销过程的计划、组织和控制，为开发商规划出合理的建设取向，使产品及服务完全符合消费者的需要，从而使开发商获得利益的程序化管理过程。

房地产项目策划人员通常具有以下职能。

第一，概念的规划设计。受房地产开发商委托，在了解项目所在地的区域规划、区域经济发展水平、居民收入、周边房地产业状况、区域人文地理环境、潜在消费者的生活习性等信息后，对所开发的项目进行详细的诊断分析，提出项目的概念设计定位，画出概念规划图。

第二，法律顾问职能。为了规范房地产市场，国家和地方政府颁布了各种与房地产建设有关的法律制度和法规条文。除此之外，房地产开发过程中如土地代征、房屋拆迁、工程建设过程对周边居住环境的影响(施工噪声、扬尘等)和城市规划、区域建筑物高度、道路宽度限制等方面还将涉及大量现行法律法规未能明确界定和规范的问题。策划人员必须全面掌握国家相关法律法规及相关所在地涉及建设的行政规章并能加以有效运用，才能合理规避各种可能的风险。

第三，投资理财职能。策划人员需要站在开发商的立场上确保资金的有效运用，通过对项目的全程策划，力争项目在完成后实现畅销，从而使投入项目的资金获得最大的投资收益。策划人员提高资金效率主要手段不是降低成本，而是通过资金的合理分配将资金投在能使项目增值的创意设计上。

第四，组织协调职能。策划人员是房地产开发商与工程设计单位、施工单位、销售公司、广告代理商、物业管理公司等相关单位和个人联系的桥梁和纽带，通过策划人员的组织、协调，将项目的概念定位演绎为成功的产品。

第五，过程监督职能。当项目的概念定位成为设计图、施工图后，要确保设计理念由图纸准确转化为产品，其施工全过程必须有严格的监督。施工中出于各种缘故需要对设计进行调整，都必须经策划人员审定，只有这样才能保证项目概念设计能够准确定位。

第六，环境景观策划。这里所谓的环境景观主要指居住小区的环境美化，社区景观与周边街道环境、自然环境的协调问题。居住区的人性化，很大程度取决于居住区景观设计。因此，居住区景观构成将极大地影响项目产品的未来销售，而景观风格定位及如何实现则取决于策划人员。

要完成房地产项目策划的六方面职能，称职的策划人员必须具备通用型、综合性的知识结构。一个房地产项目的全程策划常常不是一个或几个策划师或咨询顾问就可以完成的，往往需要策划团队才能够胜任。

(二)投融资

房地产投资主要来源于银行贷款、自有资金和其他融资方式获得的资金。从事房地产投融资工作，必须全面了解银行贷款、房地产信托、上市融资、海外房产基金、债券融资等投融资主要渠道，熟练掌握投融资运作的相关规则和技术方法，能够根据具体的项目制定不同的融资方案，计算融资成本，预测融资状况对项目的影响，并估计项目的赢利水平，为项目的投资决策以及项目实施过程的成本控制提供对策和依据。

(三)房地产中介

工程管理专业毕业生在房地产中介机构就任的职位和主要从事的工作有资产评估、置业顾问和中介经纪人等。

房地产经纪人是指依法取得《房地产执业资格证书》并申请执业，由有关主管部门注册登记后取得《房地产经纪人注册证》，在房地产经纪机构中能独立执行房地产经纪业务的人员和自行开业设立房地产经纪机构或经房地产经纪机构授权，独立开展经纪业务并承担责任的自然人。

资产评估是由专门的机构和人员依据国家有关法律、法规，国家和有关部门的相关政策以及工程项目的技术资料，针对特定的目的，遵循一定的原则、程序、标准，运用适当的方法确定资产价格的一项工作，是一种动态的、市场化的社会经济活动。

咨询机构中置业顾问与平常所说的"售楼员"有着很大的区别，它不但要求具备较高的文化素质，还需要对建筑产品的结构、材料、施工及使用功能有深入的了解和掌握，同时具有较强的金融和投资理财知识，能够给客户提供置业、择房、贷款等咨询服务。

三、咨询和监理单位相关职位

工程管理专业毕业生在工程咨询单位可以从事的职位包括投资决策分析、项目可行性分析研究、工程预决算、图纸及造价审查等。

可行性研究是建设项目前期工作的重要步骤，是进行项目决策以及编制建设项目设计任务书的依据。对建设项目进行可行性研究是工程管理中的一项重要基础工作，是保证建设项目以相对较少的投资换取相对最佳经济效果的科学方法，对项目投资决策和项目运作建设具有十分重要的作用。可行性研究不仅对拟建的工程项目进行系统分析和全面论证，判断项目是否可行，是否具有投资价值，寻求最佳建设方案，避免项目方案的多变造成人力、物力、财力的巨大浪费和时间的延误。这就需要严格可行性研究的审批制度，确保可行性研究报告的质量和深度。

监理单位是专业化、社会化的中介服务机构，受业主的委托，以自身的专业技术、管理技术有效地控制工程建设项目的进度、质量、投资，公正地管理合同，使工程建设项目的总目标得以最优实现。监理制度在西方已经有较长的历史，经过不断探索、改进已较为完善。我国自 1988 年开始在建设领域实行建设工程监理制度，目前此项制度已经纳入《中华人民共和国建筑法》的规定范畴。从总体上看，我国的工程监理在不断取得发展的同时，仍存在定位不准、行为欠规范、高素质从业人员缺乏和监理取费标准比较低等问题。监理机构只有不断提升企业人才的素质，打造企业品牌，才能在竞争中立于不败之地。

近年来，我国工程监理行业发展十分迅速。截至 2009 年底，全国建设工程监理企业的营业收入约为 855 亿元，单位数为 5475 个，年末从业人数达 58 万人，其中注册执业人数达 10 余万人。工程监理已成为工程管理专业毕业生主要就业去向之一。

工程管理专业毕业生在监理机构主要从事施工现场监理和参与监理企业日常管理工作。现场监理工作的中心是"三控制、两管理、一协调"，即质量控制、进度控制、投资控制，合同管理、信息管理和协调参与建设各方的关系。

投资控制主要是在建设前期进行可行性研究，协助业主正确地进行投资决策，控制好估算投资估算总额；在设计阶段对设计方案、设计标准、总概算(或修正总概算)进行审查；在建设准备阶段协助确定标底和合同造价；在施工阶段审核设计变更，核实已完工程量，进行工程进度款的签证和控制索赔；在工程竣工阶段审核工程结算。

进度控制首先要在建设前期通过周密的分析，确定合理的工期目标，并在施工前将工期要求纳入承包合同；在建设实施期通过运筹学、网络计划技术等科学手段，审查、修改施工组织设计和进度计划，并在计划实施中紧密跟踪，做好协调和监督，排除干扰，使单项工程及其分阶段目标工期逐步实现，保证项目总工期的实现。

质量控制贯穿项目建设的全过程，包括可行性研究、设计、建设准备、施工、竣工及用后维修等各个环节。主要包括施工组织设计方案竞赛与评比，进行设计方案磋商及图纸审核，控制设计变更；在施工前通过审查承包人资质，检查建筑物所用材料、构配件、设备质量和审查施工组织设计等质量控制；在施工中通过主要技术复核，工序操作检查，隐蔽工程验收和工序成果检查，认证监督标准、规范的贯彻，以及通过阶段验收和竣工验收把好质量关。

合同管理是进行投资控制、工期控制和质量控制的手段，是现场监理人员站在公平的立场上，采取各种控制、协调和监督措施，履行纠纷调解职责的依据，也是实施工程目标控制的出发点和归宿。

信息管理要求建立反映整个工程建设过程的信息系统，监理工程师必须及时收集、分析信息，发现问题，提出对策和措施。

组织协调是监理人员通过与建设单位、施工单位、设计单位、材料供应部门、政府相关部门、金融部门等相关单位和个人加强联系、沟通，协调关系，达到增进合作，减少矛盾的目的，促进参与工程各方共同为完成工程预定目标而努力。

四、其他机构相关职位

除上述介绍的主要就业去向之外，工程管理专业的毕业生还可以在工程设计单位从事概预算、建筑设计、合同管理、招投标及日常的管理工作；在项目业主单位作为甲方代表参与工程管理工作；在政府部门从事建设规划、工程审计、招标投标监督、项目申报审查、土地转让拍卖监督、房地产买卖监督等技术管理工作；在金融系统中从事建设项目的投融资工作；在教育机构从事工程管理及房地产相关专业的教学、科研和行政管理工作；在软件行业从事工程管理相关软件的开发及推广工作；在物业管理机构及企业从事物业管理相关工作。

本 章 小 结

工程管理人才在具有良好的知识结构，较强的沟通、协调和分析问题、解决问题能力的同时，还必须具备较强的组织领导才能，灵活的整体思维能力，很高的伦理标准和良好的职业操守，开阔的国际化视野、很强的跨文化沟通能力，更强的知识更新能力。

职业资格是国家推行就业准入制度的证书，所有行业都必须持证上岗，而执业资格是特殊行业从业的资质证明。国外实行的市场准入制度，主要是对专业技术人员从事相关技术工作的资格予以认定。我国工程管理相关行业目前设有建造师、造价工程师、监理工程师、房地产评估师、工程咨询(投资)专业技术人员职业资格、房地产经纪专业人员职业资格等职业资格。

工程管理专业毕业生可在工程建设、工程监理、工程咨询等企业、部门和中介机构就职。

思 考 题

1．职业资格和执业资格的区别是什么？
2．我国工程管理行业有哪些相关执业资格认证？
3．工程管理专业毕业生主要就业去向和工作内容是什么？
4．社会经济发展对工程管理专业人才提出了怎样的要求？

第五章

工程管理发展展望

【学习要点及目标】

通过本章的学习，掌握社会对工程的需求、我国未来工程的主要领域；了解工程和工程管理的未来发展趋势。

【关键概念】

社会需求　基础设施建设　创新　工程信息系统

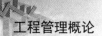

第一节　社会对工程需求的总体分析

我国经济社会可持续发展仍然离不开工程。根据国家统计局数据，十几年来我国固定资产投资规模持续增长，2016 年我国全社会固定资产投资完成额度达到了 60.65 万亿元人民币，如图 5-1 所示。按照我国国民经济和社会发展计划，各行各业仍然有很大的发展空间。因此可以预计，未来几十年，我国的固定资产投资规模在相当长时期内仍然会保持高速增长，各类工程建设也会有很大的需求。

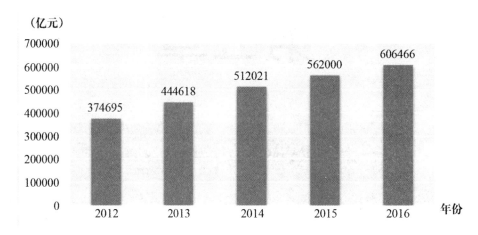

图 5-1　2012—2016 年全社会固定资产投资

(1) 我国城市化进程发展速度较快。截至 2016 年末，我国城市数量达到 657 个，常住人口城镇化率已经达到 57.4%，现正以每年一个多百分点的速度快速推进。城市化的进程必然带动大规模的城市基础设施，如公路、铁路、机场、城市轨道交通、供水、供电、供气、供热、污水处理设施，以及住宅、商业、学校、医院等生活配套设施的建设，这必然伴随着工程建设的高潮。据估算，到 2050 年我国的城市化率将达到 77%～81%。

(2) 国家投资力度不减。我国政府近几十年来采用的以投资拉动经济政策还会在一段时间内继续，使得工程建设依然有很大的需求。

(3) 民间投资潜力巨大，国家正采用 PPP 模式促进民间投资潜力的释放。我国私有经济正高速发展，现在国家开放企业投资的门槛，在基础设施领域，民间投资已经启动。民间资本不仅会促进乡镇的轻工业、经济发达地区的高新工业投资增加，而且会带动中部地区的资源和能源开发投资，以及沿海、东北地区的重工业、化工业投资的快速发展。同时，外商投资势头不减，在东、中、西部全面铺开。这些都将有力地促进工程建设的发展。

(4) 我国幅员辽阔，长三角、珠三角、环渤海湾区域建设仍然是最为繁荣的建筑市场，同时西部大开发、中部崛起、东北工业区振兴也为工程建设提供新的机遇。我国发达地区的资金也在与西部的资源、技术、廉价土地和劳动力结合，进行各种产业的投资和开发。2017 年 10 月 18 日，党的十九大报告中指出，实施区域协调发展战略，加大力度支持革命老区、民族地区、边疆地区、贫困地区加快发展，强化举措推进西部大开发形成新格局；

深化改革加快东北等老工业基地振兴，发挥优势推动中部地区崛起，创新引领率先实现东部地区优化发展，建立更加有效的区域协调发展新机制。每一个区域发展战略的实施都会需要大量的投资，都会带动这些地区大规模的工程建设。

(5) 随着我国国力的增强，国家对一些重大的社会活动的投入也越来越大，常常需要大量的工程建设，例如我国近十几年对一些重大社会活动的工程建设投入，如表5-1所示。

表5-1　我国近年来重大社会活动的工程(场馆)建设投入

活动名称	年代	地点	工程建设投入(亿元)
2008年奥运会	2008	北京	130
世博会	2010	上海	180
全国第十届运动会	2005	南京	100
全国第十一届运动会	2009	济南	105
亚运会(广州)	2010	广州	129.2

表5-1仅是场馆建设，还不包括为了这些活动投入的城市其他基础设施的新建和改造投资，例如为了迎接全国第十一届运动会，济南市城市基础设施投资达1400多亿元。

(6) 近60年来，特别是20世纪80年代以来我国建设的许多工程，由于规划水平、建造质量、节能要求、抗震能力等方面问题，使许多工程要进行大规模地更新改造，如节能改造；而且许多工程没有进一步使用或保留的价值，要拆除再建，客观上扩大了工程的需求。

第二节　我国未来工程的主要领域

一、房地产

住宅仍然是建筑业的主体产品，2016年，全国房地产开发投资102 581亿元，继续担当着建筑业主体产品的角色。尽管我国近十几年房地产发展迅速，但与发达国家相比，无论在量还是在质方面差距都很大。美国人均住房面积接近于60平方米，欧洲国家和日本的人均面积多在35～40平方米。而我国目前城镇人均住宅面积在30平方米左右。据建设部有关研究机构的预测，2020年我国人均住房建筑面积才达35平方米，达到户均一套，人均一间，厨房面积不低于6平方米，卫生间面积不低于4平方米，主卧室面积不低于12平方米的目标。据估计，到2020年底，全国房屋建筑面积为686亿平方米，其中城市171亿平方米。目前我国每年新建成的房屋达16亿～20亿平方米，超过各发达国家年建成的房屋建筑面积的总和。这样就有一个十分庞大的住宅市场需求量和住宅工程的建设量。

二、城市基础设施

我国城乡基础设施，包括铁路、公路、供水、供电、供气、供热、污水处理、城市道路仍然处于短缺状态，而且总体缺口较大，基础设施的建设高潮仍将持续。

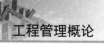
1. 公路工程

根据统计资料显示，截至 2016 年底，全国公路总里程达到 469.63 万公里，是 1984 年底的 5.1 倍。其中，高速公路达到 13.10 万公里，里程规模居世界第一位。

按照我国公路水路交通发展 2020 年的目标和本世纪中期的战略目标，到 2020 年，公路基本形成由国道主干线和国家重点公路组成的骨架公路网，建成东、中部地区高速公路网和西部地区八条省际间公路通道，45 个公路主枢纽和 96 个国家公路枢纽。

2. 铁路和高速铁路建设需求

2016 年《中长期铁路网规划》构建"八纵八横"高速铁路主通道。"八纵"通道为：沿海通道、京沪通道、京港(台)通道、京哈—京港澳通道、呼南通道、京昆通道、包(银)海通道、兰(西)广通道；"八横"通道为：绥满通道、京兰通道、青银通道、陆桥通道、沿江通道、沪昆通道、厦渝通道、广昆通道。到 2020 年，铁路网规模达到 15 万公里，其中高速铁路 3 万公里，覆盖 80%以上的大城市。到 2025 年，铁路网规模达到 17.5 万公里左右，其中高速铁路 3.8 万公里左右。到 2030 年，基本实现内外互联互通、区际多路畅通、省会高铁连通、地市快速通达、县域基本覆盖。

3. 城市轨道交通工程

随着我国城市地面交通的拥挤、城市建设的要求和人民防空的要求，发展地铁交通是我国许多城市解决交通问题的主要策略。有一些大城市、特大城市只能向地下空间发展。

在 2000 年之前，内地仅有北京、上海、广州 3 个城市拥有轨道交通线路。进入 21 世纪以来，随着国家经济的飞速发展和城市化进程的加快，城市轨道交通也进入大发展时期。截至 2016 年底，中国内地共有 29 座城市已建成运营 129 条城市轨道交通线路，运营里程达 3832 公里。

4. 港口工程

港口工程是我国交通运输业的重要组成部分。在 2016 年世界十大集装箱港口排名中，中国的上海(3713 万个 TEU)、深圳(2411 万个 TEU)、宁波舟山(2157 万个 TEU)、香港(1963 万个 TEU)、广州(1858 万个 TEU)、青岛(1801 万个 TEU) 、天津(1450 万个 TEU)分别位居第一、第三、第四、第五、第七、第八和第十位。我国已经成为全球海运需求增长的主要动力来源，在全球经济逐渐复苏的背景下，中国铁矿石、煤炭、钢材、石油等原材料需求也随之回升，因此中国未来海运需求将逐渐增长，也将使未来港口建设成为投资的热点领域之一。

5. 水务业

水务业是一个投资大、投资回收期长、投资回报率低而稳定的行业，可细分为水的生产与供应、污水处理两个子行业。由于我国城乡用水量的增加、水价和污水处理费的调升，其投资回报率将有较大提高，极富投资价值。据国家经济发展部门预测，我国水务市场从中长期来看，年增长率将维持在 15%左右。

根据住房城乡建设部通报，截至 2016 年 12 月底，全国设市城市、县累计建成运行污水处理厂 3991 座，污水处理能力达 1.73 亿立方米/日。全国设市城市建成运行污水处理厂共计 2248 座,形成污水处理能力 1.42 亿立方米/日。全国已有 1474 个县城建有污水处理厂,占总数的 94.4%;累计建成污水处理厂 1743 座,形成污水处理能力 0.31 亿立方米/日。我国水污染严重,污水处理设施建设任务十分艰巨,需要大量的工程建设投资。

6. 城市地下管道系统

长期以来,人们一直不重视城市地下管道系统的建设,所以问题很多,如许多城市地下系统混乱,没有统一规划,各领域各自为政,包括给排水系统、能源(如轨道液化气、电力线路)系统和各种通信线路系统等。许多城市,甚至是大城市,几十年来,由于不断地铺设与维修管道,道路一直处于"挖——填——挖"的过程中。

目前我国许多城市排水能力不足,一下雨就会出现道路、城区被水淹没的情况,作为向历史负责任的政府应该逐步解决这个问题。

三、环境保护工程

1. 我国对相关工程的投资

我国环境形势十分严峻,要解决环境的困境必须加强对相关工程的投资。

根据《2016 中国环境状况公报》,全国 338 个地级及以上城市中,有 84 个城市环境空气质量达标,占全部城市数的 24.9%;254 个城市环境空气质量超标,占 75.1%。338 个地级及以上城市平均优良天数比例为 78.8%,比 2015 年上升 2.1 个百分点;平均超标天数比例为 21.2%。474 个城市(区、县)开展了降水监测,酸雨城市比例为 19.8%,酸雨频率平均为 12.7%,酸雨类型总体仍为硫酸型,酸雨污染主要分布在长江以南——云贵高原以东地区。全国地表水 1940 个评价、考核、排名断面(点位)中,Ⅰ类、Ⅱ类、Ⅲ类、Ⅳ类、Ⅴ类和劣Ⅴ类分别占 2.4%、37.5%、27.9%、16.8%、6.9% 和 8.6%。6124 个地下水水质监测点中,水质为优良级、良好级、较好级、较差级和极差级的监测点分别占 10.1%、25.4%、4.4%、45.4% 和 14.7%。地级及以上城市 897 个在用集中式生活饮用水水源监测断面(点位) 中,有 811 个全年均达标,占 90.4%。春季和夏季,符合第一类海水水质标准的海域面积均占中国管辖海域面积的 95%。近岸海域 417 个点位中,一类、二类、三类、四类和劣四类分别占 32.4%、41.0%、10.3%、3.1% 和 13.2%。

"十二五"期间,我国城镇生活污水处理实现跨越式发展,新增污水处理能力每日达到 3493 万吨,污水管网 10.94 万公里,中水回用能力达到每日 1132 万吨。"十三五"时期,我国将进一步推进城市污水处理设施升级改造,力争实现建制镇污水处理设施全覆盖,"十三五"城市污水集中处理率目标为 95%。

从全国范围来看,各地对于环境工程的投入均有显著增长。近年来,我国环境保护的年投资额一直呈现稳定上升趋势(见表 5-2),城市环境基础设施建设投资额占环保年投资额比重一直在一半以上(见表 5-3)。

表 5-2　2010—2015 年环境保护的年投资额

年份	2010	2011	2012	2013	2014	2015
投资(亿元)	6554	7114	8253	9037	9575	8806
占同期 GDP 比重	1.59%	1.45%	1.53%	1.52%	1.49%	1.28%

表 5-3　2010—2015 年城市环境基础设施建设投资额

年份	2010	2011	2012	2013	2014	2015
投资(亿元)	5182	4557	5063	5223	5464	4947
占环保年投资额比重	79.07%	64.06%	61.35%	57.80%	57.07%	56.18%

环境保护不仅要求大量的污染专项治理设施投入，城市污水处理、垃圾处理和大江大河的处理设施投入，而且会带来工业结构调整的要求和新的投资要求。

现在国家提出资源节约型、环境友好型社会的建设要求，2017 年第二十三届联合国气候变化大会上，中国提出：努力实现到 2020 年全国单位 GDP 能耗比 2015 年下降 15%，2020 年和 2030 年能源消费总量分别控制在 50 亿吨、60 亿吨标准煤以内的目标任务。这将促进工业生产技术进步、工艺更新、产品更新换代和产业升级，由此带来工程投资的需求。

特别在电力行业、水泥行业、电石行业、纺织行业、钢铁行业、煤炭行业等领域，许多厂要撤并，投资改造，整体搬迁，或加大环保设施建设。以水泥行业为例，在目前面临燃料价格高涨的情况下，节能降耗无疑将成为水泥企业提升业绩的关键手段。但这就需要大量的技术更新改造的投入，这些都会带动工程投资的增加。

2. 我国现有建筑节能改造的投入

(1) 2013 年国家发展改革委、住房和城乡建设部颁发《绿色建筑行动方案》，提出"十二五"期间，完成北方采暖地区既有居住建筑供热计量和节能改造 4 亿平方米以上，夏热冬冷地区既有居住建筑节能改造 5000 万平方米，公共建筑和公共机构办公建筑节能改造 1.2 亿平方米，实施农村危房改造节能示范 40 万套。到 2020 年末，基本完成北方采暖地区有改造价值的城镇居住建筑节能改造。这些都需要大量的资金投入才能完成。

(2) 2014 年全国存量建筑面积已达到 662 亿平方米，其中 90%以上是高耗能建筑，远达不到国家相关强制性节能标准。根据《中国建筑节能年度发展研究报告(2015)》数据，近十年中国建筑能耗依然居高不下，民用建筑运行能耗占全国总能耗比例一直维持在 20%~25%。

虽然已建成的高耗能建筑能够进行节能改造，但是房屋工程涉及选址、屋顶、墙体、地面、管线等，具有相当的不可逆性，改造成本高，改造效果有限，资源浪费巨大。目前建设的高耗能的建筑越多，遗留的能源消耗负担就越严重。这会从以下几个方面影响工程。

① 新工程的节能技术研究、开发和产品生产投入。

② 增加能源工程投入规模。按照我国现有的建筑能耗水平，2020 年，我国建筑能耗将超过 2000 年能耗的 3 倍，至少将达到 10.9 亿吨标准煤。空调高峰负荷将相当于 10 个三峡电站满负荷运力。

③ 加大对已经建成房屋的节能改造的投入，研究改造技术，提高节能改造的效果。否

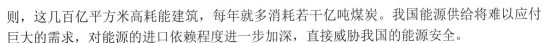

则，这几百亿平方米高耗能建筑，每年就多消耗若干亿吨煤炭。我国能源供给将难以应付巨大的需求，对能源的进口依赖程度进一步加深，直接威胁我国的能源安全。

④ 建筑采暖的需求，不仅消耗大量能源，而且导致我国冬季大面积雾霾，影响人们身心健康，产生很大的社会影响。

四、工业建设需求情况

今后对于工业建设的需求主要集中在能源(包括核能和火电、水电等)、石油化工、汽车等新型制造业方面。特别是资源性开发、能源生产等建设投资呈大幅度增长趋势，如煤炭开采、电力、热力的生产与供应，石油和天然气开采投资还会增加。

1. 煤炭业

目前，我国煤炭产能过剩和全社会库存居高不下的态势仍在持续，市场需求放缓、价格低位、煤炭进口等影响还在蔓延，煤炭市场供大于求的态势短期内难以改变。虽然煤炭在我国能源结构中的比重下降、增速放缓，但其主体能源的地位不会改变。展望我国燃煤电厂的超低排放、高效煤粉型工业锅炉和现代煤化工技术发展，煤炭既是可清洁高效利用的能源，也是重要的工业原料，仍具有较大的发展空间。根据国家能源发展战略，到 2020 年煤炭占我国一次能源消费结构比重仍在 62%左右，今后一个时期我国"以煤为主、多元发展"的能源发展方针不会改变。

2. 电力行业

从宏观形势来看，我国电力建设市场在未来 15～20 年前景看好。2016 年我国非化石能源装机比重达 36.7%，比上年度提高 2 个百分点；非化石能源消费比重达 13.5%，比上一年度提高 1.4 个百分点。我国电力工业进入了清洁低碳、安全高效、灵活智能的发展新阶段。截至 2016 年底，我国电源装机及电网规模多项指标位列世界第一。全国发电装机容量达 16.46 亿千瓦，其中水电 3.32 亿千瓦(含抽水蓄能 0.27 亿千瓦)，风电 1.49 亿千瓦，太阳能发电 0.77 亿千瓦，核电 0.34 亿千瓦，火电 10.54 亿千瓦。2016 年，全国电力工程建设投资合计 8855 亿元，同比增长 3.3%。其中，电网建设投资 5426 亿元，同比增长 16.9%。但是，我国电力设备利用效率与国际先进水平相比仍有差距，电网利用效率有待进一步提高。

发展新能源是实现未来可持续发展的必然趋势，核电作为低碳能源，是新能源的重要组成部分，是我国未来能源可持续发展的重要基础。根据"十三五"规划，到 2020 年，我国核电运行和在建装机将达到 8800 万千瓦。

3. 电力投资相关配套设施

(1) 电站设备是电力设备中技术含量最高的子行业，主要产品为电站锅炉、汽轮机、发电机和水轮发电机。当前国家对电力建设投资调控的方向主要是耗能高、效率低的中小火电机组。对于水电、核电和大型火电机组影响不大。

(2) 输变电设备行业投资。我国电力建设的传统是重发电，轻输配电，主网架结构薄弱，经常形成"窝电"现象。根据国外发达国家的经验，输配电和发电资产的比例一般为 60：40，

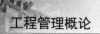

而我国是 40∶60。

从 2010 年到 2015 年，我国对电力的基础建设投资每年逐步加大。2014 年，我国电力的基础建设投资为 7764 亿元，其中电源建设为 3646 亿元，电网建设为 4118 亿元。2015 年，电力的基础建设投资为 8694 亿元，其中电源建设为 4091 亿元，电网建设为 4603 亿元。"十三五"期间，我国电力工业将由规模扩张型发展向质量效益型发展转变，发展质量明显提升、结构更加优化、科技含量显著加强，电力建设和投资空间依然巨大。尽管"十三五"期间电力增速由高速转为中速，但由于我国电源装机基数巨大，年均增量装机规模仍将创历史新高，平均每年的新增装机约 1.1 亿千瓦。

(3) 电力环保设施投资。我国的大气环境污染是典型的煤烟型污染。电力工业的燃煤电厂二氧化硫排放量占我国工业二氧化硫排放总量的 40%左右，对我国大气质量环境造成严重破坏。目前我国政府非常重视对大气污染的综合治理，电力环保设施行业未来市场潜力巨大，整体面临很大发展机遇。

五、新农村建设问题

2015 年"两会"提出国家新农村建设的扶持政策，建设社会主义新农村的根本任务放在大力发展农村生产力上。改善农民生产生活条件，加强农村基础设施建设。国家发改委会同有关部门研究确定了三个方面的投资建设重点。

第一，在提高农业综合生产能力方面，围绕促进粮食稳定增产和农民持续增收，拟安排 120 亿元人民币，继续加强多项工程建设，包括种子工程、大型商品粮基地建设、优质粮食产业工程、大型灌区的节水改造、中部四省大型泵站改造、病险水库除险加固、小型农田水利设施建设、动物防疫体系建设等。

第二，在改善农民生产生活条件方面，将集中力量办好"水、气、路、电"四件事。在农村安全饮水方面，将安排 40 亿元，计划再解决 2000 万农村人口的饮水安全问题。在农村能源方面，将安排 25 亿元投资，再建 250 万口户用沼气池。在农村公路建设方面，将安排国债和车购税资金 170 多亿元，改建新建乡村公路 18 万公里。在农村电力建设方面，将安排 12 亿元国债，对中西部部分地区农网进行完善，启动无电乡的建设工程。

第三，在加快农村社会事业发展方面，将安排 60 多亿元投资，加快农村教育、卫生、文化事业发展。主要项目包括：围绕西部地区"两基"攻坚，继续搞好农村寄宿制学校建设，实施农村中小学现代远程教育工程，加强职业教育能力建设。配合农村新型合作医疗制度建设，加强以乡镇卫生院为重点的县、乡、村三级农村公共卫生服务网建设。在农村文化事业方面，继续推进广播电视"村村通"工程和农村电影放映工程。希望通过这些项目的实施，能够为新农村建设奠定越来越厚实的物质基础。

六、水利建设需求情况

水利工程建设是我国基本建设的重要部分。2016 年全年在建重大水利工程投资规模超过 8000 亿元，2017 年新开工 15 项重大水利工程，在建投资规模超过 9000 亿元。"十三五"

时期，水利建设投资初步估算规模为 2.43 万亿元，较"十二五"规划投资规模增长 35%，较"十二五"时期实际投资增长 20%。

"十三五"时期，要着力抓好九项重点工作。一要落实双控行动，全面建设节水型社会。加快推进江河水量分配，强化规划和建设项目水资源论证，全面推进农业、工业、服务业和城镇生活节水，大力实施雨洪资源利用、再生水利用、海水淡化工程，推行合同节水管理，开展水效领跑者引领行动。二要统筹当前长远，完善水利基础设施网络。推进东北三江治理、进一步治淮、太湖水环境综合治理骨干工程等大江大河大湖治理，加快西江大藤峡、淮河出山店等控制性枢纽建设，新开工一批骨干控制性工程、重点水源工程，在中西部地区建设一批跨流域跨区域引调提水工程。三要立足普惠共享，大力发展民生水利。聚焦中西部贫困地区，启动实施农村饮水安全巩固提升工程。抓好灌区续建配套和节水改造、高效节水灌溉、农田水利建设，解决好农田灌溉"最后一公里"问题。加强防洪薄弱环节建设，构建更为完善的防洪防涝防风防潮体系。四要强化系统整治，连通江河湖库水系。坚持恢复自然连通与人工连通相结合，加快构建江河湖库水系连通体系，开展国土江河综合整治，构建河湖绿色生态廊道。按照兴利服从防洪、区域服从流域、电调服从水调的原则，优化水库群联合调度。五要坚持绿色发展，加强水生态文明建设。推进水土流失治理，加强重要生态保护区、水源涵养区、江河源头区生态保护，大力开展城乡水生态文明创建，积极发展农村水电。全面落实水污染防治行动计划，强化江河湖泊和城乡水环境治理，加快华北等地下水严重超采区综合治理。六要围绕精准脱贫，打好水利扶贫攻坚战。建立健全水利扶贫需求调查、项目储备、投资倾斜、统计分析、工作考核等机制，紧紧围绕农村饮水安全、农田灌溉保障、防洪抗旱减灾、水资源开发利用与节约保护、水土保持生态建设与农村水电开发，补齐贫困地区水利基础设施短板。七要坚持以人为本，着力强化城市水利工作。结合全面开展海绵城市建设，统筹城市蓄水设施、排水管网、排涝泵站、堤防护岸建设，合理布局建设一批重点水源工程和重大城镇供水工程，开展城市节水综合改造示范，加大截污控源、中水利用、雨污分流、清淤保洁和岸线整治力度。八要深化改革创新，不断健全水治理体系。转变水行政管理职能，加大各级公共财政投入力度，用足用好开发性金融支持政策，鼓励和吸引社会资本投入水利建设，全面推进农业水价综合改革，搞好用水权初始分配，积极培育水权交易市场，推进河湖管理、水利工程产权制度和管理体制改革。九要夯实发展基础，推进依法治水科技兴水。加快水利立法进程，推进水利综合执法和依法行政。完善水利规划体系，健全水利科技创新体系，加快水利信息化步伐。

七、其他领域的工程

1. 信息产业

在"十三五"规划中明确提出推进信息技术与制造技术深度融合，促进制造业朝高端、智能、绿色、服务方向发展，培育制造业竞争新优势。确定了 8 个信息化重大工程，主要涉及宽带中国、物联网应用推广、云计算创新发展、"互联网+"行动、大数据应用、国家政务信息化、电子商务和网络安全保障等。这些信息技术的推广和应用需要相应的信息基础设施建设。

2. 建筑产业现代化

《建筑产业现代化发展纲要》明确了未来 5～10 年建筑产业现代化的发展目标。到 2020 年，基本形成适应建筑产业现代化的市场机制和发展环境，建筑产业现代化技术体系基本成熟，形成一批达到国际先进水平的关键核心技术和成套技术，建设一批国家级、省级示范城市、产业基地、技术研发中心，培育一批龙头企业。装配式混凝土、钢结构、木结构建筑发展布局合理、规模逐步提高，新建公共建筑优先采用钢结构，鼓励农村、景区建筑发展木结构和轻钢结构。

3. 新能源产业

随着常规能源的有限性以及环境问题的日益突出，以环保和可再生为特质的新能源越来越受到重视，新能源产业未来发展空间巨大。

据预测，2020 年，新能源及可再生能源装机规模将达到约 8.6 亿千瓦，占总装机规模比重达 42.9%；2030 年装机规模将达 14.4 亿千瓦，占比达 60%，贡献 2020—2030 年间 90% 的能源消费增量。配套储能装置的功率按照风电与光伏装机容量的 15% 计算，到 2030 年，储能电池需求有望达到 8.5 亿千瓦时，以单位千瓦时储能系统(锂电池)1200 元的价格计算，中国风光储能市场空间有望达到 1 万亿元(人民币)。

相关的发电、储能及运输均面临更高的要求，相关的应用研究、技术开发与产品开发投资会带动相应的工程投资。

4. 国际工程

随着国内相关产业竞争力的显著提升，制造业(如高铁)"走出去""一带一路"倡议的实施，我国对外承包工程企业在交通运输建设、电力工程建设和房屋建筑等优势领域的竞争优势更加明显。

目前我国政府先后与数十个国家签署了推进"一带一路"和"国际产能合作"的文件，在互联互通建设和基础设施、产能合作、能源和产业园区合作等方面推动落实了一批合作项目，成为对外承包工程行业发展的重要驱动力。2016 年我国对外承包工程完成营业额 1594.2 亿美元，同比增长 3.5%；新签合同额 2440.1 亿美元，同比增长 16.2%。截至 2016 年底，我国对外承包工程已累计完成营业额 1.2 万亿美元，新签合同额 1.7 万亿美元。

在国际承包工程市场项目大型化、复杂化的发展趋势下，我国对外承包工程企业承揽大型项目能力进一步提升，大项目数量也在持续增加。2016 年，我国对外承包工程企业在境外新签合同额 20 亿美元以上大型项目 8 个(较上年增加 4 个)，新签合同额在 10 亿美元以上的项目达到 33 个，较上年同期增加 6 个。主要集中在电力、铁路、水利、房建、石化等领域。

第三节　工程和工程管理的未来展望

一、人与自然和谐的工程

我国政府提出建设资源节约型社会和环境友好型社会的号召，要求发展绿色经济和循环经济，促进社会的可持续发展。这些在很大程度上都是对工程提出的要求，都应该落实在工程设计、施工和运行过程中，作为指导工程建设的基本方针。

科学发展观及和谐社会建设需要新的工程管理理念，如要求工程与自然和谐共处，工程要体现以人为本，人与自然、人与社会协调发展。

(1) 鉴于我国资源短缺的矛盾，2005 年建设部提出并经国务院认可，工程建设标准的修改和完善将着重于提高节能、节地、节材、节水的标准，尤其是节约使用自然资源，特别是不可再生资源。新标准的出台和国家所采取的更加严格的监管方式，将从总体上促进建筑产品节约资源和能源水平的提高。"十三五"规划提出健全节能、节水、节地、节材、节矿标准体系，提高建筑节能标准，实现重点行业、设备节能标准全覆盖。

(2) 绿色工程和低碳建筑。绿色工程是指通过更高效、更经济的技术和流程，获得环境友好型的工程系统、工程产品(或服务)。低碳建筑是指在建筑材料与设备制造、施工建造和建筑物使用的整个寿命期内，减少化石能源的使用，提高效率，降低二氧化碳排放量。城市碳排放 60%来源于建筑工程的建设和维护，低碳建筑已逐渐成为国际建筑界的主流趋势。这就要求我国建筑节能和低碳设计、材料和施工工艺，建筑节水技术，绿色建筑和建筑节材技术，环境保护技术，新型建筑结构技术等全面发展。

(3) 环境治理问题是工程建设永恒的热点问题，环境工程成为各种领域工程的一部分。国家将对建筑垃圾处置实行减量化、资源化、无害化和谁产生谁承担处置责任，对建筑垃圾处置实行收费制度。这就要求在工程建设和运行过程中控制废物排放，能够有效降低工程的环境成本，使工程不破坏当地的自然风景，与自然相协调。

(4) 工程的生态化要求，将会有更多的生态工艺和工法的研究、开发与应用。设计中考虑因地制宜，工程建成后尽快恢复土壤、植被、微气候等生态状况。

(5) 提倡经济、安全、适用、人性化的工程建设方针。

(6) 在建筑中注重与人文环境的协调。建筑应具有文化的继承性，有"中国特色"。

(7) 建筑方案应该更方便施工，降低施工过程的难度和减少资源消耗。

(8) 工程结构的防灾减灾、结构耐久性与加固、维修和改扩建方面的新技术和新工艺的研究与应用。工程事故及灾害防治将纳入工程的范围，建筑物的防震、防火、防地质灾害、防疫的要求将进一步提高，成为工程及工程管理的一部分。

(9) 工程拆除后的生态还原，以及工程遗迹的处理过程、技术和方法的研究。

二、注重工程的社会责任和历史责任

工程必须考虑社会各方面的利益，赢得各方面的支持和信任，促进社会的和谐。

(1) 社会管理的人性化、法制化，给工程建设和工程管理带来许多新的问题。过去那种政府主导的显示很大魄力的大拆大建会变得越来越困难，工程过程的制约因素增加，复杂性加大，导致工程建设的时间将会延长，费用会增加。

(2) 让公众更好地理解工程，是我们面临的一项重大任务。

(3) 为了实现全面小康社会的宏伟目标，各地都在规划、设计和建设民生性质的工程，如保障房、养老设施、公共健康设施等。随着我国人口老龄化社会的到来，工程设计提出了许多新要求，特别是人性化要求进一步提高。

(4) 由于工程全寿命期一体化和集成化，各个工程专业和工程管理高度结合，工程参与者相互高度依存，需要资源共享、利益共享、风险共担、相互合作、相互信任的合作模式。

三、工程界工作主题逐步变化

一个工程在其寿命期中必须经过前期决策、建设(设计和施工)、运行维护过程，最后被拆除。从宏观的角度来看，任何一个国家，在一个较长的历史阶段，工程界工作的主题会逐步变化，这是工程界发展的自然规律。在 20 世纪 50 年代以来，西欧的发展分别经历了城市重建(50 年代)、城市振兴(60 年代)、城市更新(70 年代)、城市再开发(80 年代)、城市再生(90 年代)等几个阶段。从工程界的角度来说，通常经历如下几类主题：

(1) 以建设为主。最近几十年我国工程建设的主题就是建设，还会有一段时间持续的建设高潮。

(2) 随着大规模建设的高潮之后，工程界应逐渐转变为以维护(包括加固、扩建、节能化改造、更新)为主的时代，要解决工程的维护和全寿命健康问题，使工程能够保持健康运行，有持续发展的能力。

(3) 随着时间的推移，工程界的任务还会转向工程拆除后旧址的生态复原和废物的综合利用(即再生)为主题的时代，要解决工程拆除后的生态还原，或工程遗迹的处理过程、技术和方法问题。

由于我国的特殊性，我国工程界的发展会有自身的规律：

① 工程建设的持续时间会比较长，在持续一个阶段后，也会逐渐转向建设和维护并举，最后要以工程维护为主的状况。

② 工程拆除后的遗址处理和土地的生态复原的问题已经显现出来，会出现建设高潮、运行维护和工程旧址处理并行的时期。

第四节　工程及工程管理创新

工程创新是现代高科技、新技术等在工程中应用的综合。工程创新不足是发展中国家的通病。

许多年来，我国一直积极的推动建筑工程领域的创新工作。2005 年 2 月 23 日建设部出台了《关于进一步做好建筑业 10 项新技术推广应用的通知》(建质[2005]26 号)。这次修订将"建筑业 10 项新技术"扩充为 10 个大类，内容以房屋建筑工程为主，突出通用技术，兼顾铁路、交通、水利等其他土木工程；所推广技术既成熟可靠，又代表了现阶段我国建筑业技术发展的最新成就。

(1) 地基基础和地下空间工程技术。

(2) 高性能混凝土技术。

(3) 高效钢筋与预应力技术。

(4) 新型模板及脚手架应用技术。

(5) 钢结构技术。

(6) 安装工程应用技术。

(7) 建筑节能和环保应用技术。

(8) 建筑防水新技术。

(9) 施工过程监测和控制技术。

(10) 建筑企业管理信息化技术。

从总体上说，我国过去工程管理的主要目标是工程的质量(包括功能)、进度和成本等，随着新的工程理念的提出，在前述第四章第四节提出的现代化社会对成功的工程的要求，必须通过新的工程技术和工程管理理论、方法、手段和工具达到。对我国全面建设小康社会，建设资源节约、环境友好型社会而言，工程创新是事关整个社会可持续发展的大事。工程创新不是简单的"科学的应用"，也不应是相关技术的简单堆砌和剪贴拼凑。真正好的工程创新是对各种工程技术和工程管理的系统集成，必须符合工程与自然和谐、满足其社会责任和历史责任，以及全寿命期管理的要求。

第五节　现代信息技术在工程管理中的应用

当今世界正在向信息时代迈进，现代信息技术广泛地渗透和改变着人们的生活学习和工作，工程和工程管理同样也受到了现代信息技术的强大影响，工程管理正面临着新的发展方向。

1. 工程智能化

充分运用现代信息技术、电子技术、生物技术、遥控技术在建筑信息化、智能化，以及温度、舒适度、日照控制，楼宇保安，设备遥控等方面创新，工程将进一步的智能化。随着计算机技术、信息技术和控制技术的高速发展和广泛应用，智能楼宇综合管理系统逐渐成为智能大厦的技术核心。它将建筑物内各弱电子系统集成在一个计算机网络平台上，从而实现各工程系统间信息、资源和任务共享，给使用者提供全面、高质、安全、舒适的综合服务。楼宇综合管理信息系统具有开放性、可扩展性、互联结性、安全性和可靠性等功能，并具有人机界面友好性，能有效节约能源，降低运行成本，延长设备使用寿命，保障建筑物与人身安全。

2. 工程全寿命期集成化信息平台

工程全寿命期集成化信息平台包括工程的建设前环境信息，工程前期决策信息、工程的勘察、设计、计划信息，工程的施工过程和竣工信息，工程的运营维护状况、成本、组织、更新改造等信息。所有信息都是可视化的。

例如，对于一个运营中的桥梁，它的全寿命期信息至少应包括它建设的地形和地质信息，周边情况的信息，工程的决策过程所产生的信息，工程水文地质信息、设计文件和计划文件、工程招投标、施工组织、施工过程信息(如工程过程、问题的处理、录像)、电子化竣工资料、工程运行过程的状况，桥梁健康数据采集和监测信息、维修次数、每次大修的详情、运行和维修费用记录等。

2011 年 5 月，住房城乡建设部正式发布"十二五"建筑业信息化发展纲要，明确指出加快建筑信息模型(BIM)、基于网络的协同工作等新技术在工程中的应用，以改进传统的生产方式和管理模式，提升企业的生产效率和管理水平。我国建筑行业 BIM 技术应用正处于由概念阶段转向实践应用阶段的重要时期，越来越多的建筑施工企业对 BIM 技术有了一定的认识并积极开展实践，特别是 BIM 技术在一些大型复杂的超高层项目中得到了成功应用，涌现出一大批 BIM 技术应用的标杆项目。

本 章 小 结

我国的固定资产投资规模在相当长时期内仍然会保持高速增长，这是工程建设快速发展的最为重要的保证。我国未来工程的主要领域有：房地产、城市基础设施建设、铁路和高速铁路、环境保护工程、工业需求、新农村建设、水利建设等。

思 考 题

1. 未来社会对工程的总体需求情况如何？
2. 我国未来工程的主要领域有哪些？
3. 信息技术目前在工程管理行业的应用情况如何？

第六章

工程与工程管理前沿

【学习要点及目标】

通过本章的学习，掌握绿色建筑和绿色施工的概念和原则、BIM 的概念及特点、装配式建筑的优点；了解国外和我国绿色建筑评价体系、BIM 的发展进程、装配式建筑的发展历程。

【关键概念】

绿色建筑　绿色施工　建筑信息模型　装配式建筑

第一节　绿　色　建　筑

一、绿色建筑理念

(一)绿色建筑概念

《绿色建筑评价标准》(GB/T 50378—2006)给绿色建筑的定义："在建筑的全寿命周期内，最大限度地节约资源(节能、节地、节水、节材)，保护环境和减少污染，为人们提供健康、适用和高效的使用空间，与自然和谐共生的建筑。"

"绿色"是指大自然中植物的颜色，植物把太阳能转化成生物能，是自然界生生不息的生命活动的最基本元素，在中国传统文化中"绿色=生命"。

从概念上讲，绿色建筑主要体现三点：一是节能，二是减少对环境的污染(减少二氧化碳排放)，三是满足人们使用的要求。"健康""适用""高效"是绿色建筑的缩影。"健康"，说明是以人为本；"适用"，不奢侈浪费，不做豪华建筑；"高效"，是指资源的合理利用。建筑与自然相依相存，注重人的恬静与自然的和谐。

国内外学者、专家在过去的几十年里，虽然对绿色建筑进行了多方面研究，但大多数研究都是对绿色建筑概念的界定，绿色建筑设计、绿色建筑评价标准等方面，从经济角度对绿色建筑研究较少，特别是从建筑生命周期对绿色建筑的成本分析，还处在起步阶段。

对于绿色建筑，各国有不同的定义，日本称为"环境共生建筑"，欧洲和北美国家定义为"生态建筑"或"可持续建筑"。

在各种报纸杂志和书籍上，常有"绿色建筑""生态建筑""可持续建筑"和"低碳建筑"等看似相通的概念出现。大体上，我们可以认为上述几种表述是同一个意思，就是关注建筑的建造和使用对资源的消耗和给环境造成的影响，同时，与强调为使用者提供健康舒适的建成环境。但细致考察，这些概念又有区别。"生态建筑"试图利用生态学的原理和方法解决建筑中的生态与环境问题。生态建筑的概念与生态系统相关，可以认为是一种参考生态系统的规律来进行设计的建筑。生态建筑的理想状态，就是能在小范围内达到自我循环，而不对环境造成负担。"绿色建筑"的概念较为宽泛，特别关注建筑的"环境"属性，利用一切可行措施来解决生态与环境问题(不局限于生态学的原理和方法)，是一种更易为普通大众所理解和接受的概念。只要是有环保效益，对资源进行有效利用的建筑都可以称之为绿色建筑。"低碳建筑"是针对碳排放对气候变化的影响背景下提出的，特别关注建筑的设计、建造和使用过程中碳的排放，以碳足迹为评价依据。"可持续发展建筑"是"可持续发展观"在建筑领域中的体现，可将其理解为在可持续发展理论和原则指导性设计和建造的建筑。"绿色建筑""生态建筑"与"低碳建筑"都强调对建筑的"环境——生态——资源"问题的关注，"可持续建筑"不仅关注"环境——生态——资源"问题，同时也强调"社会——经济——自然"的可持续发展，它涉及了社会、经济、技术、人文等方方面面。"可持续建筑"其内涵和外延较"生态建筑""低碳建筑"和"绿色建筑"要丰富深刻、宽广复杂得多。早期的生态建筑研究为可持续建筑奠定了理论基础，而"绿色建筑"的研究为可持续建筑实施提供了可操作性和适应性。可持续发展观念提出后，在其思想原则指导下，绿色建筑的内涵和外延又都在不断扩展。可以说，从"生态建筑""绿色建筑""低碳建筑"到"可持续发展建筑"是一个从局部到整体、从低层次向高层次的认识发展过程；也可以根据绿色的程度不同，把可持续建筑理解为绿色建筑的最高阶段。

(二)绿色建筑的基本原理和遵循的原则

1. 绿色建筑的基本原理

从建筑生命周期去理解绿色建筑的基本原理。

(1) 在整个建筑生命周期内，把对自然资源的消耗(材料和能源)降到最低；

(2) 在整个建筑生命周期内，把对环境的污染降到最低；

(3) 保护生态自然环境；

(4) 建筑动用后，现成一个健康、舒适、无害的空间；

(5) 建筑的质量、功能与目的统一；

(6) 环保费用与经济性平衡。

2. 绿色建筑遵循的原则

(1) 资源经济原则。即在建筑中减少和有效利用非可再生资源，如易耗材料的再利用；太阳、风力利用，建筑屋顶和外表雨水收集利用等；

(2) 全生命设计原则。在建筑生命期内，在材料、设备生产、采购和运输、设计、建造、运行和维护，拆除和材料再生利用等方面减少消耗和环境影响；

(3) 人道设计原则。人的一生 70%时间在室内，必须考虑人的室内生活质量和自然环境。

3. 绿色建筑与一般建筑的区别

绿色建筑的概念、基本原理、遵循原则，前面作了介绍，为了从理性上悟出绿色建筑的要点，我们不妨把二者做一些比较。

(1) 一般建筑在结构上趋向于封闭，通透性差，与自然环境隔离；绿色建筑的内部与外部采取有效的连通，融入自然。

(2) 一般建筑因设计、用材、施工的标准化、产业化，导致"千城一面"；绿色建筑倡导使用本地材料，建筑将随着气候、自然资源和地区文化传统的差异呈现不同的风貌。

(3) 一般建筑的形体往往不顾环境资源的限制，片面追求批量化生产；绿色建筑被当做一种资源，以最小的生态和资源代价，获得最大效益和可持续发展。

(4) 一般建筑追求"新"标志效应；绿色建筑倡导人与大自然和谐相处中获得灵感和悟性。

(5) 一般建筑能耗大；绿色建筑极低能耗，甚至可以自身产生和利用可再生能源。

(6) 一般建筑仅在施工过程或在动用过程中保护环境；绿色建筑在其全生命周期内保护环境，实现与自然共生。

二、国外绿色建筑发展进程

(一)国外绿色建筑发展概况

绿色建筑，是经历了一个长期演变、发展和成熟的过程。从 20 世纪六七十年代的"生物圈""全球伦理"和"人类社区"到八九十年代的"全球环保"和"可持续发展"，其内涵也从最初的"注重人居环境"向更宏观顶层面递进。

1. 六七十年代的"生物圈""全球伦理"和"人类社区"

(1) 20 世纪 60 年代，因出现的世界性环境污染和生态平衡失调问题，导致生态学成为拯救人类和环境保护、指导人类生产、改造自然的科学武器。基于此，联合国教科文组织于 1965 年提出了"国际生物学规划 999"，主要研究地球生命系统及其控制机理。

(2) 1970 年，联合国教科文组织第 16 届会议制定了"人与生物圈"研究计划；1971 年又组织了 MAB 国际协作组织，确立了三大任务：①合理利用和保存生物圈资源的研究；②改善人和环境的关系；③预测人类活动对自然界未来的影响和后果。

(3) 1972 年，罗马俱乐部对人类发展状况进行了探讨，先后发表了《增长的极限》《人类处在转折点》等一系列研究报告，提出自然资源支持不了人类的无限扩张，引起了人们对生存与发展的关注。当年 6 月召开的联合国斯德哥尔摩环境大会上，提出了"人类只有一个地球"的口号，呼吁对全球环境的关注。

(4) 1974 年罗马俱乐部继《增长的极限》之后，发表了第二个研究报告《人类处于转折点》，明确提出必须发展一种"新的全球伦理"，并对"新的全球伦理"的基本内涵做了明确的阐述。

(5) 1975 年，法国巴黎进行了"人类居住地综合生态研究"，旨在拓宽居住区规划建设的思路。

(6) 1976 年，联合国组织召开了题为"生态环境——人类社区"的国际会议，将生态环境与人类居住区环境联系在一起。同年，温哥华世界人类住区会议，发表了"温哥华人类住区宣言"。在这一宣言中，既将人类住区提到了一个关系到人类健康生存及发展的重要地位，又提倡将生态学的思想应用到住区规划中去。

(7) 1977 年，在维也纳召开的"人与生物圈"计划国际协调理事会第五次会议，正式确认"用综合生态方法研究城市系统及其他人类居住地"。

2. 八九十年代的"全球环保"和"可持续发展"

(1) 1980 年，世界自然保护联盟(IUCN)在《世界保护策略》中首次使用了"可持续发展"的概念，并呼吁全世界必须研究自然的、社会的、生态的、经济的以及利用自然资源过程中的基本关系，确保全球的"可持续发展"。

(2) 1984 年，联合国大会成立环境资源与发展委员会，提出可持续发展的倡议。

(3) 1986 年，在温哥华召开了联合国人居环境会议。

(4) 1987 年，以挪威首相布伦特兰夫人为主席的世界环境与发展委员会(WCED)公布了里程碑式的报告——《我们共同的未来》，向全世界正式提出了可持续发展战略，得到了国际社会的广泛接受和认可。

(5) 1991 年，世界自然保护联盟(IUCN)、联合国环境规划署(UNEP)和世界野生生物基金会(WWF)共同发表的《保护地球：可持续生存战略》，将可持续发展定义为"在生存不超出维持生态系统承载能力之情况下，改善人类的生活品质"。同年 10 月 21 日，中国、美国、日本等 60 多个国家的首都同时隆重举行该书的首发式。

(6) 1993 年，国家建筑师协会第 18 次大会是"绿色建筑"发展史上带有里程碑意义的大会，在可持续发展理论的推动下，这次大会以"处于十字路口的建筑——建筑可持续发展的未来"为主题。

(7) 1996 年 6 月，在土耳其伊斯坦布尔召开联合国人居环境学与建筑学大会，参加会议的各国首脑签署了《人居环境议程：目标和原则、承诺和全球行动计划》，人类终于有了一个共同的建筑行动纲领。会议重点讨论"人人享有适当的住房"和"城市化进程中的人类住区的可持续发展"。

总结国外绿色建筑发展的特点如下：①绿色建筑发展进程越来越快；②各国政府通过横向发展专项技术、纵向过程深入集成，完善绿色建筑技术体系；③不断扩大政策层面的工作，用经济激励政策和制度，推进绿色建筑的发展，并逐步用行政强制手段推进绿色建筑的发展；④绿色社区成为发展的重点，通过对社区的能源、土地、交通、建筑、绿地、信息等关键技术集成，形成区域、城市不同的空间尺度、不同类型的绿色社区技术体系和集成示范。

(二)国外绿色建筑评价体系

20 世纪 80 年代以来，绿色建筑的研究已成为国际关注的课题，寻求可以降低环境负荷，又有利于使用者的建筑，并相继开发了适应各自国情的绿色建筑评价体系。绿色建筑评价体系的制定和应用，为推动全球绿色建筑的发展发挥了重要作用。

1. 英国《建筑研究组织环境评价法》(BREEAM) (1990)

英国《建筑研究组织环境评价法》，是由英国建筑研究组织(BRE)和一些私人部门的研究者在 1990 年共同制定的，是一个开发最早的建筑环境影响评价系统，目的是为绿色建筑实践提供权威性的指导，期望减少建筑对全球和地区环境的负面影响。从 1990 年至今，BREEAM 已经发行了《2/91 版新建超市及超级商场》《5/93 版新建工业建筑和非零售店》《环境标准 3/95 版新建住宅》等，并对 25%～30%的建筑进行了评估。成为各国类似评估手册中的成功典范。BREEAM 根据建筑项目所处的阶段不同，评价的内容相应也不同。评估的内容包括 3 个方面，建筑性能、设计建造和运行管理。BREEAM 最显著的优势在于对建筑全生命周期环境的深入考察。条款式的评价系统，评估架构透明、开放和简单，易于被理解和接受。

2011 年 7 月 1 日，新版 BREEAM2011 正式实施，其适用于办公、商场、工业、教育、医疗、卫生、公共宿舍等多类建筑，基本涵盖了除住宅以外的所有建筑类型，对不同建筑的类型分值也不同，体现了不同建筑的评价特色。如"施工废弃物管理"，设置建筑垃圾质量和体积两个指标比值的下限，鼓励减少施工废弃物对环境的影响。

2. 美国《能源及环境设计先导计划》(LEED)

美国《能源及环境设计先导计划》(LEED)，是美国绿色建筑委员会于 1995 年为满足美国建筑市场对绿色建筑评定的要求，提高建筑环境和经济特性而制定的一套评定体系，它以建筑全生命周期的视角对建筑整体的环境性能进行评估，为绿色建筑提供了明确的构成标准。该评价体系经过 4 年编制，于 1998 年颁布，2000 年 3 月发布了 2.0 版，2002 年 11 月发布了 2.1 版，2003 年 3 月又对 2.1 版进行了修订。LEED 针对不同建设项目制定了相应的评价标准。评价系统涵盖了新建和改建项目、已有的建筑、商业建筑室内、建筑主体和外壳、建筑运营维护、商业建筑室内装饰等。LEED 有着一整套完整的体系，整个体系包括专业人员认证，提供服务支持、培训，第三方建筑认证等。LEED 从五个方面及一系列子项目对建筑项目进行绿色评定。如：可持续场地选择，水源保护和有效利用水资源，高效用能，可再生能源的利用及保护环境，材料和资源，室内环境质量等。与其他评估体系相比，美国的 LEED 体系最为成功之处就是受到了市场的广泛认同，已成为一个非常具有影响力的商标。评定标准专业化，评估体系非常简洁，便于理解、把握和实施。2012 年 10 月，LEED 新 4V 版，增加了针对数据机房、仓储物流、旅游饭店等功能建筑的评价内容。

3. 加拿大 GBTool

加拿大对世界绿色建筑的发展有着特殊贡献，加拿大自然资源部于 1996 年发起并领导了"绿色建筑挑战"项目，通过"绿色建筑评价工具"的开发和应用研究。这是一套条款式评价系统，建立在 Excel 平台上的软件类评价工具，采用了定性和定量评价相结合的方法，对建筑在设计及完工后的环境性能予以评价。在经济全球化趋势日益显著的今天，这项工作具有深远的意义。短短的 4 年，有 19 个国家参与了"绿色建筑挑战"。为各国绿色生态建筑的评价提供了一个较为统一的国际化的平台，为推动国际绿色生态建筑的全面发展具有深远的意义。

4. 日本 CASBEE

日本建筑物综合环境评价研究委员会认为，从对地球环境影响的观点来评价建筑物的综合环境性能时，必须兼顾"削减环境负荷"和"蓄积优良建筑资产"两个方面，二者均是关系到人类可持续发展的至关重要的问题，于是进行了"建筑物综合环境性能评价体系"(CASBEE)的研究。CASBEE 是一部澄清绿色建筑实质的专著，全面评价建筑的环境品质和对资源、能源的消耗及对环境的影响，形成了鲜明的绿色建筑评价理念。2012 年，CASBEE 进一步拓展了评价的范围。

5. 法国 ESCALE

由法国建筑专业人士研究出的一种 ESCALE 法，是一种在设计阶段进行的环境评价方法。它不仅能帮助专业人员评价环境，还可帮助使用者直观了解与环境标准相关的方案运作状况，从而决定是否需要进一步改善方案，为建筑人员与使用者之间的合作创造便利条件。该方法减少了环境评价的难度和建筑的环境效益评价的数量与种类，缓解了生命周期评价法的复杂性，便于操作。

6. 澳大利亚"绿色之星"

澳大利亚"绿色之星"评估工具，是由澳大利亚绿建会开发完成。主要目的是帮助房地产业和建筑业减少建筑的环境不利影响，提升使用者的健康和工作效率。统计到 2012 年 2 月，通过认证绿色建筑工程 407 项，其中办公建筑 342 栋，面积达 6 104 221 平方米。"绿色之星"对澳大利亚的房地产业和建筑业的影响力越来越大。

澳大利亚政府实行强制、配套、激励(主要对绿色建筑减税)等政策，促进绿色建筑的发展。

7. 新加坡绿色建筑评价体系

新加坡从 2005 年开始推行绿色建筑标志认证，2007 年执行第二版，2008 年把新建建筑分为居住和非居住建筑，2010 年执行绿色评价标识第四版。

新加坡政府计划到 2030 年，80%的建筑要通过认证。

国外绿色建筑评价体系的完善和发展具有以下特征。

(1) 注重与本国的实际情况(国情和气候特点)，构建绿色评价体系，并适应绿色建筑的发展需求;

(2) 评价由早期的定性评价转向定量评价;

(3) 从早期单一的性能指标评定转向了综合环境、技术性能的指标评定;

(4) 绿色社区逐步成为发展的重点，从建筑的绿色到社区的绿色，现成区域的不同空间尺度、不同类型的绿色社区。

在评价建筑的绿色性能的同时，又能综合进行建筑的经济性能的评价系统研究，是当前绿色建筑评价工作的一个非常有意义的课题。我国在这方面与发达国家绿色建筑的实践与理论相比还有差距，希望能在借鉴国外先进经验的同时，结合我国实际情况，形成有中国特色的、简单可操作的评价体系，促进我国绿色建筑的全面健康发展。

三、国内绿色建筑发展进程

(一)国内绿色建筑发展概况

1994 年 3 月，我国颁布了《中国 21 世纪议程——中国 21 世纪人口、环境与发展白皮书》，首次提出"促进建筑可持续发展，建筑节能与提高居住区能源利用效率"。同时启动了"国家重大科技产业工程—2000 年小康型城乡住宅科技产业工程"。

2001 年 5 月，原建设部住宅产业化促进中心承担研究和编制的《绿色生态住宅小区建设要点与技术导则》，以科技为先导，以推进住宅生态环境建设及提高住宅产业化水平为目标，全面提高住宅小区节能、节水、节地、治污水平，带动相关产业发展，实现社会、经济、环境效益的统一。多家科研机构、设计单位的专家合作，在全面研究世界各国绿色建筑评价体系的基础上，结合我国特点制定了"中国生态住宅技术评价体系"，出版了《中国生态住宅技术评价手册》《商品住宅性能评定方法和指标体系》。

2002 年 7 月，原建设部陆续颁布了《关于推进住宅产业现代化提高住宅质量若干意见》《中国生态住宅技术评估手册》升级版 2002 年版。10 月，我国颁布《中华人民共和国环境影响评价法》，明确要求从源头上控制开发建设活动对环境的不利影响。科技部的"绿色奥运建筑评价体系研究"课题立项，课题汇集了清华大学、中国建筑科学研究院、北京市建筑设计研究院、中国建筑材料科学研究院、北京市环境保护科学研究院、北京工业大学、全国工商联住宅产业商会、北京市可持续发展科技促进中心、北京市城建技术开发中心等9家单位近40名专家共同开展工作，历时14个月，于2004年2月结题。

2003年3月，上海市人民政府制定了《上海市生态型住宅小区建设管理办法》和《上海市生态型住宅小区技术实施细则》。

2004年5月，原建设部副部长仇保兴在国务院新闻办的发布会上表示，中国将全面推广节能与绿色建筑。目标是争取到2020年，大部分既有建筑实现节能改造，新建建筑完全实现建筑节能65%的总目标，资源节约水平接近或达到现阶段中等发达国家的水平。东部地区要实现更高的节能水平，基本实现新增建筑占地与整体节约用地的动态平衡，实现建筑建造和使用过程中节水率在现有基础上提高30%以上，新建建筑对不可再生资源的总消耗比现在下降30%以上。

2006年3月，原建设部与国家质检总局联合发布了工程建设国家标准《绿色建筑评价标准》(GB/T 50378—2006)，这是我国第一部从住宅和公共建筑全寿命周期出发，多目标、多层次对绿色建筑进行综合性评价的国家标准。

2007年7月，原建设部决定在"十一五"期间启动"100项绿色建筑示范工程与100项低能耗建筑示范工程"(简称"双百工程")；8月，原建设部发布了《绿色建筑评价技术细则》《绿色建筑评价标识管理办法》，规定了绿色建筑等级由低至高分为一星、二星和三星三个星级；9月，原建设部颁布《绿色施工导则》；10月，原建设部科技发展促进中心印发了《绿色建筑评价标识实施细则》。

2008年6月，住房和城乡建设部发布《绿色建筑评价技术细则补充说明(规划设计部分)》；7月，国务院第18次常务会议审议通过了《民用建筑节能条例》，并于2008年10月1日起正式实施，标志着中国建筑节能法规体系进一步完善；11月，由住房和城乡建设部科技发展促进中心绿色建筑评价标识管理办公室筹备组建的绿色建筑评价标识专家委员会正式成立。

2009年6月，住房和城乡建设部印发《关于推进一、二星级绿色建筑评价标识工作的通知》，明确规定：有一定的发展绿色建筑工作基础，并出台了当地绿色建筑评价相关标准的省、自治区、直辖市、计划单列市，均可开展本地区一、二星级绿色建筑评价标识工作。7月，中国城市科学研究会绿色建筑研究中心成立。9月，住房和城乡建设部印发《绿色建筑评价技术细则补充说明(运行使用部分)》并开始执行。

2010年8月，住房和城乡建设部印发《绿色工业建筑评价导则》，拉开了我国绿色工业建筑评价工作的序幕；11月，住房和城乡建设部发布《建筑工程绿色施工评价标准》(GB/T 50640—2010)《民用建筑绿色设计规范》(JGJ/T 229—2010)；12月，中国绿色建筑委员会、中国绿色建筑与节能(香港)委员会联合发布《绿色建筑评价标准香港版》。

2011年6月，住房和城乡建设部科技发展促进中心主编的国家标准《绿色办公建筑评价标准》开始在全国范围内广泛征求意见；8月，中国城市科学研究会绿色建筑委员会发布由中国城科会绿色建筑委员会、中国医院协会联合主编的《绿色医院建筑评价标准》(CSUS/GBC 2—2011)，自2011年9月1日起正式施行。

2012 年 4 月，财政部和住建部联合发布《关于加快推动我国绿色建筑发展的实施意见》，意见中明确将通过多种手段，全面加快推动我国绿色建筑发展；5 月，住房和城乡建设部印发《"十二五"建筑节能专项规划》，提出新建绿色建筑 8 亿平方米，城镇新建建筑 20% 以上达到绿色建筑标准要求；住房和城乡建设部印发《绿色超高层建筑评价技术细则》。

2013 年 1 月，国务院办公厅以国办发[2013]1 号转发国家发展改革委员会、住房和城乡建设部制定的《绿色建筑行动方案》，文件对我国绿色建筑发展将会产生深远的影响；8 月，国务院发布《关于加快节能环保产业的意见》(国发[2013]30 号)，明确提出开展绿色建筑行动，到 2015 年，新增绿色建筑面积 10 亿平方米以上，城镇新建筑中二星级以上绿色建筑比例超过 20%，建设绿色生态城(区)，提高建筑节能标准。完成办公建筑节能改造 6000 万平方米，带动绿色建筑建设改造投资和相关产业发展。大力发展绿色建材，推广应用散装水泥，预拌混凝土，预拌砂浆，推动建筑工业化。

2014 年 1 月，住房和城乡建设部发布《绿色保障性住房技术导则》；3 月《绿色建筑评价标准(香港版)》修编专家组成立会暨第一次工作会议在京召开，《绿色建筑评价标准(香港版)》修编工作正式启动；4 月 15 日住房和城乡建设部发布国家标准《绿色建筑评价标准》GB/T 50378—2014。

2015 年 1 月 1 日，新国标《绿色建筑评价标准》GB/T 50378—2014 正式实施，新国标"要求更严格、内容更广泛"，这也意味着新标准会进一步规范绿色建筑行业的市场，使绿色建筑品质提升至更高的水平。4 月，《绿色商店建筑评价标准》(GB/T 51100—2015)获得批准；12 月，《既有建筑绿色改造评价标准》(GB/T 51141—2015)和《绿色医院建筑评价标准》(GB/T 51153—2015)获得批准；《绿色博览建筑评价标准》待发布，《绿色饭店建筑评价标准》《绿色生态城区评价标准》《绿色校园评价标准》《绿色建筑运行维护技术规范》4 部标准在编。结合之前已发布实施的《绿色工业建筑评价标准》(GB/T 50878—2013)《绿色办公建筑评价标准》(GB/T 50908—2013)《建筑工程绿色施工评价标准》(GB/T 50640—2013)等，我国的绿色建筑标准体系已进入领域划分更加细致、评价更加全方位的新时期。

2016 年 4 月，住房和城乡建设部发布《民用建筑能耗标准》(GB/T 51161—2016)、《绿色饭店建筑评价标准》(GB/T 51165—2016)；6 月，住房和城乡建设部发布《绿色博览建筑评价标准》(GB/T 51148—2016)；8 月，国务院印发关于《"十三五"国家科技创新规划的通知》，提出要发展新型城镇化技术，加强绿色建筑规划设计方法与模式、近零能耗建筑、建筑新型高效供暖解决方案研究，建立绿色建筑基础数据系统，研发室内环境保障和既有建筑高性能改造技术。

(二)中国绿色建筑评价体系

在绿色建筑评价体系制定方面，中国进行了许多有益的尝试，逐步建立了自己的绿色建筑评价体系。从 2001 年开始，建设部住宅产业化促进中心制定了《绿色生态住宅小区建设要点与技术导则》《国家康居示范工程建设技术要点(试行稿)》，同时《中国生态住宅技术评估手册》《绿色奥运建筑评估体系》也陆续推出，作为国家"十五"重点攻关计划的"绿色建筑规划设计导则和评估体系研究"已取得初步成果。《绿色建筑技术导则》已经于 2005 年 10 月由建设部和科技部共同推出，北京、上海等地的"绿色建筑评估规范"也正在陆续出台。经过多年的理论研究和实践，建设部和国家质量监督检验检疫总局于 2006 年 3 月 7 日联合发布了中国第一部关于绿色建筑的国家标准——《绿色建筑评价标准》(GB/T 50378—2006)，标志着中国绿色建筑的发展进入了一个新的阶段。该标准着重评价与绿色建筑性能相关的内容，主要包括节能、节地、节水、节材与环境保护等方面，注重建筑的经济性，从建筑的全生命周期核算效益和成本，顺应市场发展需求及地方经济状况，提倡朴实简约，反对浮华铺张，实现经济效益、社会效益和环境效益的统一。《标准》的指标体系由六大类指标组成：节地与室外环境、节能与能源利用、节水与水资源利用、节材与材料资源利用、室内环境质量、运营管理。

第二节　绿　色　施　工

一、绿色施工的基本概念

绿色施工是指工程建设中，在保证质量、安全等基本的前提下，通过科学管理和技术进步，最大限度地节约资源与减少对环境的负面影响的施工活动，强调的是从施工到工程竣工验收全过程的节能、节地、节水、节材和环境保护(简称"四节一环保")的绿色建筑核心理念。

实施绿色施工应依据因地制宜的原则，贯彻执行国家、行业和地方相关的技术经济政策。绿色施工应是可持续发展理念在工程施工中全面应用的体现，绿色施工并不仅仅是指在工程施工中实施封闭施工，没有尘土飞扬，没有噪声扰民，在工地四周栽花、种草，实施定时洒水等这些内容，它涉及可持续发展的各个方面，如生态与环境保护、资源与能源利用、社会与经济的发展等。

二、绿色施工原则

绿色施工是建筑全寿命周期中的一个重要阶段。实施绿色施工，应进行总体方案优化。在规划、设计阶段应充分考虑绿色施工的总体要求，为绿色施工提供基础条件。

实施绿色施工，应对施工策划、材料采购、现场施工、工程验收等各阶段进行控制，加强对整个施工过程的管理和监督。绿色施工的基本原则如下：

1. 减少场地干扰，尊重基地环境

绿色施工要减少场地干扰。工程施工过程会严重扰乱场地环境，这一点对于未开发区域的新建项目尤其严重。场地平整、土方开挖、施工降水、永久及临时设施建造、场地废物处理等均会对场地上现存的动植物资源、地形地貌、地下水位等造成影响；还会对场地内现存的文物、地方特色资源等带来破坏，影响当地文化的继承和发扬。因此，施工中减少场地干扰、尊重基地环境对于保护生态环境，维持地方文化具有重要的意义。业主、设计单位和承包商应当识别场地内现有的自然、文化和构筑物特征，并通过合理的设计、施工和管理工作将这些特征保存下来。可持续的场地设计对于减少这种干扰具有重要的作用。

就工程施工而言，承包商应结合业主、设计单位对承包商使用场地的要求，制订满足这些要求的、能尽量减少场地干扰的场地使用计划。计划中应明确以下内容。

(1) 场地内哪些区域将被保护、哪些植物将被保护，并明确保护的方法。

(2) 怎样在满足施工、设计和经济方面要求的前提下，尽量减少清理和扰动的区域面积，尽量减少临时设施、减少施工用管线。

(3) 场地内哪些区域将被用作仓储和临时设施建设，如何合理安排承包商、分包商及各工种对施工场地的使用，减少材料和设备的搬动。

(4) 各工种为了运送、安装和其他目的对场地通道的要求。

(5) 废物将如何处理和消除，如有废物回填或填埋，应分析其对场地生态、环境的影响。

(6) 怎样将场地与公众隔离。

2. 施工结合气候

承包商在选择施工方法、施工机械，安排施工顺序，布置施工场地时应结合气候特征。这可以减少由于气候原因而带来施工措施的增加，资源和能源用量的增加，有效地降低施工成本；可以减少因为额外措施对施工现场及环境的干扰；可以有利于施工现场环境质量品质的改善和工程质量的提高。

承包商要能做到施工结合气候，首先要了解现场所在地区的气象资料及特征，主要包括：①降雨、降雪资料，如全年降雨量、降雪量、雨季起止日期、一日最大降雨量等；②气温资料，如年平均气温、最高气温、最低气温及持续时间等；③风的资料，如风速、风向和风的频率等。

施工结合气候主要体现在以下方面。

(1) 承包商应尽可能合理地安排施工顺序，使会受到不利气候影响的施工工序能够在不利气候来临前完成。如在雨季来临之前，完成土方工程、基础工程的施工，以减少地下水位上升对施工的影响，减少其他需要增加的额外雨季施工保证措施。

(2) 安排好全场性排水、防洪，减少对现场及周边环境的影响。

(3) 施工场地布置应结合气候，符合劳动保护、安全、防火的要求。产生有害气体和污染环境的加工场(如沥青熬制、石灰熟化)及易燃的设施(如木工棚、易燃物品仓库)应布置在下风向，且不危害当地居民；起重设施的布置应考虑风、雷电的影响。

(4) 在冬季、雨季、风季、炎热夏季施工中，应针对工程特点，尤其是对混凝土工程、土方工程、深基础工程、水下工程和高空作业等，选择适合的季节性施工方法或有效措施。

3. 绿色施工要求节水节电环保

节约资源(能源) 建设项目通常要使用大量的材料、能源和水资源。减少资源的消耗，节约能源，提高效益，保护水资源是可持续发展的基本观点。施工中资源(能源)的节约主要有以下几方面内容。

(1) 水资源的节约利用。通过监测水资源的使用，安装小流量的设备和器具，在可能的场所重新利用雨水或施工废水等措施来减少施工期间的用水量，降低用水费用。

(2) 节约电能。通过监测利用率，安装节能灯具和设备、利用声光传感器控制照明灯具，采用节电型施工机械，合理安排施工时间，降低用电量，节约电能。

(3) 减少材料的损耗。通过更仔细的采购，合理的现场保管，减少材料的搬运次数，减少包装，完善操作工艺，增加摊销材料的周转次数，降低材料在使用中的消耗，提高材料的使用效率。

(4) 可回收资源的利用。可回收资源的利用是节约资源的主要手段，也是当前应加强的方向。主要体现在两个方面，一是使用可再生的或含有可再生成分的产品和材料，这有助于将可回收部分从废弃物中分离出来，同时减少了原始材料的使用，即减少了自然资源的消耗；二是加大资源和材料的回收、循环利用，如在施工现场建立废物回收系统，再回收或重复利用在拆除时得到的材料，这可减少施工中材料的消耗量或通过销售这些材料来增加企业的收入，也可降低企业运输或填埋垃圾的费用。

4. 减少环境污染，提高环境品质

绿色施工要求减少环境污染。工程施工中产生的大量灰尘、噪音、有毒有害气体、废物等会对环境品质造成严重的影响，也将有损于现场工作人员、使用者以及公众的健康。因此，减少环境污染，提高环境品质也是绿色施工的基本原则。 提高与施工有关的室内外空气品质是该原则最主要的内容。施工过程中，扰动建筑材料和系统所产生的灰尘，从材料、产品、施工设备或施工过程中散发出来的挥发性有机化合物或微粒均会引起室内外空气品质问题。许多挥发性有机化合物或微粒会对健康构成潜在的威胁和损害，需要特殊的安全防护。这些威胁和损伤有些是长期的，甚至是致命的。而且在建造过程中，这些空气污染物也可能渗入邻近的建筑物，并在施工结束后继续留在建筑物内。这种影响尤其对那些需要在房屋使用者在场的情况下进行施工的改建项目更需引起重视。常用的提高施工场地空气品质的绿色施工技术措施如下。

(1) 制订有关室内外空气品质的施工管理计划。

(2) 使用低挥发性的材料或产品。

(3) 安装局部临时排风或局部净化和过滤设备。

(4) 进行必要的绿化，经常洒水清扫，防止建筑垃圾堆积在建筑物内，贮存好可能造成污染的材料。

(5) 采用更安全、健康的建筑机械或生产方式，如用商品混凝土代替现场混凝土搅拌，可大幅度地消除粉尘污染。

(6) 合理安排施工顺序，尽量减少一些建筑材料，如地毯、顶棚饰面等对污染物的吸收。

(7) 对于施工时仍在使用的建筑物而言，应将有毒的工作安排在非工作时间进行，并与通风措施相结合，在进行有毒工作时以及工作完成以后，及时通风。

(8) 对于施工时仍在使用的建筑物而言，将施工区域保持负压或升高使用区域的气压会有助于防止空气污染物污染使用区域。

对于噪音的控制也是防止环境污染、提高环境品质的一个方面。当前我国已经出台了一些相应的规定对施工噪音进行控制。绿色施工也强调对施工噪音的控制，以防止施工扰民。合理安排施工时间，实施封闭式施工，采用现代化的隔离防护设备，采用低噪音、低振动的建筑机械(如无声振捣设备等)是控制施工噪音的有效手段。

5. 实施科学管理，保证施工质量

实施绿色施工，必须要实施科学管理，提高企业管理水平，使企业从被动的适应转变为主动的响应，使企业实施绿色施工制度化、规范化。这将充分发挥绿色施工对促进可持续发展的作用，增加绿色施工的经济性效果，增加承包商采用绿色施工的积极性。企业通过 ISO 14001 认证是提高企业管理水平，实施科学管理的有效途径。

实施绿色施工，尽可能减少场地干扰，提高资源和材料利用效率，增加材料的回收利用等，但采用这些手段的前提是要确保工程质量。好的工程质量，可延长项目寿命，降低项目日常运行费用，有利于使用者的健康和安全，促进社会经济发展，本身就是可持续发展的体现。

三、绿色施工基本要求

绿色施工的基本要求主要包括以下几点。

(1) 我国尚处于经济快速发展阶段，作为大量消耗资源、影响环境的建筑业，应全面实施绿色施工，承担起可持续发展的社会责任。

(2) 《绿色施工导则》用于指导绿色施工，在建筑工程的绿色施工中应贯彻执行。

(3) 绿色施工是指在工程建设中，在保证质量、安全等基本要求的前提下，通过科学管理和技术进步，最大限度地节约资源与减少对环境负面影响的施工活动，实现"四节一环保"(节能、节地、节水、节材和环境保护)。

(4) 绿色施工应符合国家的法律法规及相关的标准规范，实现经济效益、社会效益和环境效益的统一。

(5) 实施绿色施工，应依据因地制宜的原则，贯彻执行国家、行业和地方相关的技术经济政策。

(6) 运用 ISO 14000 和 ISO 18000 管理体系，将绿色施工有关内容分解到管理体系目标中去，使绿色施工规范化、标准化。

(7) 鼓励各地区开展绿色施工的政策与技术研究，发展绿色施工的新技术、新设备、新材料与新工艺，推行应用示范工程。

四、绿色施工总体框架

《绿色施工导则》中绿色施工总体框架由绿色施工管理、环境保护、节材与材料资源利用、节水与水资源利用、节能与能源利用、节地与施工用地保护六个方面组成，如图 6-1 所示。这六个方面涵盖了绿色施工的基本指标，同时包含了施工策划、材料采购、现场施工、工程验收等各阶段指标的子集。

《绿色施工导则》作为绿色施工的指导性原则，共有六大块内容：①总则；②绿色施工原则；③绿色施工总体框架；④ 绿色施工要点；⑤发展绿色施工的新技术、新设备、新材料、新工艺；⑥绿色施工应用示范工程。

在这六大块内容中，总则主要考虑的是设计、施工一体化的问题、施工员则强调的是对整个施工过程的控制。

　　绿色施工总体框架与绿色建筑评价标准结构相同，明确这样的指标体系，是为将来制定"绿色建筑施工评价标准"打基础。

　　在绿色施工总体框架中，将施工管理放在第一位是有其深层次意义的。我国工程建设的发展状况是体量越做越大，基础越做越深，所以施工方案是绿色施工中的重大问题。如地下工程的施工，是采用明挖法、盖挖法、暗挖法、沉管法，还是冷冻法，会涉及工期、质量、安全、资金投入、装备配置、施工力量等一系列问题，是一个举足轻重的问题，对此《绿色施工导则》在施工管理中，对施工方案确定均有具体规定。

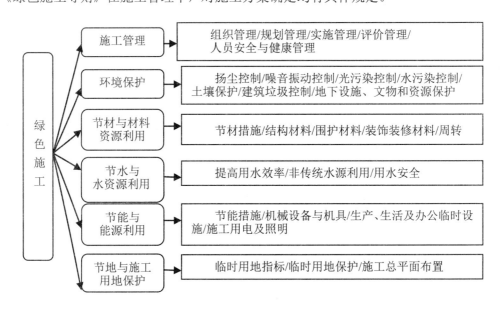

图 6-1　绿色施工总体框架

第三节　建筑信息模型(BIM)

一、BIM 技术概述

(一)BIM 的由来

　　建筑信息模型(Building Information Modeling，BIM)的理论基础主要源于制造行业集CAD、CAM 于一体的计算机集成制造系统 CIMS (Computer Integrated Manu-facturing System)理念和基于产品数据管理 PDM 与 STEP 标准的产品信息模型。BIM 是近十年在原有 CAD技术基础上发展起来的一种多维(三维空间、四维时间、五维成本、N 维更多应用)模型信息集成技术，可以使建设项目的所有参与方(包括政府主管部门、业主、设计、施工、监理、造价、运营管理、项目用户等)在项目从概念产生到完全拆除的整个生命周期内都能够在模型中操作信息和在信息中操作模型，从而从根本上改变了从业人员依靠符号文字、形式图纸进行项目建设和运营管理的工作方式，实现了在建设项目全生命周期内提高工作效率和质量，以及减少错误和降低风险的目标。

CAD 技术将建筑师、工程师们从手工绘图推向计算机辅助制图，实现了工程设计领域的第一次信息革命。但是此信息技术对产业链的支撑作用是断点的，各个领域和环节之间没有关联，从整个产业整体来看，信息化的综合应用明显不足。BIM 是一种技术、一种方法、一种过程，它既包括建筑物全生命周期的信息模型，同时又包括建筑工程管理行为的模型，它将两者进行完美的结合来实现集成管理，它的出现将引发整个 A/E/C (Architecture/Engineering/Construction)领域的第二次革命：BIM 从二维(以下简称 2D)设计转向三维(以下简称 3D)设计；从线条绘图转向构件布置；从单纯几何表现转向全信息模型集成；从各工种单独完成项目转向各工种协同完成项目；从离散的分步设计转向基于同一模型的全过程整体设计；从单一设计交付转向建筑全生命周期支持。BIM 给建筑工程带来的转变如图 6-2 所示。

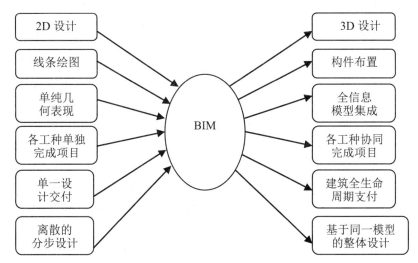

图 6-2　BIM 给建筑工程带来的转变

由此可见，BIM 带来的不仅是激动人心的技术冲击，而更加值得注意的是，BIM 技术与协同设计技术将成为互相依赖、密不可分的整体。协同是 BIM 的核心概念，同一构件元素，只需输入一次，各工种即可共享该元素数据，并于不同的专业角度操作该构件元素。从这个意义上说，协同已经不再是简单的文件参照。可以说 BIM 技术将为未来协同设计提供底层支撑，大幅提升协同设计的技术含量，它带来的不仅是技术，也将是新的工作流程及新的行业惯例。

(二)BIM 的概念

目前，国内外关于 BIM 的定义或解释有多种版本，现介绍几种常用的 BIM 定义。

1. McGraw Hill 集团的定义

McGraw Hill(麦克格劳·希尔)集团在 2009 年的一份 BIM 市场报告中将 BIM 定义为：BIM 是利用数字模型对项目进行设计、施工和运营的过程。

2. 美国国家 BIM 标准的定义

美国国家 BIM 标准(NBIMS)对 BIM 的含义进行了四个层面的解释："BIM 是一个设施(建设项目)物理和功能特性的数字表达；一个共享的知识资源；一个分享有关这个设施的信息，为该设施从概念到拆除的全生命周期中的所有决策提供可靠依据的过程；在项目不同阶段，不同利益相关方通过在 BIM 中插入、提取、更新和修改信息，以支持和反映其各自职责的协同作业。"

3. 国际标准组织设施信息委员会的定义

国际标准组织设施信息委员会(Facilities Information Council)将 BIM 定义为："BIM 是利用开放的行业标准，对设施的物理和功能特性及其相关的项目生命周期信息进行数字化形式的表现，从而为项目决策提供支持，有利于更好地实现项目的价值。"在其补充说明中强调，BIM 将所有的相关方面集成在一个连贯有序的数据组织中，相关的应用软件在被许可的情况下可以获取、修改或增加数据。

根据以上三种对 BIM 的定义、相关文献及资料，可将 BIM 的含义总结为如下几个方面。

(1) BIM 是以三维数字技术为基础，集成了建筑工程项目各种相关信息的工程数据模型，是对工程项目设施实体与功能特性的数字化表达。

(2) BIM 是一个完善的信息模型，能够连接建筑项目生命期不同阶段的数据、过程和资源，是对工程对象的完整描述，提供可自动计算、查询、组合拆分的实时工程数据，可被建设项目各参与方普遍使用。

(3) BIM 具有单一工程数据源，可解决分布式、异构工程数据之间的一致性和全局共享问题，支持建设项目生命期内动态的工程信息创建、管理和共享，是项目实时的共享数据平台。

(三)BIM 的特点

1. 信息完备性

除了对工程对象进行 3D 几何信息和拓扑关系的描述，还包括完整的工程信息描述，如对象名称、结构类型、建筑材料、工程性能等设计信息；施工工序、进度、成本、质量以及人力、机械、材料资源等施工信息；工程安全性能、材料耐久性能等维护信息；对象之间的工程逻辑关系等。

2. 信息关联性

信息模型中的对象是可识别且相互关联的，系统能够对模型的信息进行统计和分析，并生成相应的图形和文档。如果模型中的某个对象发生变化，与之关联的所有对象都会随之更新，以保持模型的完整性。

3. 信息一致性

在建筑生命期的不同阶段模型信息是一致的，同一信息无需重复输入，而且信息模型能够自动演化，模型对象在不同阶段可以简单地进行修改和扩展而无须重新创建，避免了信息不一致的错误。

4. 可视化

BIM 提供了可视化的思路，让以往在图纸上线条式的构件变成一种三维的立体实物图形展示在人们的面前。BIM 的可视化是一种能够将构件之间形成互动性的可视，可以用来展示效果图及生成报表。更具应用价值的是，在项目设计、建造、运营过程中，各过程的沟通、讨论、决策都能在可视化的状态下进行。

5. 协调性

在设计时，由于各专业设计师之间的沟通不到位，往往会出现施工中各种专业之间的碰撞问题，例如结构设计的梁等构件在施工中妨碍暖通等专业中的管道布置等。BIM 建筑信息模型可在建筑物建造前期将各专业模型汇集在一个整体中，进行碰撞检查，并生成碰撞检测报告及协调数据。

6. 模拟性

BIM 不仅可以模拟设计出的建筑物模型，还可以模拟难以在真实世界中进行操作的事物，具体表现如下。

(1) 在设计阶段，可以对设计上所需数据进行模拟试验，例如节能模拟、日照模拟、热能传导模拟等。

(2) 在招投标及施工阶段，可以进行 4D 模拟(3D 模型中加入项目的发展时间)，根据施工的组织设计来模拟实际施工，从而确定合理的施工方案；还可以进行 5D 模拟(4D 模型中加入造价控制)，从而实现成本控制。

(3) 后期运营阶段，可以对突发紧急情况的处理方式进行模拟，例如模拟地震中人员逃生及火灾现场人员疏散等。

7. 优化性

整个设计、施工、运营的过程，其实就是一个不断优化的过程，没有准确的信息是做不出合理优化结果的。BIM 模型提供了建筑物存在的实际信息，包括几何信息、物理信息、规则信息，还提供了建筑物变化以后的实际存在。BIM 及与其配套的各种优化工具提供了对复杂项目进行优化的可能：把项目设计和投资回报分析结合起来，计算出设计变化对投资回报的影响，使得业主明确哪种项目设计方案更有利于自身的需求；对设计施工方案进行优化，可以显著地缩短工期和降低造价。

8. 可出图性

BIM 可以自动生成常用的建筑设计图纸及构件加工图纸。通过对建筑物进行可视化展示、协调、模拟及优化，可以帮助业主生成消除了碰撞点、优化后的综合管线图，生成综合结构预留洞图、碰撞检查侦错报告及改进方案等。

(四)BIM 的优势

BIM 是继 CAD 之后的新技术。BIM 在 CAD 的基础上扩展更多的软件程序，如工程造价、进度安排等。此外，BIM 还蕴藏着服务于设备管理等方面的潜能。BIM 技术较二维 CAD 技术的优势如表 6-1 所示。

表 6-1　BIM 技术较二维 CAD 技术的优势

类别 面向对象	CAD 技术	BIM 技术
基本元素	基本元素为点、线、面，无专业意义	基本元素如墙、窗、门等，不但具有几何特性，同时还具有建筑物理特征和功能特征
修改图元位置或大小	需要再次画图，或者通过拉伸命令调整大小	所有图元均为附有建筑属性的参数化建筑构件；更改属性即可调节构件的尺寸、样式、材质、颜色等
各建筑元素间的关联性	各建筑元素间没有相关性	各个构件相互关联，如删除一面墙，墙上的窗和门将自动删除；删除一扇窗，墙上将会自动恢复为完整的墙
建筑物整体修改	需要对建筑物各投影面依次进行人工修改	只需进行一次修改，则与之相关的平面、立面、剖面、三维视图、明细表等均自动修改
建筑信息的表达	纸质图纸电子化提供的建筑信息非常有限	包含了建筑的全部信息，不仅提供形象可视的二维和三维图纸，而且提供工程量清单、施工管理，虚拟建造、造价估算等更加丰富的信息

鉴于 BIM 技术较 CAD 技术具有如上表所示的种种优势，无疑给工程建设各方带来巨大的益处，具体如表 6-2 所示。

表 6-2　BIM 技术提供给建设各方的益处

应用方	BIM 技术好处
业主	实现规划方案预演、场地分析，建筑性能预测和成本估算
设计单位	实现可视化设计、协同设计、性能化设计、工程量统计和管线综合
施工单位	实现施工进度模拟，数字化建造、物料跟踪，可视化管理和施工配合
运营维护单位	实现虚拟现实和漫游、资产、空间等管理，建筑系统分析和灾害应急模拟
软件商	软件的用户数量和销售价格迅速增长
	为满足项目各方提出的各种需求，不断开发、完善软件的功能
	能从软件后续升级和技术支持中获得收益

二、BIM 技术应用现状

(一)BIM 技术国外应用现状

1. BIM 在美国应用现状

BIM 技术起源于美国 Chuck Eastman 博士于 20 世纪末提出的建筑计算机模拟系统 (Building Description System)。根据 Chuck Eastman 博士的观点，BIM 是在建筑生命周期对相关数据和信息进行制作和管理的流程。从这个意义上讲，BIM 可称为对象化开发或 CAD 的深层次开发，抑或为参数化的 CAD 设计，即对二维 CAD 时代产生的信息孤岛进行再组织基础上的应用。

随着信息的不断扩展，BIM 模型也在不断地发展成熟。在不同阶段，参与者对 BIM 的需求关注度也不一样，而且数据库中的信息字段也可以不断扩展。因此，BIM 模型并非一成不变，从最开始的概念模型、设计模型到施工模型再到设施运维模型，一直不断成长。

美国是较早启动建筑业信息化研究的国家。发展至今，其在 BIM 技术研究和应用方面都处于世界领先地位。目前，美国大多建筑项目已经开始应用 BIM。BIM 的应用点也种类繁多，并且创建了各种 BIM 协会，出台了 NBIM 标准。根据 McGraw Hill 的调研，2012 年美国工程建设行业采用 BIM 的比例从 2007 年的 28%，增长至 2009 年的 49%，直至 2012 年的 71%。其中有 74% 的承包商、70% 的建筑师及 67% 的机电工程师已经在实施 BIM。

在美国，首先是建筑师引领了早期的 BIM 实践，随后是拥有大量资金以及风险意识的施工企业。当前，美国建筑设计企业与施工企业在 BIM 技术的应用方面旗鼓相当，且相对比较成熟，而在其他工程领域的发展却比较缓慢。在美国，Chuck 认可的施工方面 BIM 技术应用包括：①使用 BIM 进行成本估算；②基于 4D 的计划与最佳实践；③碰撞检查中的创新方法；④使用手持设备进行设计审查和获取问题；⑤计划和任务分配中的新方法；⑥现场机器人的应用；⑦异地构件预制。

2. BIM 在英国应用现状

2010 年、2011 年英国 NBS 组织了全英的 BIM 调研，从网上 1000 份调研问卷中最终统计出英国的 BIM 应用状况。从统计结果可以发现：2010 年，仅有 13% 的人在使用 BIM，而 43% 的人从未听说过 BIM；2011 年，有 31% 的人在使用 BIM，48% 的人听说过 BIM，而 21% 的人对 BIM 一无所知。还可以看出，BIM 在英国的推广趋势十分明显，调查中有 78% 的人同意 BIM 是未来趋势，同时有 94% 的受访人表示会在 5 年之内应用 BIM。

与大多数国家相比，英国政府要求强制使用 BIM。2011 年 5 月，英国内阁办公室发布了"政府建设战略"文件，其中关于建筑信息模型的章节中明确要求：到 2016 年，政府要求全面协同的 3D、BIM，并将全部的文件以信息化管理。为了实现这一目标，文件制定了明确的阶段性目标，如 2011 年 7 月发布 BIM 实施计划；2012 年 4 月，为政府项目设计一套强制性的 BIM 标准；2012 年夏季，BIM 中的设计、施工信息与运营阶段的资产管理信息实现结合；2012 年夏天起，分阶段为政府所有项目推行 BIM 计划；至 2012 年 7 月，在多个部门确立试点项目，运用 3D、BIM 技术来协同交付项目。文件也承认由于缺少兼容性的系统、标准和协议，以及客户和主导设计师的要求存在区别，大大限制了 BIM 的应用。因此，政府将重点放在制定标准上，确保 BIM 链上的所有成员能够通过 BIM 实现协同工作。

政府要求强制使用 BIM 的文件得到了英国建筑业 BIM 标准委员会的支持。迄今为止，英国建筑业 BIM 标准委员会已于 2009 年 11 月发布了英国建筑业 BIM 标准，2011 年 6 月发布了适用于 Revit 的英国建筑业 BIM 标准，2011 年 9 月发布了适用于 Bentley 的英国建筑业 BIM 标准。这些标准的制定都为英国的 AEC 企业从 CAD 过渡到 BIM 提供切实可行的方案和程序，例如，如何命名模型、如何命名对象、单个组件的建模，与其他应用程序或专业的数据交换等。特定产品的标准是为了在特定 BIM 产品应用中解释和扩展通用标准中的一些概念。标准编委会成员均来自建筑行业，他们熟悉建筑流程，熟悉 BIM 技术，所编写的标准有效地应用于生产实际。

针对政府建设战略文件，英国内阁办公室于 2012 年起每年都发布"年度回顾与行动计划更新"报告。报告中分析本年度 BIM 的实施情况与 BIM 相关的法律、商务、保险条款以及标准的制定情况，并制订近期 BIM 实施计划，促进企业、机构研究基于 BIM 的实践。

伦敦是众多全球领先设计企业的总部，如 Foster and Partners、Zaha Hadid Architects、BDP 和 Arup Sports；也是很多领先设计企业的欧洲总部，如 HOK、SOM 和 Gensler。在这种环境下，其政府发布的强制使用 BIM 文件可以得到有效执行。因此，英国的 BIM 应用处于领先水平，发展速度更快。

3. BIM 在新加坡的应用现状

新加坡负责建筑业管理的国家机构是建筑管理署(以下简称 BCA)。在 BIM 这一术语引进之前，新加坡当局就注意到信息技术对建筑业的重要作用。早在 1982 年，BCA 就有了人工智能规划审批的想法；2000—2004 年，发展 CORENET (Construction and Real EstateNETwork)项目，用于电子规划的自动审批和在线提交，研发了世界首创的自动化审批系统。2011 年，BCA 发布了新加坡 BIM 发展路线规划，规划明确推动整个建筑业在 2015 年前广泛使用 BIM 技术。

截至 2014 年底，新加坡已出台了多个清除 BIM 应用障碍的主要策略，包括：2010 年 BCA 发布了建筑和结构的模板；2011 年 4 月发布了 M&E 的模板；与新加坡 building SMART 分会合作，制定了建筑与设计对象库，并发布了项目协作指南。

为了鼓励早期的 BIM 应用者，BCA 为新加坡的部分注册公司成立了 BIM 基金，鼓励企业在建筑项目上把 BIM 技术纳入其工作流程，并运用在实际项目中。BIM 基金有以下用途：支持企业建立 BIM 模型，提高项目可视力及高增值模拟，提高分析和管理项目文件能力；支持项目改善重要业务流程，如在招标或者施工前使用 BIM 做冲突检测，达到减少工程返工量(低于 10%)的效果，提高生产效率 10%。

每家企业可申请总经费不超过 10.5 万新加坡元，涵盖大范围的费用支出，如培训成本、咨询成本、购买 BIM 硬件和软件等。基金分为企业层级和项目协作层级，公司层级最多可申请 2 万新元，用以补贴培训、软件、硬件及人工成本；项目协作层级需要至少两家公司的 BIM 协作，每家公司、每个主要专业最多可申请 3.5 万新元，用以补贴培训、咨询、软件、硬件和人力成本。申请的企业必须派员工参加 BCA 学院组织的 BIM 建模或管理技能课程。

在创造需求方面，新加坡决定政府部门必须带头在所有新建项目中明确提出 BIM 需求。2011 年，BCA 与一些政府部门合作确立了示范项目。BCA 将强制要求提交建筑 BIM 模型(2013 年起)、结构与机电 BIM 模型(2014 年起)，并且最终在 2015 年前实现所有建筑面积大于 5000 平方米的项目都必须提交 BIM 模型的目标。

在建立 BIM 能力与产量方面，BCA 鼓励新加坡的大学开设 BIM 的课程、为毕业学生组织密集的 BIM 培训课程、为行业专业人士建立了 BIM 专业学位。

4. BIM 在北欧国家的应用现状

北欧国家包括挪威、丹麦、瑞典和芬兰，是一些主要的建筑业信息技术的软件厂商所在地(如 Tekla 和 Solibri)，而且对发源于邻近匈牙利的 ArchiCAD 的应用率也很高。因此，这些国家是全球最先一批采用基于模型设计的国家，并且也在推动建筑信息技术的互用性和开放标准(主要指 IFC)。由于北欧国家冬季漫长多雪的地理环境，建筑的预制化显得非常重要，这也促进了包含丰富数据、基于模型的 BIM 技术的发展，使这些国家及早地进行了 BIM 部署。

与上述国家不同，北欧 4 国政府并未强制要求使用 BIM。但由于当地气候的要求以及先进建筑信息技术软件的推动，BIM 技术的发展主要是企业的自觉行为。Senate Properties 是一家芬兰国有企业，也是荷兰最大的物业资产管理公司。2007 年，Senate Properties 发布了一份建筑设计的 BIM 要求，要求中规定："自 2007 年 10 月 1 日起，Senate Properties 的项目仅强制要求建筑设计部分使用 BIM，其他设计部分可根据项目情况自行决定是否采用 BIM 技术，但目标将是全面使用 BIM。"该要求还提出："在设计招标阶段将有强制的 BIM 要求，这些 BIM 要求将成为项目合同的一部分，具有法律约束力；建议在项目协作时，建模任务需创建通用的视图，需要准确的定义；需要提交最终 BIM 模型，且建筑结构与模型内部的碰撞需要进行存档；建模流程分为四个阶段：Spatial Group BIM、Spatial BIM、Pre-liminary Building Element BIM 和 Building Element BIM。"

5. BIM 在日本的应用现状

在日本，有"2009 年是日本的 BIM 元年"之说。大量的日本设计公司、施工企业开始应用 BIM，而日本国土交通省也在 2010 年 3 月表示：已选择一项政府建设项目作为试点，探索 BIM 在设计可视化、信息整合方面的价值及实施流程。

2010 年秋天，日经 BP 社调研了 517 位设计院、施工企业及相关建筑行业从业人士，了解他们对于 BIM 的认知度与应用情况。结果显示，BIM 的知晓度从 2007 年的 30.2%提升至 2010 年的 76.4%；2008 年采用 BIM 的最主要原因是 BIM 绝佳的展示效果，而 2010 年采用 BIM 主要用于提升工作效率；仅有 7%的业主要求施工企业应用 BIM。这也表明日本企业应用 BIM 更多是企业的自身选择与需求；日本 33%的施工企业已经应用 BIM，在这些企业当中近 90%是在 2009 年之前开始实施的。

日本软件业较为发达，在建筑信息技术方面也拥有较多的国产软件。日本 BIM 相关软件厂商认识到：BIM 是多个软件来互相配合而达到数据集成的目的的基本前提。因此，多家日本 BIM 软件商在 IAI 日本分会的支持下，以福井计算机株式会社为主导，成立了日本国国产解决方案软件联盟。

此外，日本建筑学会于 2012 年 7 月发布了日本 BIM 指南，从 BIM 团队建设、BIM 数据处理、BIM 设计流程、应用 BIM 进行预算、模拟等方面为日本的设计院和施工企业应用 BIM 提供了指导。

6. BIM 在韩国的应用现状

building SMART Korea 与延世大学 2010 年组织了关于 BIM 的调研，问卷调查表共发给了 89 个 AEC 领域的企业，其中 34 个企业给出了答复：26 个公司反映已经在项目中采用 BIM 技术；3 个企业反映准备采用 BIM 技术；4 个企业反映尽管某些项目已经尝试 BIM 技术，但是还没有准备开始在公司范围内采用 BIM 技术。

韩国在运用 BIM 技术上十分领先。多个政府部门都致力于制定 BIM 标准，例如韩国公共采购服务中心和韩国国土交通海洋部。

韩国公共采购服务中心(PPS)是韩国所有政府采购服务的执行部门。2010 年 4 月，PPS 发布了 BIM 路线图，内容包括：2010 年，在 1～2 个大型工程项目应用 BIM；2011 年，在 3～4 个大型工程项目应用 BIM；2012—2015 年，超过 50 亿韩元大型工程项目都采用 4D、 BIM 技术(3D+成本管理)；2016 年前，全部公共工程应用 BIM 技术。2010 年 12 月，PPS 发布了《设施管理 BIM 应用指南》，针对设计、施工图设计、施工等阶段中的 BIM 应用进 行指导，并于 2012 年 4 月对其进行了更新。

2010 年 1 月，韩国国土交通海洋部发布了《建筑领域 BIM 应用指南》。该指南为开发 商、建筑师和工程师在申请 4 大行政部门、16 个都市以及 6 个公共机构的项目时，提供采 用 BIM 技术时必须注意的方法及要素的指导。根据指南能在公共项目中系统地实施 BIM， 同时也为企业建立实用的 BIM 实施标准。目前，土木领域的 BIM 应用指南也已立项，暂定 名为《土木领域 3D 设计指南》。

韩国主要的建筑公司已经都在积极采用 BIM 技术，如现代建设、三星建设、空间综合 建筑事务所、大宇建设、GS 建设、Daelim 建设等公司。其中，Daelim 建设公司应用 BIM 技术到桥梁的施工管理中，BMIS 公司利用 BIM 软件 digital project 对建筑设计阶段以及施 工阶段的一体化的研究和实施等。

(二)BIM 技术国内应用现状

1. BIM 在香港应用现状

香港的 BIM 发展主要靠行业自身的推动。早在 2009 年，香港便成立了香港 BIM 学会。 2010 年时，香港 BIM 学会主席梁志旋表示，香港的 BIM 技术应用目前已经完成从概念到 实用的转变，处于全面推广的最初阶段。

香港房屋署自 2006 年起，已率先试用 BIM；为了成功地推行 BIM，自行订立了 BIM 标准、用户指南、组建资料库等设计指引和参考。这些资料有效地为模型建立、管理档案 以及用户之间的沟通创造良好的环境。2009 年 11 月，香港房屋署发布了 BIM 应用标准。

2. BIM 在台湾应用现状

自 2008 年起，"BIM"这个名词在台湾的建筑营建业开始被热烈的讨论，台湾的产官 学界对 BIM 的关注度也十分之高。

早在 2007 年，台湾大学与 Autodesk 签订了产学合作协议，重点研究 BIM 及动态工程 模型设计。2009 年，台湾大学土木工程系成立了"工程信息仿真与管理研究中心"(简称 BIM 研究中心)，建立技术研发、教育训练、产业服务与应用推广的服务平台，促进 BIM 相 关技术与应用的经验交流、成果分享、人才培训与产官学研合作。为了调整及补充现有合 同内容在应用 BIM 上之不足，BIM 中心与淡江大学工程法律研究发展中心合作，并在 2011 年 11 月出版了《工程项目应用建统信息模型之契约模板》一书，并特别提供合同范本与说 明，让用户能更清楚了解各项条文的目的、考虑重点与参考依据。高雄应用科技大学土木 系也于 2011 年成立了工程资讯整合与模拟研究中心。此外，台湾交通大学、台湾科技大学 等对 BIM 进行了广泛的研究，极大地推动了台湾对于 BIM 的认知与应用。

台湾有几家公转民的大型工程顾问公司与工程公司，由于一直承接政府大型公共建设，财力、人力资源雄厚，对于 BIM 有一定的研究并有大量的成功案例。2010 年元旦，台湾世曦工程顾问公司成立 BIM 整合中心；2011 年 9 月，中兴工程顾问股份 3D/BIM 中心成立；此外亚新工程顾问股份有限公司也成立了 BIM 管理及工程整合中心。台湾的小规模建筑相关单位，囿于高昂的软件价格，对于 BIM 的软硬件投资有些踌躇不前，是目前民间企业 BIM 普遍的重要障碍。

台湾的政府层级对 BIM 的推动有两个方向。一方面是对于建筑产业界，政府希望其自行引进 BIM 应用，官方并没有具体的辅导与奖励措施。对于新建的公共建筑和公有建筑，其拥有者为政府单位，工程发包监督都受政府的公共工程委员会管辖，则要求在设计阶段与施工阶段都以 BIM 完成。另一方面，台北市、新北市、台中市的建筑管理单位为了提高建筑审查的效率，正在学习新加坡的 eSummision，致力于日后要求设计单位申请建筑许可时必须提交 BIM 模型，委托公共资讯委员会研拟编码工作，参照美国 Master Format 的编码，根据台湾地区性现状制作编码内容。预计两年内会从公有建筑物开始试办。如台北市政府于 2010 年启动了"建造执照电脑辅助查核及应用之研究"，并先后公开举办了三场专家座谈会：第一场为"建筑资讯模型在建筑与都市设计上的运用"，第二场为"建造执照审查电子化及 BIM 设计应用之可行性"，第三场为"BIM 永续推动及发展目标"。2011 年和 2012 年，台北市政府又举行了"台北市政府建造执照应用 BIM 辅助审查研讨会"，邀请产官学各界的专家学者齐聚一堂，从不同方面就台北市政府的研究专案说明、推动环境与策略、应用经验分享、工程法律与产权等课题提出专题报告并进行研讨。这一产官学界的公开对话，被业内喻为"2012 台北 BIM 愿景"。

3. BIM 在大陆应用现状

近来 BIM 在大陆建筑业形成一股热潮，除了前期软件厂商的大声呼吁外，政府相关单位、各行业协会与专家、设计单位、施工企业、科研院校等也开始重视并推广 BIM。

在行业协会方面，2010 年和 2011 年，中国房地产业协会商业地产专业委员会、中国建筑业协会工程建设质量管理分会、中国建筑学会工程管理研究分会、中国土木工程学会计算机应用分会组织并发布了《中国商业地产 BIM 应用研究报告 2010》和《中国工程建设 BIM 应用研究报告 2011》，一定程度上反映了 BIM 在我国工程建设行业的发展现状。根据两届的报告，关于 BIM 的知晓程度从 2010 年的 60% 提升至 2011 年的 87%。2011 年，共有 39% 的单位表示已经使用了 BIM 相关软件，而其中以设计单位居多，如图 6-3 所示。

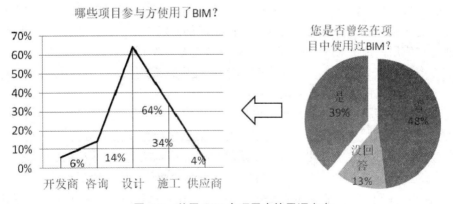

图 6-3 关于 BIM 在项目中使用调查表

在科研院校方面，早在 2010 年，清华大学通过研究，参考 NBIMS，结合调研提出了中国建筑信息模型标准框架(简称 CBIMS)；并且创造性地将该标准框架分为面向 IT 的技术标准与面向用户的实施标准。

在产业界，前期主要是设计院、施工单位、咨询单位等对 BIM 进行一些尝试。最近几年，业主对 BIM 的认知度也在不断提升，SOHO 董事长潘石屹已将 BIM 作为 SOHO 未来三大核心竞争力之一；万达、龙湖等大型房产商也在积极探索应用 BIM；上海中心、上海迪士尼等大型项目要求在全生命周期中使用 BIM、BIM 已经是企业参与项目的门槛；其他项目中也逐渐将 BIM 写入招标合同，或者将 BIM 作为技术标的重要亮点。国内大中小型设计院在 BIM 技术的应用也日臻成熟，国内大型民用建筑企业也开始争相发展企业内部的 BIM 技术应用，山东省内建筑施工企业如青建集团股份、山东天齐集团、潍坊昌大集团等已经开始推广 BIM 技术应用。BIM 在国内的成功应用有奥运村空间规划及物资管理信息系统、南水北调工程、香港地铁项目等。目前来说，大中型设计企业基本上拥有了专门的 BIM 团队，有一定的 BIM 实施经验；施工企业起步略晚于设计企业，不过很多大型施工企业也开始了对 BIM 的实施与探索，并有一些成功案例；运维阶段目前的 BIM 还处于探索研究阶段。

我国建筑行业 BIM 技术应用正处于由概念阶段转向实践应用阶段的重要时期，越来越多的建筑施工企业对 BIM 技术有了一定的认识并积极开展实践，特别是 BIM 技术在一些大型复杂的超高层项目中得到了成功应用，涌现出一大批 BIM 技术应用的标杆项目。在这个关键时期，我国住建部及各省市相关部门出台了一系列政策推广 BIM 技术。

2011 年 5 月，住建部发布的《2011—2015 年建筑业信息化发展纲要》(建质[2011] 67 号)中明确指出：在施工阶段开展 BIM 技术的研究与应用，推进 BIM 技术从设计阶段向施工阶段的应用延伸，降低信息传递过程中的衰减；研究基于 BIM 技术的 4D 项目管理信息系统在大型复杂工程施工过程中的应用，实现对建筑工程有效的可视化管理等。文件中对 BIM 提出七点要求：一是推动基于 BIM 技术的协同设计系统建设与应用；二是加快推广 BIM 在勘察设计、施工和工程项目管理中的应用，改进传统的生产与管理模式，提升企业的生产效率和管理水平；三是推进 BIM 技术基于网络的协同工作技术应用，提升和完善企业综合管理平台，实现企业信息管理与工程项目信息管理的集成，促进企业设计水平和管理水平的提高；四是研究发展基于 BIM 技术的集成设计系统，逐步实现建筑、结构、水暖电等专业的信息共享及协同；五是探索研究基于 BIM 技术的三维设计技术，提高参数化、可视化和性能化设计能力，并为设计施工一体化提供技术支撑；六是在施工阶段开展 BIM 技术的研究与应用，推进 BIM 技术从设计阶段向施工阶段的应用延伸，降低信息传递过程中的衰减；七是研究基于 BIM 技术的 4D 项目管理信息系统在大型复杂工程施工过程中的应用，实现对建筑工程有效的可视化管理。

同时，要求发挥行业协会的四个方面服务作用：一是组织编制行业信息化标准，规范信息资源，促进信息共享与集成；二是组织行业信息化经验和技术交流，开展企业信息化水平评价活动，促进企业信息化建设；三是开展行业信息化培训，推动信息技术的普及应用；四是开展行业应用软件的评价和推荐活动，保障企业信息化的投资效益。

2014 年 7 月 1 日，住建部发布的《关于推进建筑业发展和改革的若干意见》(建市[2014]

92 号)中要求，提升建筑业技术能力，推进建筑信息模型(BIM)等信息技术在工程设计、施工和运行维护全过程的应用，提高综合效益。

2014 年 9 月 12 日，住建部信息中心发布《中国建筑施工行业信息化发展报告(2014)BIM 应用与发展》。该报告突出了 BIM 技术时效性、实用性、代表性、前瞻性的特点，全面、客观、系统地分析了施工行业 BIM 技术应用的现状，归纳总结了在项目全过程中如何应用 BIM 技术提高生产效率，带来管理效益，收集和整理了行业内的 BIM 技术最佳实践案例，为 BIM 技术在施工行业的应用和推广提供了有利的支撑。

2014 年 10 月 29 日，上海市政府转发上海市建设管理委员会《关于在上海推进建筑信息模型技术应用的指导意见》(沪府办[2014] 58 号)。首次从政府行政层面大力推进 BIM 技术的发展，并明确规定：2017 年起，上海市投资额 1 亿元以上或单体建筑面积 2 万平方米以上的政府投资工程、大型公共建筑、市重大工程，申报绿色建筑、市级和国家级优秀勘察设计施工等奖项的工程，实现设计、施工阶段 BIM 技术应用；世博园区、虹桥商务区、国际旅游度假区、临港地区、前滩地区、黄浦江两岸等 6 大重点功能区域内的此类工程，全面应用 BIM 技术。

上海关于 BIM 的通知，做了顶层制度设计，规划了路线图，力度大、可操作性强，为全国 BIM 的推广做了示范，堪称"破冰"，在中国 BIM 界引来一片叫好声，也象征着住建部制定的《"十二五"信息化发展纲要》中明确提出的"BIM 作为新的信息技术，要在工程建设领域普及和应用"的要求正在被切实落实，BIM 将成为建筑业发展的核心竞争力。

广东省住建厅 2014 年 9 月 3 日发出《关于开展建筑信息模型 BIM 技术推广应用的通知》(粤建科函(2014)1652 号)，要求 2014 年底启动 10 项 BIM；2016 年底政府投资 2 万平方米以上公建以及申报绿建项目的设计、施工应采用 BIM，省优良样板工程、省新技术示范工程、省优秀勘察设计项目在设计、施工、运营管理等环节普遍应用 BIM；2020 年底 2 万平方米以上建筑工程普遍应用 BIM。

深圳市住建局 2011 年 12 月公布的《深圳市勘察设计行业"十二五"专项规划》提出，"推广运用 BIM 等新兴协同设计技术"。为此，深圳市成立了深圳工程设计行业 BIM 工作委员会，编制出版《深圳市工程设计行业 BIM 应用发展指引》，牵头开展 BIM 应用项目试点及单位示范评估；促使将 BIM 应用推广计划写入政府工作白皮书和《深圳市建设工程质量提升行动方案(2014—2018 年)》。深圳市建筑工务署根据 2013 年 9 月 26 日深圳市政府办公厅发出的《深圳建设实施方案(2013—2015 年)》的要求，全面开展 BIM 应用工作，先期确定创投大厦、孙逸仙心血管医院、莲塘口岸等为试点工程项目。2014 年 9 月 5 日，深圳市决定在全市开展为期 5 年的工程质量提升行动，将推行首席质量官制度、新建建筑 100% 执行绿色建筑标准；在工程设计领域鼓励推广 BIM 技术，力争 5 年内 BIM 技术在大中型工程项目覆盖率达到 10%。

山东省政府办公厅 2014 年 9 月 19 日发布的《关于进一步提升建筑质量的意见》要求，推广 BIM 技术。

工程建设是一个典型的具备高投资与高风险要素的资本集中过程，一个质量不佳的建筑工程不仅造成投资成本的增加，还将严重影响运营生产，工期的延误也将带来巨大的损失。BIM 技术可以改善因不完备的建造文档、设计变更或不准确的设计图纸而造成的每一个项目交付的延误及投资成本的增加。它的协同功能能够支持工作人员可以在设计的过程中看到每一步的结果，并通过计算检查建筑是否节约了资源，或者说利用信息技术来考量对节约资源产生多大的影响。它不仅使得工程建设团队在实物建造完成前预先体验工程，更产生一个智能的数据库，提供贯穿建筑物整个生命周期中的支持。它能够让每一个阶段都更透明、预算更精准，更可以被当作预防腐败的一个重要工具，特别是运用在政府工程中。值得一提的是中国第一个全 BIM 项目——总高 632 米的"上海中心"，通过 BIM 提升了规划管理水平和建设质量，据有关数据显示，其材料损耗从原来的 3%降低到 1‰。

但是，如此"万能"的 BIM 正在遭遇发展的瓶颈，并不是所有的企业都认同它所带来的经济效益和社会效益。

现在面临的一大问题是 BIM 标准缺失。目前，BIM 技术的国家标准还未正式颁布施行，寻求一个适用性强的标准化体系迫在眉睫。应该树立正确的思想观念：BIM 技术 10%是软件，90%是生产方式的转变。BIM 的实质是在改变设计手段和设计思维模式。虽然资金投入大，成本增加，但是只要全面深入分析产生设计 BIM 应用效率成本的原因和把设计 BIM 应用质量效益转换为经济效益的可能途径，再大的投入也值得。技术人员匮乏，是当前 BIM 应用面临的另一个问题，现在国内在这方面仍有很大缺口。地域发展不平衡，北京、上海、广州、深圳等工程建设相对发达的地区，BIM 技术有很好的基础，但在东北、内蒙古、新疆等地区，设计人员对 BIM 却知之甚少。

随着技术的不断进步，BIM 技术也和云平台、大数据等技术产生交叉和互动。上海市政府就对上海现代建筑设计(集团)有限公司提出要求：建立 BIM 云平台，实现工程设计行业的转型。据了解，该 BIM 云计算平台涵盖二维图纸和三维模型的电子交付，2017 年试点 BIM 模型电子审查和交付。现代集团和上海市审图中心已经完成了"白图替代蓝图"及电子审图的试点工作。同时，云平台已经延伸到 BIM 协同工作领域，结合应用虚拟化技术，为 BIM 协同设计及电子交付提供安全、高效的工作平台，适合市场化推广。

三、BIM 技术应用价值

1. 基于 BIM 的工程设计

作为一名建筑师，首先要真实地再现他们脑海中或精致、或宏伟、或灵动、或庄重的建筑造型，在使用 BIM 之前，建筑师们很多时候是通过泡沫、纸盒做的手工模型展示头脑中的创意，相应调整方案的工作也是在这样的情况下进行，由创意到手工模型的工作需要较长的时间，而且设计师还会反复多次在创意和手工模型之间进行工作。

对于双重特性项目，只有采用三维建模方式进行设计，才能避免许多二维设计后期才会发现的问题。采用基于 BIM 技术的设计软件做支撑，以预先导入的三维外观造型做定位参考，在软件中建立体育场内部建筑功能模型、结构网架模型、机电设备管线模型，实现了不同专业设计之间的信息共享，各专业设计可从信息模型中获取所需的设计参数和相关信息，不需要重复录入数据，避免数据冗余、歧义和错误。

由于 BIM 模型其真实的三维特性，它的可视化纠错能力直观、实际，对设计师很有帮助，这使施工过程中可能发生的问题提前到设计阶段来处理，减少了施工阶段的反复，不仅节约了成本，更节省了建设周期。BIM 模型的建立有助于设计对防火、疏散、声音、温度等相关的分析研究。

BIM 模型便于设计人员与业主进行沟通。二维和一些效果图软件只能制作效果夸张的表面模型，缺乏直观逼真的效果；而三维模型可以提供一个内部可视化的虚拟建筑物，并且是实际尺寸比例，业主可以通过电脑里的虚拟建筑物，查看任意一个房间、走廊、门厅，了解其高度构造、梁柱布局，通过直观视觉的感受，确定建筑业态高度是否满意，窗户是否合理，在前期方案设计阶段通过沟通提前解决很多现实当中的问题。

2. 基于 BIM 的施工及管理

基于 BIM 进行虚拟施工可以实现动态、集成和可视化的 4D 施工管理。将建筑物及施工现场 3D 模型与施工进度相链接，并与施工资源和场地布置信息集成一体，建立 4D 施工信息模型。实现建设项目施工阶段工程进度、人力、材料、设备、成本和场地布置的动态集成管理及施工过程的可视化模拟，以提供合理的施工方案及人员、材料使用的合理配置，从而在最大范围内实现资源合理运用。在计算机上执行建造过程，虚拟模型可在实际建造之前对工程项目的功能及可建造性等潜在问题进行预测，包括施工方法实验、施工过程模拟及施工方案优化等。

3. 基于 BIM 的建筑运营维护管理

综合应用 GIS 技术，将 BIM 与维护管理计划相链接，实现建筑物业管理与楼宇设备的实时监控相集成的智能化和可视化管理，及时定位问题来源。结合运营阶段的环境影响和灾害破坏，针对结构损伤、材料劣化及灾害破坏，进行建筑结构安全性、耐久性分析与预测。

4. 基于 BIM 的全生命周期管理

BIM 的意义在于完善了整个建筑行业从上游到下游的各个管理系统和工作流程间的纵、横向沟通和多维性交流，实现了项目全生命周期的信息化管理。BIM 的技术核心是一个由计算机三维模型所形成的数据库，包含了贯穿于设计、施工和运营管理等整个项目全生命周期的各个阶段，并且各种信息始终是建立在一个三维模型数据库中。BIM 能够使建筑师、工程师、施工人员以及业主清楚全面地了解项目：建筑设计专业可以直接生成三维实体模型；结构专业则可取其中墙材料强度及墙上孔洞大小进行计算；设备专业可以据此进行建筑能量分析、声学分析、光学分析等；施工单位则可根据混凝土类型、配筋等信息进行水泥等材料的备料及下料；开发商则可取其中的造价、门窗类型、工程量等信息进行工程造价总预算、产品订货等。

中国建筑科学研究院副总工程师李云贵认为："BIM 在促进建筑专业人员整合、改善设计成效方面发挥的作用与日俱增，它将人员、系统和实践全部集成到一个流程中，使所有参与者充分发挥自己的智慧和才华，可在设计、制造和施工等所有阶段优化项目成效，为业主增加价值，减少浪费并最大限度提高效率。"

5. 基于 BIM 的协同工作平台

BIM 具有单一工程数据源，可解决分布式、异构工程数据之间的一致性和全局共享问题，支持建设项目生命期中动态的工程信息创建、管理和共享。工程项目各参与方使用的是单一信息源，确保信息的准确性和一致性。实现项目各参与方之间的信息交流和共享。从根本上解决项目各参与方基于纸介质方式进行信息交流形成的"信息断层"和应用系统之间的"信息孤岛"问题。

链接建筑项目生命期与不同阶段数据、过程和资源的一个完善的信息模型是对工程对象的完整描述，建设项目的设计团队、施工单位、设施运营部门和业主等各方人员共用，进行有效的协同工作，节省资源、降低成本，以实现可持续发展。促进建筑生命期管理，实现建筑生命期各阶段的工程性能、质量、安全、进度和成本的集成化管理，对建设项目生命期总成本、能源消耗、环境影响等进行分析、预测和控制。

四、BIM 应用软件

(一)BIM 软件应用背景

欧美建筑业已经普遍使用 Autodesk Revit 系列、Benetly Building 系列，以及 Graphsoft 的 ArchiCAD 等，而我国对基于 BIM 技术本土软件的开发尚属初级阶段，主要有天正、鸿业、博超等开发的 BIM 核心建模软件，中国建筑科学研究院的 PKPM，上海和北京广联达等开发的造价管理软件等。而对于除此之外的其他 BIM 技术相关软件，如 BIM 方案设计软件、与 BIM 接口的几何造型软件、可视化软件、模型检查软件及运营管理软件等的开发基本处于空白中。国内一些研究机构和学者对于 BIM 软件的研究和开发在一定程度上推动了我国自主知识产权 BIM 软件的发展，但还没有从根本上解决此问题。

因此，在国家"十一五"的科技支撑计划中便开展了对于 BIM 技术的进一步研究。清华大学、中国建筑科学研究院、北京航空航天大学共同承接的"基于 BIM 技术的下一代建筑工程应用软件研究"项目目标是将 BIM 技术和 IFC 标准应用于建筑设计、成本预测、建筑节能、施工优化、安全分析、耐久性评估和信息资源利用七个方面。

针对主流 BIM 软件的开发点主要集中在：①BIM 对象的编码规则(WBS/EBS 考虑不同项目和企业的个性化需求以及与其他工程成果编码规则的协调)；②BIM 对象报表与可视化的对应；③变更管理的可追溯与记录；④不同版本模型的比较和变化检测；⑤各类信息的快速分组统计(如不再基于对象、基于工作包进行分组，以便于安排库存)；⑥不同信息的模型追踪定位；⑦数据和信息分享；⑧使用非几何信息修改模型。国内一些软件开发商如天正、广联达、软件、理正、鸿业、博超等也都参与了 BIM 软件的研究，并对 BIM 技术在我国的推广与应用做出了极大的贡献。

BIM 软件在我国本土的研发和应用也已初见成效，在建筑设计、三维可视化、成本预测、节能设计、施工管理及优化、性能测试与评估、信息资源利用等方面都取得了一定的成果。但是，正如美国 building SMART 联盟主席 Dana K．Smith 先生所说："依靠一个软件解决所有问题的时代已经一去不复返了"。BIM 是一种成套的技术体系，BIM 相关软件也要集成建设项目的所有信息，对建设项目各个阶段的实施进行建模、分析、预测及指导，从而将应用 BIM 技术的效益最大化。

如果将在市场上具有一定影响的 BIM 软件类型和主要软件产品一并考虑，可以得到表

6-3,从中也可以看出国产软件在此领域内所处的位置。

表 6-3 具有一定影响的 BIM 软件类型和主要软件产品

序号	BIM 软件类型	主要软件产品(可以跟 BIM 核心建模软件联合工作)	国产软件
1	BIM 核心建模软件	Revit Architecture/Structural/MEP, BentleyArchhitecture/ Strautural/ Mechanical, ArchiCAD,Digital Project	空白
2	BIM 方案设计软件	Onuma, Afflnlty	空白
3	与 BIM 接口的几何造型软件	Rhino, SKetchUP, Formz	空白
4	可持续分析软件	Ecotech, lES, Green Building Studio, PKPM	
5	机电分析软件	Trane Trace, Design Master,lES Virtual Environment,博超,鸿业	
6	结构分析软件	ETABS, STAAD, Robot, PKPM	
7	可视化软件	3DS MAX, Lightscape, Accurebder, ARTLABTIS	空白
8	模型检查软件	Sloibri	空白
9	深化设计软件	Tekla Structure (Xsteel), Tssd	
10	模型综合碰撞检查	Navisworks, Projectwise Navigator, Solibri	空白
11	造价管理软件	Innovaya,Solibri. 鲁班	
12	运营管理软件	Archibus, Navisworks	空白
13	发布和审核软件	PDF, 3D PDF, Design Review	空白

(二)BIM 软件中国战略目标

1. BIM 软件中国战略目标的提出

我国建筑业软件市场规模不足建筑业本身这个市场规模的千分之一,而美欧的经验普遍认为 BIM 应该能够为建筑业带来 10%的成本节省,即使我们把整个建筑业软件市场都归入 BIM 软件,那么从前面两个数字去分析,这里也有超过 100 倍投资回报的潜力。退一步考虑,哪怕通过 BIM 只降低 1%的成本,从行业角度计算其投资回报也在 10 倍以上。

因此,站在工程建设全行业的立场上,我国的 BIM 软件战略就应该以最快速度、最低成本让 BIM 软件实现最大行业价值,在保证目前质量、工期、安全水平的前提下降低建设成本 1%、5%、10%甚至更多,从而把 BIM 软件完全应用作为实现这个目标的工具和成本中心。

怎样的 BIM 软件组合才能够最大限度地服务于中国工程建设行业,以实现建设质量、工期、成本、安全的最优结果呢?站在 BIM 软件市场的立场上,就是要研究我国需要哪种类型和功能的 BIM 软件,这些 BIM 软件如何得到,这些软件各自的市场规模、市场影响力和市场占有率如何?这一系列的问题不仅是软件适应客户还是客户适应软件的问题,也是一个简单的供求关系问题,而是一个市场经济话语权的问题。

BIM 软件使用者的话语权和 BIM 软件开发者的话语权如何在博弈中获得共赢和平衡,

是中国BIM软件战略需要考虑的又一个重要问题,而在上述两者之间的是政府行业主管部门。

2. BIM 软件中国战略行动路线探讨

美国和欧洲的经验告诉我们,虽然 BIM 这个被行业广泛接受的专业名词的出现以及 BIM 在实际工程中的大量应用只有不到十年的时间,但是美欧对这种技术的理论研究和小范围工程实践从 20 世纪 70 年代就已开始,且一直没有中断。

美欧形成了一个 BIM 软件研发和推广的良性产业链:大学和科研机构主导 BIM 基础理论研究,经费来源于政府支持和商业机构赞助;大型商业软件公司主导通用产品研发和销售;小型公司主导专用产品研发和销售;大型客户主导客户化定制开发。

我国的基本情况是:一方面研究成果大多停留在论文、非商品化软件、示范案例上,即缺乏机制形成商品化软件,其研究成果也无法为行业共享;另一方面,由于缺乏基础理论研究的支持和资金实力,国内大型商业软件公司只能从事专用软件开发,依靠中国市场和行业的独特性生存发展。而小型商业公司则只能在客户化定制开发上寻找机会,这种经营模式严重受制于平台软件的市场和技术策略,使得小型商业公司的生存和发展变得极不稳定。

(三)部分软件简介

1. DP (Digital Project)

DP 是盖里科技公司(Gehry Technologies)基于 CATIA 开发的一款针对建筑设计的 BIM 软件,目前已被世界上很多顶级的建筑师和工程师所采用,进行一些最复杂、最有创造性的设计,优点就是十分精确,功能十分强大(抑或是当前最强大的建筑设计建模软件),缺点是操作起来比较困难。

2. Revit

AutoDesk 公司开发的 BIM 软件,针对特定专业的建筑设计和文档系统,支持所有阶段的设计和施工图纸。从概念性研究到最详细的施工图纸和明细表。Revit 平台的核心是 Revit 参数化更改引擎,它可以自动协调在任何位置(例如在模型视图或图纸、明细表、剖面、平面图中)所做的更改。这也是在我国普及最广的 BIM 软件,实践证明,它能够明显提高设计效率。优点是普及性强,操作相对简单。

3. Grasshopper

基于 Rhion 平台的可视化参数设计软件,适合对编程毫无基础的设计师,它将常用的运算脚本打包成 300 多个运算器,通过运算器之间的逻辑关联进行逻辑运算,并且在 Rhino 的平台中即时可见,有利于设计中的调整。优点是方便上手,可视操作。缺点是运算器有限,会有一定限制(对于大多数的设计足够)。

4. RhinoScript

RhinoScript 是架构在 VB (Visual Basic)语言之上的 Rhino 专属程序语言,大致上又可分为 Marco 与 Script 两大部分,RhinoScript 所使用的 VB 语言的语法基本上算是简单的,已经非常接近日常的口语。优点是灵活，无限制。缺点是相对复杂，要有编程基础和计算机语言思维方式。

5. Processing

Processing 也是代码编程设计，但与 RhinoScript 不同的是：Processing 是一种具有革命前瞻性的新兴计算机语言，它的概念是在电子艺术的环境下介绍程序语言，并将电子艺术的概念介绍给程序设计师。它是 Java 语言的延伸，并支持许多现有的 Java 语言架构，不过在语法(syntax)上简易许多，并具有许多贴心及人性化的设计。Processing 可以在 Windows、MAC OS X、MAC OS 9、Linux 等操作系统上使用。

6. Navisworks

Navisworks 软件提供了用于分析、仿真和项目信息交流的先进工具。完备的四维仿真、动画和照片级效果图功能使用户能够展示设计意图，并仿真施工流程，从而加深设计理解，提高可预测性。实时漫游功能和审阅工具集能够提高项目团队之间的协作效率。Autodesk Navisworks 是 Autodesk 出品的一个建筑工程管理软件套装，使用 Navisworks 能够帮助建筑、工程设计和施工团队加强对项目成果的控制。Navisworks 解决方案使所有项目相关方都能够整合和审阅详细设计模型，帮助用户获得建筑信息模型工作流带来的竞争优势。

7. iTwo

RIB iTwo (Construction Project lifecycle)建筑项目的生命周期，可以说是全球第一个数字与建筑模型系统整合的建筑管理软件，它的软件构架别具一格，在软件中集成了算量模块、进度管理模块、造价管理模块等，这就是传说中的"超级软件"，与传统的建筑造价软件有质的区别，与我国的 BIM 理论体系比较吻合。

8. 广联达 BIM 5D

广联达 BIM 5D 以建筑 3D 信息模型为基础，把进度信息和造价信息纳入模型中，形成 5D 信息模型。该 5D 信息模型集成了进度、预算、资源、施工组织等关键信息，对施工过程进行模拟，及时为施工过程中的技术、生产、商务等环节提供准确的形象进度、物资消耗、过程计量、成本核算等核心数据，提升沟通和决策效率，帮助客户对施工过程进行数字化管理，从而达到节约时间和成本、提升项目管理效率的目的。

9. Project Wise

Project Wise Work Group 可同时管理企业中同时进行的多个工程项目，项目参与者只要在相应的工程项目上，具备有效的用户名和口令，便可登录到该工程项目中根据预先定义的权限访问项目文档。Project Wise 可实现以下功能：将点对点的工作方式转换为"火锅式"的协同工作方式；实现基础设施的共享、审查和发布；针对企业对不同地区项目的管理提供分布式储存的功能；增量传输；提供树状的项目目录结构；文档的版本控制及编码和命名的规范；针对同一名称不同时间保存的图纸提供差异比较；工程数据信息查询；工程数据依附关系管理；解决项目数据变更管理的问题；红线批注；图纸审查；提供 Web 方式的图纸浏览；通过移动设备进行校核(navigator)；批量生成 PDF 文件，交付业主等。

10. IES 分析软件

IES 是总部在英国的 Integrated Environmental Solutions 公司的缩写，IES(Virtual Environment，VE)，是旗下建筑性能模拟和分析的软件。IES 用来在建筑前期对建筑的光照、太阳能及温度效应进行模拟。其功能类似 Ecotect，可以与 Radianceq 兼容对室内的照明效果进行可视化的模拟。缺点是软件由英国公司开发，整合了很多英国规范，与中国规范不符。

11. Ecotect Analysis

Ecotect 提供自己的建模工具，分析结果可以根据几何形体得到即时反馈。这样，建筑师可以从非常简单的几何形体开始进行迭代性(iterative)分析，随着设计的深入，分析也逐渐越来越精确。Ecotect 和 RADIANCE、POV Ray、VRML、EnergyPlus、HTB2 热分析软件均有导入导出接口。Ecotec 以其整体的易用性、适应不同设计深度的灵活性以及出色的可视化效果，已在中国的建筑设计领域得到了更广泛的应用。

12. Green Building Studio

Green Building Studio (GBS)是 Autodesk 公司的一款基于 Web 的建筑整体能耗、水资源和碳排放的分析工具。在登入其网站并创建基本项目信息后，用户可以用插件将 Revit 等 BIM 软件中的模型导出 gbXML 并上传到 GBS 的服务器上，计算结果将即时显示，并可进行导出和比较。在能耗模拟方面，GBS 使用的是 DOE-2 计算引擎。由于采用了目前流行的云计算技术，GBS 具有强大的数据处理能力和效率。另外，其基于 Web 的特点也使信息共享和多方协作成为其先天优势。同时，其强大的文件格式转换器，可以成为 BIM 模型与专业的能量模拟软件之间的无障碍桥梁。

13. EnergyPlus

EnergyPlus 模拟建筑的供暖供冷、采光、通风以及能耗和水资源状况。它基于 BLAST 和 DOE-2 提供的一些最常用的分析计算功能，同时也包括了很多独创模拟能力，如模拟时间步长低于 1 小时，模组系统，多区域气流，热舒适度，水资源使用，自然通风以及光伏系统等。需要强调的是 EnergyPlus 是一个没有图形界面的独立的模拟程序，所有的输入和输出都以文本文件的形式完成。

14. DeST

DeST 是 Designer's Simulation Toolkit 的缩写，意为设计师的模拟工具箱。DeST 是建筑环境及 HVAC 系统模拟的软件平台，该平台以清华大学建筑技术科学系环境与设备研究所十余年的科研成果为理论基础，将现代模拟技术和独特的模拟思想运用到建筑环境的模拟和 HVAC 系统的模拟中去，为建筑环境的相关研究和建筑环境的模拟预测、性能评估提供了方便、实用、可靠的软件工具，为建筑设计及 HVAC 系统的相关研究和系统的模拟预测、性能优化提供了一流的软件工具。目前 DeST 有两个版本，应用于住宅建筑的住宅版本(DeST-h)及应用于商业建筑的商建版本(DeST-c)。

(四)BIM 未来发展趋势

BIM 未来将有以下几种发展趋势。

(1) 以移动技术来获取数据。随着互联网和移动智能终端的普及，人们现在可以在任何地点和任何时间获取信息。在建筑设计领域，将会看到很多承包商为自己的工作人员配备这些移动设备，在工作现场就可以进行设计。

(2) 数据的暴露。现在可以把监控器和传感器放置在建筑物的任何一个地方，对建筑内的温度、空气质量、湿度进行监测。同时还可以加上供热信息、通风信息、供水信息和其他的控制信息。将这些信息汇总之后，设计师就可以对建筑的现状有一个全面充分的把握。

(3) 未来还有一个最为重要的概念——云端技术，即无限计算。不管是能耗，还是结构分析，针对一些信息的处理和分析都需要利用云计算这一强大的计算能力。甚至是渲染和分析过程都可以达到实时的计算，帮助设计师尽快在不同的设计和解决方案之间进行比较。

(4) 数字化现实捕捉。这种技术，通过一种激光的扫描，可以对于桥梁、道路、铁路等进行扫描，以获得早期的数据。现在不断有新的算法，把激光所产生的点集中成平面或者表面，然后放在一个建模的环境当中。3D 电影《阿凡达》就是在一台电脑上创造一个 3D立体 BIM 模型的环境。因此，我们可以利用这样的技术为客户建立可视化的效果。值得期待的是，未来设计师可以在一个 3D 空间中使用这种进入式的方式来工作，直观地展示产品开发的未来。

(5) 协作式项目交付。BIM 是一个工作流程，而且是基于改变设计方式的一种技术，改变了整个项目执行施工的方法，它是一种设计师、承包商和业主之间合作的过程，每个人都有自己非常有价值的观点和想法。所以，如果能够通过分享 BIM 让这些人在这个项目的全生命周期都参与其中，那么，BIM 将能够实现它最大的价值。国内 BIM 应用处于起步阶段，绿色和环保等词语几乎成为各个行业的通用要求。特别是建筑设计行业，设计师早已不再满足于完成设计任务，而更加关注整个项目从设计到后期的执行过程是否满足高效、节能等要求，期待从更加全面的领域创造价值。

第四节　装配式建筑

一、装配式建筑发展历程

(1) 20 世纪五六十年代，我国主要是从苏联等国家学习引进工业化建造方式。1956 年，国务院发布了《关于加强和发展建筑工业的决定》，首次明确建筑工业化的发展方向，全国各地预制构件厂雨后春笋般出现，部分地区建造了一批装配式建筑项目。但到了六七十年代，受各种因素影响，装配式建筑发展缓慢，基本处于停滞状态。

(2) 改革开放以后，在总结前 20 年发展的基础上，又呈现了新一轮发展装配式建筑的热潮，共编制了 924 册建筑通用标准图集(截至 1983 年)，很多城市建设了一大批大板建筑、砌块建筑。但由于当时的装配式建筑防水、冷桥、隔声等关键技术问题未得到很好解决，出现了一些质量问题。同时，现浇施工技术水平快速提升、农民工廉价劳动力大量进入建筑行业，使得现浇施工方式成本下降、效率提升，使得一度红火的装配式建筑发展逐渐放缓。

(3) 1999 年以后，发布《关于推进住宅产业现代化提高住宅质量的若干意见》(国务院办公厅 72 号文件)，明确了住宅产业现代化的发展目标、任务、措施等。原建设部专门成立了住宅产业化促进中心，配合指导全国住宅产业化工作，装配式建筑发展进入一个新的阶段。但总体来说，在 21 世纪的前十年，发展相对缓慢。

(4) 从"十二五"开始，特别是最近两三年来，在各级领导的高度重视下，装配式建筑呈现快速发展局面。突出表现为以产业化试点城市为代表的地方，纷纷出台了一系列的技术与经济政策，制定了明确的发展规划和目标，涌现了大量龙头企业，建设了一批装配式建筑试点示范项目。

二、装配式建筑发展现状

(一)装配式建筑稳步推进

以试点示范城市和项目为引导，部分地区呈现规模化发展态势。截至 2013 年底，全国装配式建筑累计开工 1200 万平方米，2014 年，当年开工约 1800 万平方米，2015 年，当年开工近 4000 万平方米。据不完全统计，截至 2015 年底，全国累计建设装配式建筑面积约 8000 万平方米，再加上钢结构、木结构建筑，大约占新开工建筑面积的 5%。

但总体上，我国建筑行业仍以传统现浇建造方式为主，沿袭着高消耗、高污染、低效率的"粗放"建造模式，存在着建造技术水平不高、劳动力供给不足、高素质建筑工人短缺等一系列问题。

(二)政策支撑体系逐步建立

党的十八大提出"走新型工业化道路"，《我国国民经济和社会发展"十二五"规划纲要》《绿色建筑行动方案》都明确提出推进建筑业结构优化，转变发展方式，推动装配式建筑发展，国家领导人多次批示要研究以住宅为主的装配式建筑的政策和标准；2016 年 2 月，中共中央、国务院发布《关于进一步加强城市规划建设管理工作的若干意见》，提出"大力推广装配式建筑"，"加大政策支持力度，力争用 10 年左右时间，使装配式建筑占新建建筑的比例达到 30%"；这些政策从国家层面为装配式建筑发展奠定了良好基础。

同时，各级地方政府积极引导，因地制宜地探索装配式建筑发展政策。上海、重庆、北京、河北、浙江、沈阳等 30 多个省市出台了有关推进建筑(住宅)产业化或装配式建筑的指导意见，在全国产生了积极的影响。一些城市在出台指导意见的同时，还出台配套行政措施，有力促进了装配式建筑项目的落地实施。以试点示范城市为代表的地方政府打造市场环境，着力培育装配式建筑市场。一是提供充分的市场需求，通过政府投资工程，特别是保障房建设，同时对具备一定条件的开发项目制定强制执行措施，为装配式建筑市场提供较为充裕的项目来源。二是通过引导产业园区和相关企业发展，加强装配式建筑产品部品的生产供给能力，如沈阳建设了铁西等四个园区，吸引了多家大型企业进入园区；合肥通过引进龙头企业，2014 年预制装配式建筑面积已超过 300 万平方米。

各地的政策措施可主要概括为六个方面：一是在土地出让环节明确装配式建筑面积的比例要求，如在年度企业土地供应计划中必须确保一定比例采用预制装配式方式建设。二是多种财政补贴方式支持装配式建筑试点项目，包括科技创新专项资金扶持装配式建筑项目，优先返还墙改基金、散装水泥基金；对于引进大型装配式建筑专用设备的企业享受贷款贴息政策，利用节能专项资金支持装配式建筑示范项目；享受城市建设配套费减缓优惠等。三是对装配式建筑项目建设和销售予以优惠鼓励，如将装配式建筑成本同步列入建设项目成本；在商品房预销售环节给予支持；对于装配式建筑方式建造的商品房项目给予面积奖励等。四是通过税收金融政策予以扶持，如将构配件生产企业纳入高新技术产业，享受相关财税优惠政策；部分城市还提出对装配式建筑项目给予贷款扶持政策。五是大力鼓励发展成品住宅；各地积极推进新建住宅一次装修到位或菜单式装修，开发企业对全装修住宅负责保修，并逐步建立装修质量保险保证机制。六是以政府投资工程为主大力推进装配式建筑试点项目建设，如北京、上海、重庆、深圳等地都提出了鼓励保障性住房采用预制装配式技术和成品住宅的支持政策(其中北京市出台的是强制性政策)。

(三)技术支撑体系初步建立

经过多年研究和努力，随着科研投入的不断加大和试点项目的推广，各类技术体系逐步完善相关标准规范陆续出台。国家标准《装配式混凝土结构技术规程》JGJ1—2014 已于2014 年正式执行，《装配整体式混凝土结构技术导则》已于 2015 年发布，《工业化建筑评价标准》GB/T 51129—2015 于 2016 年实行。各地方出台了多项地方标准和技术文件，如深圳编制了《预制装配式混凝土建筑模数协调》等 11 项标准和规范；北京出台了混凝土结构预制装配式混凝土建筑的设计、质量验收等 11 项标准和技术管理文件；上海已出台 5 项且正在编制 4 项地方标准和技术管理文件；沈阳先后编制完成了《预制混凝土构件制作与验收规程》等 9 部省级和市级地方技术标准，为装配式建筑项目发展提供了技术支撑。

初步建立了装配式建筑结构体系、部品体系和技术保障体系，部分单项技术和产品的研发已经达到国际先进水平。如在建筑结构方面，预制装配式混凝土结构体系、钢结构住宅体系等都得到了一定程度的开发和应用，装配式剪力墙、框架外挂板等结构体系施工技术日益成熟，设计、施工与太阳能一体化以及设计、施工与装修一体化项目的比例逐年提高；在关键技术方面，分别形成了以万科为代表的装配式建筑项目套筒灌浆技术和以宇辉为代表的约束浆锚搭接技术。屋面、外墙、门窗等一体化保温节能技术产品越来越丰富，节水与雨水收集技术、建筑垃圾循环利用、生活垃圾处理技术等得到了较多应用。这些装配式技术提高了住宅的质量、性能和品质，提升了整体节能减排效果，带动了工程建设科技水平的全面提升。

(四)试点示范带动成效明显

各地以保障性住房为主的试点示范项目起到了先导带动作用，这得益于试点城市的先行先试。2006 年建设部出台《国家住宅产业化基地试行办法》，依此设立的国家住宅产业化基地的建设和实施引领了装配式建筑发展。截至 2016 年 3 月，全国先后批准了 11 个产业化试点(示范)城市和 56 个基地企业，这些工作的开展为全面推进装配式建筑打下了良好的基础。在示范、试点带动下,全国范围内还有十几个城市和多家企业正在积极申请试点城市和基地企业,新基地的不断加入为全面加速装配式建筑发展注入新的活力,装配式建筑呈现较好的发展势头。

住宅产业化基地建设正呈良好的发展态势。一是申报对象向基层延展;除北京、上海、青岛、厦门等副省级及以上城市积极申报外,潍坊、海门等一些地市级城市也可以踊跃申报。二是申报范围向中西部拓展,如乌海、广安等城市也获批。三是基地数量增长迅速,通过"以点代面"扎实有效地推进了装配式建筑工作全面发展。

(五)行业内生动力持续增强

建筑业生产成本不断上升,劳动力与技工日渐短缺,从客观上促使越来越多的开发、施工企业投身装配式建筑工作,把其作为企业提高劳动生产率、降低成本的重要途径,企业参与的积极性、主动性和创造性不断提高。通过投入大量人力、物力开展装配式建筑技术研发,万科、远大等一批龙头企业已在行业内形成了较好的品牌效应。装配式建筑设计、部品和构配件生产运输、施工以及配套等能力不断提升。截至 2014 年底,据不完全统计,全国 PC 构件生产线超过 200 条,产能超过 2000 万立方米,如按预制率 50% 和 20% 分别测算,可供应装配式建筑面积 8000 万平方米到 20 000 万平方米。整个建设行业走装配式建筑发展道路的内生动力日益增强,标准化设计,专业化、社会化大生产模式正在成为发展的方向。

(六)试点示范城市带动作用明显

以保障性住房为主的装配式建筑试点示范项目已经从少数城市、少数企业、少数项目向区域和城市规模化方向发展。其中,国家住宅产业化综合试点城市带动作用明显,2014年国家住在产业现代化综合试点城市以及正在培育的住宅产业现代化试点城市,预制装配式混凝土结构建筑面积占全国总量的比例超过85%,如沈阳2011—2013年每年同比增加100万平方米。

从基地企业角度而言,万科集团 2010 年以前建造装配式建筑 173 平方米,2013 年面积是 2010 年的 4 倍。其他如黑龙江宇辉、杭萧钢构、上海城建、中南建设、宝业集团等基地企业,装配式建筑面积都保持了较快的增速。

总体而言,与我国年新开工住宅 10 多亿平方米的建设规模相比,装配式建筑项目的面积总量还比较小,装配式建筑发展任重道远。

(七)产业集聚效应日益显现

各地形成了一批以国家产业化基地为主的众多龙头企业,并带动整个建筑行业积极探索和转型发展,产业集聚效应日益显现。国家产业化基地大体可以分为四种类型:以房地产开发企业为龙头的产业联盟;以施工总承包企业为龙头的施工总承包类型企业;以大型企业集团主导集设计、开发、制造、施工、装修为一体的全产业链类型企业;以生产专业化产品为主的生产型企业。基地企业充分发挥龙头企业优势,积极开展住宅标准、工业化建筑体系的研究开发,带动众多科研院所、高校、设计单位、开发企业、部品生产、施工企业参与装配式建筑工作，形成了各具特色的发展模式。据不完全统计，由基地企业为主完成的装配式建筑面积已占到全国总量的 80%以上。产业集聚度远高于一般传统方式的建筑市场。由技术创新和产业升级带来的经济效益逐步体现，装配式建筑实施主体带动作用越发突出。

与试点城市伴生的装配式建筑产业园区成为推进装配式建筑工作的主阵地。沈阳 2011 年获批试点城市后，举全市之力培育产业园区，塑造全新支柱产业。2013 年、2014 年现代建筑业产值达到 1500 亿元以上，位居全市五大优势产业第三位，已成为新的经济增长点；合肥经开区引入中建国际、黑龙江宇辉等多家企业，已建成年生产总值 30 多亿元的住宅产业制造园区；济南长清、章丘、商河等产业园区已经实现了产业链企业的全园区进驻，为地区经济发展发挥了重要作用。

(八)工作推进机制初步形成

从 1998 年以来，在住房和城乡建设部的直接领导下，部科技与产业化发展中心(住宅产业化促进中心)积极推进装配式建筑相关工作。省市、地县级政府通过单设处室、事业单位或将职能委托相关协会等形式，增加人员编制，加强本地区装配式建筑专职管理机构建设。

全国 30 多个省或城市出台了相关政策，在加快区域整体推进方面取得了明显成效，部分城市已形成规模化发展的局面。全国已经批准的 11 个国家住宅产业现代化综合试点(示范)城市，以及高度重视装配式建筑的城市，专门成立建筑(住宅)产业现代化领导小组或联席会议制度，建立了发改、轻信、建设、财政、国土、规划等部门协调推进机制。如沈阳市推进现代建筑产业化领导小组组长由市主要领导担任，副组长由 5 位副市级领导兼任。良好的决策机制与组织协调机制保障了装配式建筑工作顺利进行。

三、国外装配式建筑发展状况

(一)德国

1. 装配式建筑的起源

德国以及其他欧洲发达国家建筑工业化起源于 20 世纪 20 年代，推动因素主要有两方面。

(1) 社会经济因素：城市化发展需要以较低的造价，迅速建设大量住宅、办公和厂房等建筑。

(2) 建筑审美因素：建筑及设计界摒弃古典建筑形式及其复杂的装饰，崇尚极简的新型建筑美学，尝试新建筑材料(混凝土、钢材、玻璃)的表现力。在《雅典宪章》所推崇的城市功能分区思想指导下，建设大规模居住区，促进了建筑工业化的应用。

在 20 世纪 20 年代以前，欧洲建筑通常呈现为传统建筑形式，套用不同历史时期形成的建筑样式，此类建筑的特点是大量应用装饰构件，需要大量人工劳动和手工艺匠人的高水平技术。随着欧洲国家迈入工业化和城市化进程，农村人口大量流向城市，需要在较短时间内建造大量住宅、办公和厂房等建筑。标准化、预制混凝土大板建造技术能够缩短建

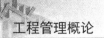

造时间、降低造价因而首先应运而生。

德国最早的预制混凝土板式建筑是 1926—1930 年间在柏林利希藤伯格—弗里德希菲尔德(Berlin-Lichtenberg, Friedrichsfelde)建造的战争伤残军人住宅区。该项目共有 138 套住宅，为 2～3 层建筑。如今该项目的名称是施普朗曼(Splanemann)居住区。该项目采用现场预制混凝土多层复合板材构件，构件最大质量达 7 吨。

2. 第二次世界大战后德国大规模装配式住宅建设

第二次世界大战结束以后，由于战争破坏和大量战争难民回归本土，德国住宅严重紧缺。德国用预制混凝土大板技术建造了大量住宅建筑。这些大板建筑为解决当年住宅紧缺问题做出了贡献。但今天这些大板建筑不受欢迎，不少缺少维护更新的大板居住区已成为社会底层人群聚集地，导致犯罪率高等社会问题，深受人们的诟病，成为城市更新首先要改造的对象，有些地区已经开始大面积拆除这些大板建筑。

3. 德国目前装配式建筑发展概况

预制混凝土大板技术相比常规现浇加砌体建造方式，造价高、建筑缺少个性，难以满足今天的社会审美要求，1990 年以后基本不再使用。混凝土叠合墙板技术发展较快，应用较多。

德国今天的公共建筑、商业建筑、集合住宅项目大都因地制宜、根据项目特点选择现浇与预制构件混合建造体系或钢混结构体系建设实施，并不追求高比例装配率，而是通过策划、设计、施工各个环节的精细化优化过程，寻求项目的个性化、经济性、功能性和生态环保性能的综合平衡。随着工业化进程的不断发展，BIM(管理信息库)技术的应用，建筑业工业化水平不断提升，建筑上采用工厂预制、现场安装的建筑部品愈来愈多，占比愈来愈大。

各种建筑技术、建筑工具的精细化不断发展进步。小范围有钢结构、混凝土结构、木结构装配式技术体系的研发和实践应用。

小住宅建设方面装配式建筑占比最高，2015 年达到 16%。2015 年 1 月至 7 月德国共有 59752 套独栋或双拼式住宅通过审批开工建设，其中预制装配式建筑为 8934 套。这一期间独栋或双拼式住宅新开工建设总量较去年同期增长 1.8%；而其中预制装配式住宅同比增长 7.5%，显示出在这一领域装配式建筑受到市场的认可和欢迎。

单层工业厂房采用预制钢结构或预制混凝土结构在造价和缩短施工周期方面有明显优势，因而一直得到较多应用。

(二)美国

美国的工业化住宅起源于 20 世纪 30 年代。当时它是汽车拖车式的、用于野营的汽车房屋。最初作为车房的一个分支业务而存在，主要是为选择迁移、移动生活方式的人提供一个住所。但是在 20 世纪 40 年代，也就是二战期间，野营的人数减少了，旅行车被固定下来，作为临时的住宅。二战结束以后，政府担心拖车造成贫民窟，不许再用其来做住宅。

20 世纪 50 年代后，人口大幅增长，军人复员，移民涌入，同时军队和建筑施工队也急需简易住宅，美国出现了严重的住房短缺。这种情况下，许多业主又开始购买旅行拖车作为住宅使用。于是政府又放宽了政策，允许使用汽车房屋。同时，受它的启发，一些住宅生产厂家也开始生产外观更像传统住宅，但是可以用大型的汽车拉到各个地方直接安装的工业化住宅。可以说，汽车房屋是美国工业化住宅的一个雏形。

美国的工业化住宅是从房车发展而来的，其在美国人心中的感觉大多是：低档的、破旧的住宅，其居民大多是贫穷的、老弱的、少数民族或移民。更糟糕的是，由于社会的偏见(对低收入家庭等)，大多数美国的地方政府都对这种住宅群的分布有多种限制，工业化住宅在选取土地时就很难进入"主流社会"的土地使用地域(城市里或市郊较好的位置)，这更强化了人们对这种产品的心理定位，其居住者也难以享受到其他住宅居住者一样的权益。为了摆脱"低等""廉价"形象，工业化住宅努力求变。

1976 年，美国国会通过了国家工业化住宅建造及安全法案(National Manufactured Housing Construction and Safety Act)，同年开始由 HUD 负责出台一系列严格的行业规范标准，一直沿用到今天。除了注重质量，现在的工业化住宅更加注重提升美观、舒适性及个性化，许多工业化住宅的外观与非工业化住宅外观差别无几。新的技术不断出台，节能方面也是新的关注点。这说明，美国的工业化住宅经历了从追求数量到追求质量的阶段性转变。

美国 1997 年新建住宅 147.6 万套，其中工业化住宅 113 万套，均为低层住宅，其中主要为木结构，数量为 99 万套，其他的为钢结构。这取决于他们传统的居住习惯。

据美国工业化住宅协会不完全统计，2001 年，美国的工业化住宅已经达到了 1000 万套，为 2200 万的美国人解决了居住问题。其中工业化住宅中的低端产品——活动房屋从 1998 年的最高峰——占总开工数的 23%，373 000 套，下降至 2001 年的 10%——185 000 套。而中高端产品——预制化生产住宅的产量则由 1990 年早期的 60 000 套增加到 2002 年的 80 000 套，而其占工业化生产的比例也由 1990 年早期的 16%增加为 2002 年的 30%～40%。

消费者可以选择已设计定型产品，也可以根据自己的爱好对设计进行修改，对定型设计也可以根据自己的意愿增加或减少项目，体现出了以消费者为中心的住宅消费理念。2001 年满意度超过了 65%。

2007 年，美国的工业化住宅总值达到 118 亿美元。现在在美国，每 16 个人中就有 1 个人居住的是工业化住宅。在美国，工业化住宅已成为非政府补贴的经济适用房的主要形式，因为其成本还不到非工业化住宅的一半。在低收入人群、无福利的购房者中，工业化住宅是住房的主要来源之一。

(三)日本

日本的建筑工业化发展道路与其他国家差异较大，除了主体结构工业化之外，借助于其在内装部品方面发达成熟的产品体系，日本在内装工业化方面发展同样非常迅速，形成了主体工业化与内装工业化相协调发展的完善体系。

从日本住宅发展经验来看，走工业化生产的住宅建设体系是核心所在。日本集合住宅的产业现代化发展的三条脉络包括：建筑体系的发展、主体结构的发展、内装部品工业化的发展。

1. 1960—1973 年的满足基本住房需求阶段

经过 1945—1960 年的经济恢复阶段，1960 年日本的国民生产总值(GNP)达到人均 475

美元，具备了经济起飞的基本条件。随着经济的高速发展，日本的人口急剧膨胀，并不断向大城市集中，导致城市住宅需求量迅速扩大。而建筑业又明显存在技术人员和操作人员不足的问题。因此，为满足人们的基本住房需求，减少现场工作量和工作人员，缩短工期，日本建设省制定了一系列住宅工业化方针、政策，并组织专家研究建立统一的模数标准，逐步实现标准化和部件化，从而使现场施工操作简单化，提高质量和效率。该时期日本通过大规模的住宅建设满足了人们的基本住房需求。1960 年，日本政府制订了新住宅建设五年计划，1971 年再次制订了第二期住宅建设五年计划。在 1960—1975 年的 15 年间，共计划新建 1830 万户，平均每年新建 120 万户左右。

根据 1968 年的住宅统计调查，日本的总户数已达到了一户一住宅的标准，人们的基本住房需求得以满足。大规模的住宅建设，尤其是以解决工薪阶层住房的大规模公营住宅建设，为日本住宅产业的初步发展开辟了途径。

2. 1973—1985 年的设施齐全阶段

1973 年，日本的住宅户数超过家庭户数。1976 年，日本提出 10 年(1976—1985)建设目标，达到一人一居室，每户另加一个公用室的水平。日本的建筑工业化从满足基本住房需求阶段进入完善住宅功能阶段，该阶段住宅面积在扩大，质量在改善，人们对住宅的需求从数量的增加转变为质量的提高。20 世纪 70 年代，日本掀起了住宅产业的热潮，大企业联合组建集团进入住宅产业，在技术上产生了盒子住宅、单元住宅等多种形式，并且为了保证产业化住宅的质量和功能，设立了工业化住宅质量管理优良工厂认定制度，并制定了《工业化住宅性能认定规程》。该规程规定申请认定的对象应是具备以下条件的工业化建造住宅：具有独立生活所需的房间和设备；价格适中，一般居民可以负担；符合《建筑标准法》和其他有关法令；适宜大批量生产并易于施工的工法建造，具有可靠的质量；具有良好的市场，建成一年以上的同类型的住宅超过 100 户。这一时期，产业化方式生产的住宅占竣工住宅总数的 10%左右，平面布置也由单一向多样化方向发展。

在推行工业化住宅的同时，70 年代重点发展了楼梯单元、储藏单元、厨房单元、浴室单元、室内装修体系以及通风体系、采暖体系、主体结构体系和升降体系等。到了 80 年代中期，产业化方式生产的住宅占竣工住宅总数的比例已增至 15%～20%，住宅的质量功能也有了提高。日本的住宅产业进入稳定发展时期。

3. 1985 年后的高品质住宅阶段

1985 年，随着人们对住宅高品质的需求，日本几乎已经没有采用传统手工方式建造的住宅了，全部住宅都采用了新材料、新技术，而且在绝大多数住宅中采用了工业化部件，其中工厂化生产的装配式住宅约占 20%。到 90 年代，采用产业化方式生产的住宅占竣工住宅总数的 25%～28%。1990 年，日本推出了采用部件化、工业化生产方式、高生产效率、住宅内部结构可变、适应居民多种不同需求的"中高层住宅生产体系"，住宅产业在满足高品质需求的同时，也完成了产业自身的规模化和产业化的结构调整，进入成熟阶段。

根据日本总务省统计局数据，2013 年，日本公寓住宅占全部住宅总数的 50%，其中木结构占 12%；独立住宅也占全部住宅总数的 50%，其中木结构占 44%。

本 章 小 结

　　绿色建筑是"在建筑的全寿命周期内，最大限度地节约资源(节能、节地、节水、节材)、保护环境和减少污染，为人们提供健康、适用和高效的使用空间，与自然和谐共生的建筑。"绿色建筑主要体现三点：一是节能，二是减少对环境的污染(减少二氧化碳排放)，三是满足人们使用的要求。

　　绿色施工是指工程建设中，在保证质量、安全等基本的前提下，通过科学管理和技术进步，最大限度地节约资源与减少对环境的负面影响的施工活动，强调的是从施工到工程竣工验收全过程的节能、节地、节水、节材和环境保护("四节一环保")的绿色建筑核心理念。

　　BIM 是以三维数字技术为基础，集成了建筑工程项目各种相关信息的工程数据模型，是对工程项目设施实体与功能特性的数字化表达。BIM 是一个完善的信息模型，能够连接建筑项目生命期不同阶段的数据、过程和资源，是对工程对象的完整描述，提供可自动计算、查询、组合拆分的实时工程数据，可被建设项目各参与方普遍使用。BIM 具有单一工程数据源，可解决分布式、异构工程数据之间的一致性和全局共享问题，支持建设项目生命期内动态的工程信息创建、管理和共享，是项目实时的共享数据平台。

　　从"十二五"开始，装配式建筑呈现快速发展局面。各类技术体系逐步完善，相关标准规范陆续出台，初步建立了装配式建筑结构体系、部品体系和技术保障体系。

思 考 题

　　1．什么是绿色建筑和绿色施工？

　　2．国外的绿色建筑评价体系主要有哪几种？

　　3．BIM 的特点和优势是什么？

　　4．装配式建筑的发展现状怎样？

参 考 文 献

[1]高等学校工程管理和工程造价学科专业指导委员会.高等学校工程管理本科指导性专业规范[M].北京：中国建筑工业出版社，2015.

[2]任宏，陈圆. 工程管理概论[M]. 2 版. 北京：中国建筑工业出版社，2013.

[3]成虎. 工程管理概论[M]. 3 版. 北京：中国建筑工业出版社，2017.

[4]汪应洛. 工程管理概论[M]. 西安：西安交通大学出版社，2013.

[5]汪应洛，王能民. 我国工程管理学科发展的战略思考[D].工程管理论坛文集，2007.

[6]程锦房，何继善等.英国大学工程管理教育分析[D]. 工程管理论坛文集，2007.

[7]朱高峰，王众托等. 关于工程管理教育的一些思考和建议[D]. 工程管理论坛文集，2007.

[8]谭章禄等. 工程管理总论[M]. 北京：人民交通出版社，2007.

[9] 王守清，王盈盈. 政企合作(PPP):王守清核心观点[M]. 北京：中国电力出版社,2017.

[10]何继善.美国工程管理教育管窥[J]. 现代大学教育，2016，3.

[11]任宏，时玉发，林光明. 工程管理专业教学的新思考[D]. 工程管理论坛文集，2007.

[12]姜晨光等. 我国工程管理高等教育培养目标定位问题的几点思考[D]. 工程管理论坛文集，2007.

[13]贾广社等. 工程管理专业实习实践能力培养的思考[D]. 工程管理论坛文集，2007.

[14]王雪青. 杨秋波.构建特色的实践教育体系，培养创新型工程管理人才[D]. 工程管理论坛文集，2007.

[15]尹贻林,孙春玲. 工程管理专业人才终身教育模式的运行机制研究[D]. 工程管理论坛文集，2007，4.

[16]何伯森. 培养国际工程管理人才：思路与途径[J]. 国际经济合作，2007.

[17]郗小林.关于工程和工程管理范畴界定的探讨. 中国工程院网站.

[18]孙至升.修建长城的原则和方法. 中国长城网.

[19]全国一级建造师执业资格考试用书编写委员会.建设工程法规及相关知识[M]. 北京：中国建筑工业出版社，2007.

[20]彭慧，陈健明.房地产调控逼迫建筑业调整发展方向[N].经理日报，2011，4，4.

[21]李百战. 绿色建筑概论[M]. 北京：化学工业出版社，2007.

[22]丁大钧，蒋永生. 土木工程概论[M]. 2 版. 北京：中国建筑工业出版社，2010.

[23]胡小芳，成楠. 国内外工程管理专业设置和课程安排的比较研究[J]. 高等建筑教育，2008,17(6): 86-90.

[24] 张伟，白勇. 中美高校工程管理专业本科教学之比较——以我国 HUST 与美国 NDSU 为例[N].工程管理学报，2013, 27(4): 121-126.

[25]祝连波，高志利，张伟. 中美工程管理专业实践教学比较研究[J]. 高等建筑教育，2014，23(2): 29-34.

[26]王雪青，杨秋波. 中美英工程管理专业本科教育的比较及其启示[J]. 中国大学教学，2010(6): 36-39.

[27] 任宏，晏永刚. 工程管理专业平台课程集成模式与教学体系创新[J]. 高等工程教育研究，2009(2): 80-83.

[28]   Bachelor of Construction Management (honours)[EB/OL]. http://www.deakin.edu.au/course/bachelor-construction-management-honours.

[29] 中国工程院课题组.中国新型工业化进程中的工程管理教育问题研究(下)[J].高等工程教育研究,2010,(5): 12-21.